经济学基础

Fundamentals of Economics

主　编　张晓丽　漆丽
副主编　杨　阳　杨礼美　杨麒伊　李苏芳　代朝本

武汉大学出版社

图书在版编目(CIP)数据

经济学基础/张晓丽,漆丽主编. —武汉:武汉大学出版社,2017.9
(2021.9 重印)
ISBN 978-7-307-19679-7

Ⅰ.经… Ⅱ.①张… ②漆… Ⅲ.经济学—高等职业教育—教材 Ⅳ.F0

中国版本图书馆 CIP 数据核字(2017)第 224208 号

责任编辑:鲍 玲　　责任校对:李孟潇　　版式设计:马 佳

出版发行:武汉大学出版社　(430072　武昌　珞珈山)
（电子邮箱:cbs22@whu.edu.cn 网址:www.wdp.com.cn）
印刷:武汉科源印刷设计有限公司
开本:787×1092　1/16　　印张:14.75　　字数:351 千字　　插页:1
版次:2017 年 9 月第 1 版　　2021 年 9 月第 3 次印刷
ISBN 978-7-307-19679-7　　定价:32.00 元

版权所有,不得翻印;凡购买我社的图书,如有质量问题,请与当地图书销售部门联系调换。

前　言

"经济学基础"是国家教育部规定的财经管理类专业十门核心课程之一，通过本课程的学习，可以使学生在掌握西方经济学基本理论内容的基础上，提高抽象思维能力和逻辑思维能力，培养学生运用经济学的分析方法分析问题和解决问题的能力，并佁学生了解某些西方经济理论对我国当前的经济改革和开放的借鉴作用，帮助学生理解当今经济生活中的各种现象。

我们从高职高专课程改革的角度出发，以"任务驱动"为导向，以培养学生实践能力为核心，根据高职高专人才培养的目标，参考和借鉴国内外的优秀教材编写了本书。

本书具有如下几方面特点：

第一，以"任务驱动"为导向。每个知识点都是以生活中遇到的经济问题、案例或新闻热点创设情境，然后提出问题，让学生在强烈的问题动机的驱动下来自主学习教学资源和完成任务。

第二，内容全面，结构合理。全书共设计了十一个教学项目，主要包括认识经济学、价格理论、消费者行为分析、生产者行为分析、市场分析、生产要素分析、市场失灵与政府干预、国民收入核算与决定、失业与通货膨胀、经济周期与经济增长和宏观经济政策。

第三，理论联系实际，提高学生学习兴趣。西方经济学的学习较为"枯燥、乏味、理论性强"，为了增强实用性和趣味性，本书很多教学内容都配有相关链接，有些链接是经济热点问题，力求使学生能运用理论知识点去分析经济问题；有些链接是知识补充，帮助学生加深理论学习；有些链接是教学故事，增强学习趣味性。

第四，注重学生学习技能的提高。每个教学项目后都配有复习思考题、案例分析题和实训项目。

本书主要为高职高专经济管理类专业的教学需求而编写，可以作为经济管理类专业的专业基础课程教材，也可作为其他专业的选修课教材和对经济管理感兴趣的社会在职人员的自学参考书。

本书项目一、二、三、四由贵州轻工职业技术学院漆丽老师编写，项目五、六、七、八由贵州轻工职业技术学院张晓丽老师编写，项目九、十、十一由贵州轻工职业技术学院杨礼美、杨麒伊、李苏芳、代朝本、杨阳老师编写。

本书在编写过程中，参考了目前已出版的国内外西方经济学的优秀教材、专著和相关资料，引用了一些有关的内容和研究成果，在此向有关作者表示感谢！由于编者水平有限，加上时间仓促，本书难免存在不足甚至错误，敬请专家和读者批评指正。

编者

2017 年 3 月

目　录

项目一　认识经济学 ⋯⋯⋯⋯⋯⋯⋯⋯⋯⋯⋯⋯⋯⋯⋯⋯⋯⋯⋯⋯⋯⋯⋯⋯ 1
　◎ 学习目标 ⋯⋯⋯⋯⋯⋯⋯⋯⋯⋯⋯⋯⋯⋯⋯⋯⋯⋯⋯⋯⋯⋯⋯⋯⋯⋯⋯ 1
　◎ 创设情境 ⋯⋯⋯⋯⋯⋯⋯⋯⋯⋯⋯⋯⋯⋯⋯⋯⋯⋯⋯⋯⋯⋯⋯⋯⋯⋯⋯ 1
　　任务一　什么是经济学 ⋯⋯⋯⋯⋯⋯⋯⋯⋯⋯⋯⋯⋯⋯⋯⋯⋯⋯⋯⋯⋯ 1
　　任务二　经济学的研究对象 ⋯⋯⋯⋯⋯⋯⋯⋯⋯⋯⋯⋯⋯⋯⋯⋯⋯⋯⋯ 3
　　任务三　经济学的主要内容 ⋯⋯⋯⋯⋯⋯⋯⋯⋯⋯⋯⋯⋯⋯⋯⋯⋯⋯⋯ 7
　　任务四　经济学的发展历程 ⋯⋯⋯⋯⋯⋯⋯⋯⋯⋯⋯⋯⋯⋯⋯⋯⋯⋯⋯ 10
　　任务五　经济学的研究方法 ⋯⋯⋯⋯⋯⋯⋯⋯⋯⋯⋯⋯⋯⋯⋯⋯⋯⋯⋯ 12
　项目小结 ⋯⋯⋯⋯⋯⋯⋯⋯⋯⋯⋯⋯⋯⋯⋯⋯⋯⋯⋯⋯⋯⋯⋯⋯⋯⋯⋯⋯ 13
　复习思考题 ⋯⋯⋯⋯⋯⋯⋯⋯⋯⋯⋯⋯⋯⋯⋯⋯⋯⋯⋯⋯⋯⋯⋯⋯⋯⋯⋯ 14
　案例分析 ⋯⋯⋯⋯⋯⋯⋯⋯⋯⋯⋯⋯⋯⋯⋯⋯⋯⋯⋯⋯⋯⋯⋯⋯⋯⋯⋯⋯ 15
　实训项目 ⋯⋯⋯⋯⋯⋯⋯⋯⋯⋯⋯⋯⋯⋯⋯⋯⋯⋯⋯⋯⋯⋯⋯⋯⋯⋯⋯⋯ 15

项目二　价格理论 ⋯⋯⋯⋯⋯⋯⋯⋯⋯⋯⋯⋯⋯⋯⋯⋯⋯⋯⋯⋯⋯⋯⋯⋯⋯ 16
　◎ 学习目标 ⋯⋯⋯⋯⋯⋯⋯⋯⋯⋯⋯⋯⋯⋯⋯⋯⋯⋯⋯⋯⋯⋯⋯⋯⋯⋯⋯ 16
　◎ 创设情境 ⋯⋯⋯⋯⋯⋯⋯⋯⋯⋯⋯⋯⋯⋯⋯⋯⋯⋯⋯⋯⋯⋯⋯⋯⋯⋯⋯ 16
　　任务一　需求理论 ⋯⋯⋯⋯⋯⋯⋯⋯⋯⋯⋯⋯⋯⋯⋯⋯⋯⋯⋯⋯⋯⋯⋯ 17
　　任务二　供给理论 ⋯⋯⋯⋯⋯⋯⋯⋯⋯⋯⋯⋯⋯⋯⋯⋯⋯⋯⋯⋯⋯⋯⋯ 21
　　任务三　均衡价格理论 ⋯⋯⋯⋯⋯⋯⋯⋯⋯⋯⋯⋯⋯⋯⋯⋯⋯⋯⋯⋯⋯ 25
　　任务四　弹性理论 ⋯⋯⋯⋯⋯⋯⋯⋯⋯⋯⋯⋯⋯⋯⋯⋯⋯⋯⋯⋯⋯⋯⋯ 30
　项目小结 ⋯⋯⋯⋯⋯⋯⋯⋯⋯⋯⋯⋯⋯⋯⋯⋯⋯⋯⋯⋯⋯⋯⋯⋯⋯⋯⋯⋯ 41
　复习思考题 ⋯⋯⋯⋯⋯⋯⋯⋯⋯⋯⋯⋯⋯⋯⋯⋯⋯⋯⋯⋯⋯⋯⋯⋯⋯⋯⋯ 41
　案例分析 ⋯⋯⋯⋯⋯⋯⋯⋯⋯⋯⋯⋯⋯⋯⋯⋯⋯⋯⋯⋯⋯⋯⋯⋯⋯⋯⋯⋯ 43
　实训项目 ⋯⋯⋯⋯⋯⋯⋯⋯⋯⋯⋯⋯⋯⋯⋯⋯⋯⋯⋯⋯⋯⋯⋯⋯⋯⋯⋯⋯ 44

项目三　消费者行为分析 ⋯⋯⋯⋯⋯⋯⋯⋯⋯⋯⋯⋯⋯⋯⋯⋯⋯⋯⋯⋯⋯⋯ 45
　◎ 学习目标 ⋯⋯⋯⋯⋯⋯⋯⋯⋯⋯⋯⋯⋯⋯⋯⋯⋯⋯⋯⋯⋯⋯⋯⋯⋯⋯⋯ 45
　◎ 创设情境 ⋯⋯⋯⋯⋯⋯⋯⋯⋯⋯⋯⋯⋯⋯⋯⋯⋯⋯⋯⋯⋯⋯⋯⋯⋯⋯⋯ 45
　　任务一　效用概述 ⋯⋯⋯⋯⋯⋯⋯⋯⋯⋯⋯⋯⋯⋯⋯⋯⋯⋯⋯⋯⋯⋯⋯ 45
　　任务二　基数效用论——边际效用分析 ⋯⋯⋯⋯⋯⋯⋯⋯⋯⋯⋯⋯⋯⋯ 48

任务三　序数效用论——无差异曲线分析法 …………………………… 54
　项目小结 …………………………………………………………………………… 63
　复习思考题 ………………………………………………………………………… 64
　案例分析 …………………………………………………………………………… 66
　实训项目 …………………………………………………………………………… 66

项目四　生产者行为分析 …………………………………………………………… 68
　◎ 学习目标 ………………………………………………………………………… 68
　◎ 创设情境 ………………………………………………………………………… 68
　　任务一　生产理论 …………………………………………………………… 69
　　任务二　成本理论 …………………………………………………………… 81
　　任务三　收益理论 …………………………………………………………… 87
　项目小结 …………………………………………………………………………… 89
　复习思考题 ………………………………………………………………………… 90
　案例分析 …………………………………………………………………………… 92
　实训项目 …………………………………………………………………………… 93

项目五　市场分析 ……………………………………………………………………… 94
　◎ 学习目标 ………………………………………………………………………… 94
　◎ 创设情境 ………………………………………………………………………… 94
　　任务一　完全竞争市场 ……………………………………………………… 96
　　任务二　完全垄断市场 ……………………………………………………… 101
　　任务三　垄断竞争市场 ……………………………………………………… 109
　　任务四　寡头垄断市场 ……………………………………………………… 113
　项目小结 …………………………………………………………………………… 115
　复习思考题 ………………………………………………………………………… 115
　案例分析 …………………………………………………………………………… 117
　实训项目 …………………………………………………………………………… 117

项目六　生产要素分析 ……………………………………………………………… 119
　◎ 学习目标 ………………………………………………………………………… 119
　◎ 创设情境 ………………………………………………………………………… 119
　　任务一　工资 ………………………………………………………………… 120
　　任务二　利息 ………………………………………………………………… 124
　　任务三　地租 ………………………………………………………………… 125
　　任务四　利润 ………………………………………………………………… 127
　项目小结 …………………………………………………………………………… 128
　复习思考题 ………………………………………………………………………… 128

案例分析 ·· 129
　　实训项目 ·· 131

项目七　市场失灵与政府干预 ·· 134
　◎ 学习目标 ·· 134
　◎ 创设情境 ·· 134
　　　任务一　市场失灵 ·· 135
　　　任务二　政府干预 ·· 139
　　　任务三　政府失灵论 ··· 141
　　项目小结 ·· 142
　　复习思考题 ··· 142
　　案例分析 ·· 143
　　实训项目 ·· 145

项目八　国民收入核算与决定 ·· 147
　◎ 学习目标 ·· 147
　◎ 创设情境 ·· 147
　　　任务一　国内收入核算 ··· 148
　　　任务二　简单的国民收入决定模型 ··························· 155
　　　任务三　IS-LM 模型 ·· 160
　　　任务四　总需求-总供给模型 ··································· 164
　　项目小结 ·· 169
　　复习思考题 ··· 169
　　案例分析 ·· 172
　　实训项目 ·· 177

项目九　失业与通货膨胀 ·· 178
　◎ 学习目标 ·· 178
　◎ 创设情境 ·· 178
　　　任务一　失业 ·· 178
　　　任务二　通货膨胀 ·· 184
　　　任务三　失业与通货膨胀的关系 ······························ 191
　　项目小结 ·· 193
　　复习思考题 ··· 194
　　案例分析 ·· 195
　　实训项目 ·· 197

项目十　经济周期与经济增长 · 198
◎ 学习目标 · 198
◎ 创设情境 · 198
  任务一　经济周期 · 198
  任务二　经济增长 · 201
项目小结 · 206
复习思考题 · 206
案例分析 · 206
实训项目 · 208

项目十一　宏观经济政策 · 209
◎ 学习目标 · 209
◎ 创设情境 · 209
  任务一　宏观经济政策目标及工具 · 209
  任务二　财政政策 · 211
  任务三　货币政策 · 214
  任务四　财政政策与货币政策的配合 · 217
项目小结 · 218
复习思考题 · 219
案例分析 · 219
实训项目 · 221

参考文献 · 230

项目一 认识经济学

☞ **学习目标**
1. 理解经济学的内涵及研究对象；
2. 了解经济学的发展历程；
3. 把握经济学的研究方法；
4. 学会用经济学的思维去思考身边的各种现象。

☞ **创设情境**

日常生活中所遇到的很多问题都与经济学有关。比如在市场里买东西，我们喜欢与小商小贩讨价还价；到银行存钱，我们要想好是存定期还是活期。我们每天也会接触到大量的关于经济的新闻和信息，如变化多端的股票市场、政府每月公布的 CPI 数据、关于就业与失业的新闻和国家的有关政策等。下面是一则经济新闻报道：

"2013 年 2 月 20 日举行的国务院常务会议出台了楼市调控'国五条'。'国五条'中稳定房价的新政包括，完善稳定房价工作责任制，坚决抑制投机投资性购房，增加普通商品住房及用地供应，加快保障性安居工程规划建设，加强市场监管等五项内容。自 2009 年 12 月份开始楼市调控以来，政策经历了四次升级，分别是 2010 年 1 月的'国十一条'、4 月的'国十条'、9 月的'9·29 新政'，2011 年 1 月的'新国八条'，而这次出台的'国五条'则是第五次调控升级。"

【思考】国务院常务会议出台的一系列楼市调控的新政（包括"国五条"），将会对全国房地产市场产生怎样的影响，以及将对其他商品市场产生怎样的影响？会影响到你的生活吗？为了更好地理解及解释这些社会经济现象，我们需要学习一些经济学的知识。

任务一 什么是经济学

经济学是研究资源配置和利用问题的学科。关于资源配置与交替关系原理可以归纳为一句谚语："天下没有免费的午餐。"为了得到我们喜爱的一件东西，通常就不得不放弃另一件我们喜爱的东西。决策过程要求我们在一个目标与另一个目标之间有所取舍。而"鱼和熊掌不可兼得"的根本原因就在于资源的有限性。一方面，人类的欲望是无穷无尽的，而另一方面满足欲望的资源又是有限的。因此，如何合理地配置和利用有限的资源满足无限的欲望，就成为人类社会永恒的问题。经济学正是为解决这个问题而产生的。

一、欲望的无限性和资源的稀缺性

1. 欲望的无限性

人们的物质需求来自欲望,欲望是人们为了满足生理和心理上的需要而产生的渴求和愿望。欲望的基本特点在于其无限性,即人们的欲望永远没有完全得到满足的时候。一种欲望满足了,又会产生新的欲望,永无止境。基本的饮食得到满足之后,他想吃出花样;有了抵御风寒的衣服和住所之后,他想要衣服和住所更舒适、更美观、更令人羡慕;之后,他想到别处看看人家是怎么吃的和怎么穿的;他要欣赏各地的自然风光,地球上玩腻了,还想到其他星球上看看。一个需要满足之后,一百个新的需求跟着出现。例如:清人胡澹庵编辑的《解人颐》一书中收录了一首《南柯一梦西》的打油诗,形象地描绘了人类欲望的无限性:

>终日奔忙只为饥,方才一饱便思衣;
>衣食两般皆俱足,又想娇容美貌妻;
>取得美妻生下子,恨无天地少根基;
>买到田园多广阔,出入无船少马骑;
>槽头扣了骡和马,叹无官职被人欺;
>县丞主簿还嫌小,又要朝中挂紫衣;
>做了皇帝求仙术,更想登天跨鹤飞;
>若要世人心里足,除是南柯一梦西。

2. 资源的稀缺性

用来满足人们欲望的物品可以分成以下两类:

自由取用物品(free goods)——价格为零供给为无穷大。如阳光、空气和海水等。

经济物品(economic goods)——价格为零供给为零。指人类必须付出一定的代价方可得到的物品,即必须通过生产和交换才能获得的物品。

人的欲望要用各种物品或劳务来满足,物品或劳务要用各种资源来生产。一个社会无论有多少资源,总是一个有限的量。相对于人类社会的无限欲望而言,经济物品或者生产这些物品所需要的资源总是不足的,资源的这种相对有限性就是资源的稀缺性。这里所说的稀缺性不是指资源绝对数量的多少,而是指相对于无限的欲望而言,再多的资源也是稀缺的。这就是稀缺性的含义。

二、经济学的定义

经济学正是为了解决人类经济活动中经常面临的欲望的无限性与资源的稀缺性之间的矛盾而产生的。因此,经济学(economics)可以定义为:研究各种稀缺资源在可供选择的用途中进行配置以便更好地满足人们欲望的科学。

🔗 **相关链接 1-1**

美国经济学家萨缪尔森(P. A. Samuelson)眼中的经济学概念

经济学是研究一个社会如何利用稀缺的资源以生产有价值的商品和劳务,并将它们在不同的人中间进行分配的学科。

任务二　经济学的研究对象

一、资源配置

1. 稀缺性与选择

稀缺性决定了每一个社会和个人必须做出选择。选择就是用有限的资源去满足什么欲望的决策,或者说如何使用有限资源的决策。无论是个人、企业还是一个国家,都面临着这个决策。我们以企业为例,经济学家把选择概括为以下三个基本问题:

第一,生产什么与生产多少?资源的稀缺性决定了人类社会不可能完全满足自身的全部需要。因此,它必须对生产什么和生产多少做出选择。假设土地面积既定,是生产稻谷还是生产棉花?或者生产多少稻谷,多少棉花?如果同时生产稻谷和棉花,各生产多少?

第二,如何生产?生产什么、生产多少确定以后,还存在如何生产的问题。如何生产就是要解决生产方式、生产效率的问题。用什么方法来生产稻谷和棉花好?是多用资本,少用劳动;还是少用资本,多用劳动?

第三,为谁生产?为谁生产就是分配问题,包括生产的产品怎样在企业内部和整个社会成员之间的分配,根据什么原则,采用什么机制进行分配,分配的数量界限怎样把握等。

稀缺性是人类社会各个时期和各个社会所面临的永恒问题,所以,"生产什么"、"如何生产"和"为谁生产"是人类社会所必须解决的基本问题。这三个问题被称为资源配置问题。资源配置就是对相对稀缺的资源在各种不同用途上加以比较做出的选择。

不同的资源配置方式会产生不同的经济制度,当前世界上解决资源配置与资源利用的经济制度基本上有三种:

(1) 计划经济制度

计划经济也称指令经济,是由中央政府做出有关生产和分配的所有重大决策。这种经济制度是通过自上而下的命令方式贯彻决策、保证决策的协调,激励机制是以集体主义为中心,强调"大河没水小河干"。

(2) 市场经济制度

市场经济是一种用价格机制来决定资源配置的经济制度,也就是通过价格来协调千千万万个人的决策,使这些决策一致,激励机制是以个人利益为中心,强调"小河有水大河满"。

(3) 混合经济制度

混合经济是以市场调节为基础，政府进行适当干预的经济制度。虽然市场经济是组织经济活动的一种好方式这个信念已成为绝大多数人的共识，但是所有的社会从来没有一个百分之百的纯粹的市场经济，因为市场经济并非完美无缺，经济生活的有些方面无法通过市场进行调节，即市场"失灵"。因此，还需要政府用各种干预手段来纠正市场经济的这些缺点。混合经济制度也可以称为现代市场经济。经济学正是研究现代市场经济下的选择或资源配置问题的。我国实行的正是这种经济制度，这是我们学习经济学的另一个重要的理由。

在任何社会都面临着如何把相对稀缺的资源进行有效、合理地配置的问题。从经济学的角度来看，能否实现资源的合理配置，与其相应的经济社会生产的物质技术水平及其经济体制有关。因此，经济学是研究一定经济制度下资源配置与利用的科学。

2. 机会成本与生产可能性曲线

(1) 机会成本

经济资源一般是可以有多种用途的，但一定的资源用于某种用途后，就不可能用作其他用途，这就意味着，一定数量的资源用作某种用途时，就必须放弃其他用途。这说明了放弃的用途是选中的用途的代价，经济学把这种选择中的放弃称为"机会成本"。机会成本是指把既定资源投入某一特定用途所放弃的其他可能用途中获得的最大收益。例如，土地可以有多种用途，既可以种稻谷，也可种棉花、蔬菜或其他农作物。假如有一亩土地，用来种粮食，可产稻谷 500 公斤，价值 1000 元；如果用来种棉花，投入同样多的资本与劳动可产棉花 100 公斤，价值 900 元，则这一亩土地用来生产粮食的机会成本是 100 公斤棉花或 900 元。同样，用来生产棉花的机会成本就是 500 公斤稻谷或 1000 元。再比如某学生大学毕业后，面临多种选择，可以去学校工作，年薪 30000 元；去某公司工作，年薪 38000 元；或继续深造，读研究生，收入为零。那么，如果去公司工作，机会成本就是所放弃的到学校工作可能获得的收入 30000 元。如果继续读研究生，三年研究生学习的机会成本就是放弃去公司工作可能获得的收入 114000 元。

🔗 相关链接 1-2

案例：机会成本与经济学思维

湖南省的一个农民某甲以 8000 元购买优质品种的 A 种仔猪，目的是繁殖仔猪进行销售。但销售仔猪的农场以劣等的 B 种仔猪冒充，价格相差 4 倍。后来某甲繁殖的仔猪无人购买，发现是出售该仔猪的农场以次充好，经过交涉未取得满意结果，造成直接经济损失 5 万元。某甲告到法院要求赔偿损失 5 万元。农场认为当初双方的交易额是 8000 元，赔偿 5 万元是天方夜谭。

解决这一问题可以采取以下三种思维方式：

①民间传统思维：应该赔偿 8000 元，也就是骗人骗多少就应该赔偿多少。

②法官思维：应赔偿所有直接损失，包括购买成本8000元，以及饲料、雇工工资、饲养场土地房舍等直接费用。如果要起到惩戒作用和从制度上消灭假冒伪劣产品的产生，就要贯彻"杀人抵命"的对等原则。如果要建立起有效的激励约束机制，还需要更大的赔偿。

③经济学思维：赔偿额要大于5万元。因为该农民除了直接费用开支外，还有一些间接的损失。例如，8000元购买仔猪款、饲料款、工资等费用若不用于购买仔猪进行饲养，将这些款存到银行可得到一定的利息。买了仔猪后这些存款的利息无疑也遭到了损失，这个利息在经济学中被称为机会成本。按照这一思维方式，农场不仅要赔偿5万元，还要包括赔偿这5万元如果不用于购买这些仔猪进行饲养而用于其他投资可能取得的最大纯收入。只有这样，才会让像这个农场那样做坏事的人真正"搬起石头砸自己的脚"。

（资料来源：http://www.doc88.com/）

（2）生产可能性曲线

社会普通面临的稀缺性和人们的选择行为可用生产可能性曲线表示。生产可能性曲线表示在资源与技术既定的条件下，所能生产的各种产品的最大数量组合点的曲线。它是与机会成本概念密切相关的一个概念。

为了简单起见，我们假设某个地区只生产两种产品——稻谷和棉花。假定在技术既定的情况下，这个地区全部土地资源用来生产稻谷可以生产15万吨，只生产棉花可以生产5万吨，在这两种极端的可能之间还可以存在不同数量的组合。假设这个地区在进行稻谷和棉花生产时可以提出A、B、C、D、E、F六种组合方式，根据这六种组合可以绘出稻谷和棉花的生产可能性表，见表1-1。

表1-1　　　　　　　　　某地区稻谷和棉花的生产可能性表

生产可能性	棉花（万吨）	稻谷（万吨）
A	0	15
B	1	14
C	2	12
D	3	9
E	4	5
F	5	0

根据表1-1中的资料可以绘出图1.1。

在图1.1中，AF是生产可能性曲线，它表示在土地资源和技术既定条件下所能达到的稻谷和棉花最大产量组合，也称为生产可能性边界。生产可能性边界决定了稻谷和棉花这两种产品最大产量组合界限。因为在生产可能性边界以内任何一点上，土地资源没有得到充分的利用，可能存在资源的闲置或浪费，都不是这两种产品最大产量的组合。比如图1.1中的H点。在生产可能性边界以外任何一点，虽然产量组合更大，但是因土地资源条

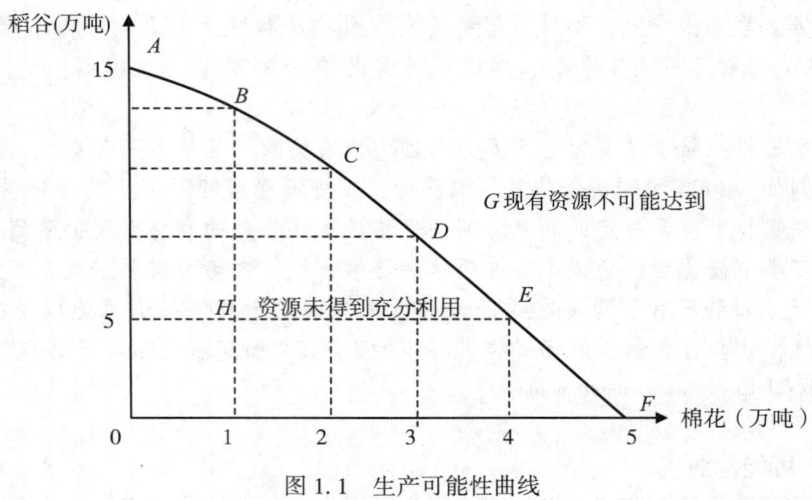

图1.1 生产可能性曲线

件的限制,无法达到。比如图1.1中的G点。由于资源有限,人类社会在组织生产过程中,必须要考虑生产的最大可能性问题。但在这里需要强调的是生产可能性曲线并非一成不变。如果条件发生了变化,如发现新的资源、劳动力增加、技术改进等,都会使整条生产可能性曲线向右上方移动。相反,当发生战争、自然灾害等严重破坏时,生产可能性曲线向左下方移动。

二、资源利用

在现实中,人类社会往往面临这样一种矛盾:一方面资源是稀缺的,另一方面稀缺的资源还得不到充分利用。这种情况就是产量没有达到生产可能性曲线,稀缺的资源被浪费了。而且,人类社会为了发展,也不能仅仅满足于达到生产可能性曲线的水平,还要使既定的资源生产出更大的产量。这样,资源的稀缺性又引出了另一个问题:资源利用。

所谓资源利用就是人类社会如何更好地利用现有的稀缺资源,使之生产出更多的物品。资源利用包括下述三个相关的问题:

①为什么资源得不到充分利用,即粮食与棉花的产量达不到生产可能性曲线上的各点。换句话来说,也就是如何能使稀缺的资源得到充分利用,如何使粮食与棉花的产量达到最大。这就是一般所说的"充分就业"问题。

②在资源既定的情况下,为什么产量有时高有时低,即尽管资源条件没有变,但粮食与棉花的产量为什么不能始终保持在生产可能性曲线上。这也就是经济中为什么会有周期性波动。与此相关的是,如何用既定的资源生产出更多的粮食与棉花,即实现经济增长。这就是一般所说的"经济波动与经济增长"问题。

③现代社会是一个以货币为交换媒介的商品社会,货币购买力的变动对资源配置与利用所引起的各种问题的解决都影响甚大。这样,解决这些问题就必然涉及货币购买力的变动问题。这也就是一般所说的"通货膨胀(或通货紧缩)"问题。

由以上问题可以看出，稀缺性不仅引起了资源配置问题，而且还引起了资源利用问题。

任务三　经济学的主要内容

一、微观经济学

微观经济学以单个经济实体作为考察对象，研究单个生产者、单个消费者、单个资源拥有者的经济行为，单个市场变化规律，所以微观经济学又称作经济个量分析，它所要解决的是资源配置问题。

在学习微观经济学时应注意下列几点：

①研究对象是单个经济单位的经济行为。单个经济单位是指组成经济的最基本的单位，包括个人、家庭、企业，其中，个人和家庭是经济中的消费者；企业又称厂商，是经济中的生产者。对企业而言，个人和家庭又是企业的顾客。微观经济学研究的主要经济变量是效用、成本、价格、产量、收益等，这是与价格理论相联系的变量；工资、利润、利息、地租等，这是与分配理论相联系的变量。在后面的学习过程中我们都会逐一地涉及并分析这些经济变量。

②解决的问题是资源配置。资源配置即生产什么、如何生产和为谁生产的问题。微观经济学从研究单个经济单位的利益最大化的行为入手，来解决社会资源的最优配置。假设每个经济单位都实现了利益最大化，整个社会的资源配置也就实现了最优化，给社会带来最大的经济福利。

③中心理论是价格理论。在市场经济中，消费者和厂商的行为都要受价格的支配，生产什么、生产多少、如何生产和为谁生产均由价格决定。价格就像一只"看不见的手"，调节着整个社会的经济行为，从而使社会资源的配置实现最优化。微观经济学要说明的正是这一经济运行的全过程。因此，价格理论是微观经济学的中心，其他内容都是围绕这一中心问题展开的。

④研究方法是个量分析。个量分析是研究经济变量的单项数值如何决定，例如，某种产品的价格和产量就属于这类经济变量的单项数值。通过分析单个市场中所有消费者和所有厂商之间的相互作用关系，来说明市场价格机制调节某种产品供求实现均衡。

相关链接 1-3

微观经济学的主要内容

微观经济学的基本理论主要包括：均衡价格理论、消费者行为理论、生产理论、厂商均衡理论、分配理论、市场失灵与微观经济政策等，这些理论基于对企业和个人决策行为进行分析和研究。

二、宏观经济学

宏观经济学是以整个国民经济为考察出发点，研究社会就业量、物价水平、经济增长速度、经济周期波动等全局性的问题。研究的是资源利用问题。

在学习宏观经济学时应注意下列几点：

①研究对象是整体经济。宏观经济学所研究的不是经济活动的各个变量，而是从国家的角度，观察经济，考察社会的经济总量。宏观经济学研究的变量包括国民生产总值、国民收入、总需求、总供给、总储蓄、总投资、总就业量、货币供应量及物价水平等。

②解决的问题是资源的利用。宏观经济学把资源配置作为既定的，研究现有资源不能得到充分利用的原因，实现充分利用的途径以及如何保持经济增长和稳定等问题。

③中心理论是国民收入决定理论。在宏观经济分析中，国民收入是一个最基本的经济总量，它综合反映了其他的经济总量以及变动状况。宏观经济学以国民收入决定理论和就业分析为中心来研究社会资源的充分利用问题，分析整个国民经济的运行。

④研究方法是总量分析。总量是指能反映整个经济运行情况的经济变量。例如，国内生产总值、增长率、总投资、物价指数、外汇储备量、财政收入总额，等等。总量分析就是分析这些总量的决定、变动及其相互关系，并通过这些分析说明经济的运行状况，制定经济政策。

相关链接 1-4

宏观经济学的内容

宏观经济学的内容相当广泛，基本理论主要包括：国民收入核算理论与方法、国民收入决定理论、失业与通货膨胀理论、经济周期与经济增长理论和宏观经济政策等，这些理论基于对整体经济运行与政府决策行为进行分析和研究。

三、微观经济学与宏观经济学的关系

1. 联系

①微观经济学与宏观经济学是互相补充的。经济学的目是要实现社会经济福利的最大化。为了达到这一目的，既要实现资源的最优配置，又要实现资源的充分利用。微观经济学研究在资源充分利用的情况下，如何实现其最优配置；宏观经济学研究在资源配置最优的情况下，如何实现资源的充分利用。二者互为条件，互相补充，共同组成经济学的基本理论。

②微观经济学与宏观经济学都采用了实证分析法。微观经济学与宏观经济学都不涉及体制问题，只分析经济现象本身的内在规律，即解决客观经济现象是什么的问题，而不涉及应该是什么的问题。经济学的科学化也就是经济学的实证化，努力摆脱对所研究问题的价值判断，只分析经济现象之间的联系，是微观经济学与宏观经济学共同的目的。因此，

微观经济学与宏观经济学都属于实证经济学的范畴。

③微观经济学是宏观经济学的基础。整体经济是单个经济单位之和，所以，分析单个经济单位行为的微观经济学就是分析整体经济的宏观经济学的基础。宏观经济行为的分析总是要以一定的微观分析为其理论基础。例如，就业理论、失业理论以及通货膨胀理论等宏观经济理论，必然涉及劳动的供求与工资的决定的工资理论，以及商品价格如何决定的价格理论。

2. 区别

（1）研究对象不同

微观经济学的研究对象是单个经济单位，如家庭、厂商等。正如美国经济学家 J. 亨德逊（J. Henderson）所说"居民户和厂商这种单个单位的最优化行为奠定了微观经济学的基础"。而宏观经济学的研究对象则是整个经济，研究整个经济的运行方式与规律，从总量上分析经济问题。正如保罗·萨缪尔森（P. A. Samuelson）所说，宏观经济学是"根据产量、收入、价格水平和失业来分析整个经济行为。"美国经济学家 E·夏皮罗（E. Shapiro）则强调了"宏观经济学考察国民经济作为一个整体的功能。"

（2）解决的问题不同

微观经济学要解决资源配置问题，宏观经济学要解决资源利用问题。这就是说，在微观经济学中，把资源得到充分利用作为既定的前提，研究如何使资源得到最优配置。在宏观经济学中，把资源得到最优配置作为既定的前提，研究如何使资源得到充分利用。

（3）基本假设不同

微观经济学的基本假设是市场出清、完全理性、充分信息，认为"看不见的手"能自由调节实现资源配置的最优化。宏观经济学则假定市场机制是不完善的，政府有能力调节经济，通过"看得见的手"纠正市场机制的缺陷。

（4）中心理论不同

研究对象与解决的问题不同，决定了微观经济学与宏观经济学各自的中心理论不同。微观经济学的中心是价格理论，所有的理论与政策都是围绕价格的决定展开的。宏观经济学的中心是国民收入决定理论，所有的理论与政策都是围绕国民收入的决定展开的。

（5）研究方法不同

微观经济学用个量分析方法，即分析经济变量的单项数值如何决定。例如，某种物品价格与数量的决定等。宏观经济学用总量分析方法。总量是能反映整个经济运行情况的经济变量，包括个量的总和和平均量。总量分析就是分析这些总量的决定、变动及其相互关系。

尽管微观经济学与宏观经济学具有明显的区别，但作为经济学的两个组成部分，它们之间有着密切的联系，主要表现在以下几个方面：首先，微观经济学和宏观经济学是互为补充的。其次，微观经济学是宏观经济学的基础。再次，宏观经济学并不是微观经济学的简单加总或重复。最后，两者共同构成了西方经济学的整体。

任务四　经济学的发展历程

一、经济学的萌芽

"经济"这一概念的出现,大约在 3000 多年前,古希腊的哲学家、历史学家色诺芬(前 430—前 355)约于前 387—前 371 年间写了《经济论》一书,在书中最早使用了"经济"一词,它的原意是"家庭管理"。色诺芬强调,家庭管理应该成为一门学问,这门学问研究的是主人如何管理好自己的财产,使财富不断增加。

我国古代汉语中原有的"经济"一词,具有"经邦济世""经国济民"的含义。19 世纪后半期,日本学者翻译西方著作,借用古代汉语中"经济"这个词。我国学者在翻译西方著作时最初是译为"富国""生计"等,后来逐渐采用了"经济"这一译法。

古代经济学只是形成了经济学知识的某些要素,还未形成一门独立的学科。

二、古典经济学的创立

18 世纪,英国出现了一个大经济学家亚当·斯密(1723—1790),人们把他称作"经济学之父"。亚当·斯密 1776 年出版了《国民财富的性质和原因的研究》一书,这就是著名的《国富论》。当亚当·斯密写完这本书的时候,他在书的扉页上这样写道:"献给女王陛下的一本书!"他说:"女王陛下,请您不要干预国家经济,回家去吧!国家做什么呢?就做一个守夜人,当夜晚来临的时候就去敲钟,入夜了看看有没有偷盗行为,这就是国家的任务。只要国家不干预经济,经济自然就会发展起来。"亚当·斯密在书中提出这样一个理论,叫做"看不见的手"。他说经济中有一只"看不见的手",每一个人在做事的时候,没有一个人想到为了促进社会利益,他首先想到的是怎么实现自己的利益,都是从个人的利益出发去做事的。但是当他真正这样做的时候,就像有一只看不见的手在指引着他,其结果要比他真正想促进社会利益的效果要好得多。什么是"看不见的手"?"看不见的手",指的是个人利益,是市场机制,是价格机制。

19 世纪 70 年代后,资本主义经济开始从自由竞争向垄断过渡,大企业不断涌现,他们更注意改进生产技术和扩大市场份额,这时的经济学研究的重点转向了对市场供求关系的研究,与此同时定量分析方法被引入到经济学。

此时期经济学理论的集大成者是英国经济学家阿尔弗雷德·马歇尔(1842—1924),其代表作为《经济学原理》(1890 年)。以马歇尔为代表的经济理论体系的核心理论是均衡价格理论,这一学派的理论是古典经济学的继续和发展,所以被称为"新古典经济学",是现代微观经济学的基础。

相关链接 1-5

亚当·斯密的故事

亚当·斯密 3 岁时父亲就去世了,他和母亲相依为命,终生未娶。亚当·斯密小的时候，有一天妈妈带他到舅舅家去，把他放到门前，让他自己玩耍，妈妈就进到院子里去和舅舅说话。没想到这时来了一群吉卜赛流浪汉，他们抱起孩子就跑，孩子大哭不止。舅舅听到哭声就追了出来，一直追到20英里以外的一个大森林时，这群流浪汉发现有人穷追不舍，就把这孩子放下，逃跑了。舅舅把他抱了回来。

当他创造了经济学，成为伟大的经济学家后，在其传记中作者这样写道："舅舅幸运地为世界挽救了一个天才，正是这样一个天才创造了经济学；否则这个社会将多了一名算命先生，少了一个经济学家。"

亚当·斯密之所以能成为经济学家，是因为他从小生长在一个小渔村，那里有一个码头。由于贸易的发展，这个小渔村变成了一个中等城市。船员们出海回来就坐在那里一边喝着啤酒，一边谈论着世界各地的经济贸易，以及他们在世界各地看到的问题。亚当·斯密发现了贸易对于一个国家、对于这个地区的经济发展的重要性。

亚当·斯密14岁就进了格拉斯哥大学，17岁获得硕士学位。1746年又毕业于牛津大学巴特奥尔学院。他先在爱丁堡大学任讲师，1751年担任格拉斯哥大学逻辑学教授，第二年改任道德哲学教授。由于他高超的教学水平和智慧的思辨而远近闻名。

1763年，他辞去教授职务，担任布克莱希公爵（Duke of Buccleuch）的私人教师。年薪300英镑加旅费再加此后一年300英镑津贴，条件实在太优厚了。当他第二年陪着年轻的公爵从"英伦三岛"出发，踏上欧洲大陆时才发现，原来英国是这么落后，欧洲其他国家的经济如此发达。他们先后去了法国、德国，游历了欧洲，看到所有的一切。这期间，他结识了很多研究经济的不同学派学者。他拜访了重商学派的学者，他们说商业创造价值；他拜访了重农学派的学者，他们说农业创造价值。他自己提出了劳动创造价值的理论。

欧洲讲学两年半的时间结束后，亚当·斯密回到英国，1767年带着丰厚的报酬回到家乡。他十年闭门在家，思考着一个问题，这个社会究竟是怎么转动的呢？经济究竟是怎么发展的呢？思来想去，最后他终于发现，原来这个社会的转动靠的是一只"看不见的手"。每一个人在做事时，没有人想到社会利益，他想到的都是利己，是个人利益。但当他真正这样做的时候，就像有一只"看不见的手"在拉着他，其结果要比他真正想要促进社会利益还要好得多，他认为自己发现了资本主义社会运转的真正内核。

（资料来源：刘华，刘艳红. 经济学基础. 第二版. 大连：大连理工大学出版社，2006.）

三、宏观经济学的产生和发展

进入1929年，一场空前的世界性的经济危机爆发了。危机首先从美国开始，股市崩盘、企业破产、银行倒闭、工人失业，经济陷入大萧条，然后波及整个西方资本主义世界。这场危机从1929年持续到1933年，出现的问题之重，历经的时间之长，波及的范围之广，以致没有哪一个西方国家可以幸免。这时人们不禁要问：亚当·斯密的那只"看不见的手"哪儿去了？他不是说国家不管经济就可以自动发展吗？怎么现在经济不能发展了？经济到底怎样才能恢复过来呢？传统的经济学理论已经无法解决大萧条中出现的各种经济现象，更不能为摆脱这场危机提供有效的对策。

这时，英国又出现一个伟大的经济学家约翰·梅纳德·凯恩斯（1883—1946）。凯恩斯在1936年出版了《就业、利息和货币通论》，这本书是经济学历史上的一个里程碑。它的问世，从根本上动摇了传统的经济学理论，在西方经济学界和政界引起了巨大反响，同时也引起了经济理论上的一场革命。提出"看得见的手"的理论，即政府干预经济生活。从此产生以宏观经济总量为研究对象的宏观经济学。

四、新古典综合派的产生

第二次世界大战结束后，以美国经济学家萨缪尔森（P. A. Samuelson）等人为代表，将凯恩斯的宏观经济学与新古典经济学的市场均衡价格理论结合在一起，形成了"新古典综合派"，由微观经济学和宏观经济学这两部分构成的新古典综合派的经济学理论体系成为经济学的主流经济体系。

任务五 经济学的研究方法

一、规范分析方法与实证分析法

所谓规范分析法，是以一定的价值判断作为出发点，提出行为的标准，并研究如何才能符合这些标准。它说明的是"应该是什么"的问题，即价值判断问题。以经济增长问题为例，若用规范分析法来分析，就要首先确立一些理想的经济增长标准，如经济增长应该"稳定"、"可持续"、"促进充分就业"、"保持物价稳定"、"提高居民生活水平"，等等，然后再看现实经济增长是不是符合这些标准，如果不符合，再考虑应该怎样进行调整，等等。所谓实证分析法是指企图超脱或排斥一切价值判断，只研究经济本身的内在规律，并根据这些规律分析和预测人们经济行为的效果的分析方法。它要回答的是"是什么，不是什么"的问题，而不对事物的好坏作出评价。仍以经济增长为例，按实证经济学分析，就是要首先搜集一些历史统计资料，然后用相关统计分析方法，探讨经济增长是怎样实现的，哪些因素促进了经济增长，等等，至于这种经济增长是好还是坏，则置之不理。

二、实证分析工具

1. 经济模型分析

经济模型（Economic Model）是指用来描述所研究的经济现象之有关的经济变量之间的依存关系的理论结构。简单地说，把经济理论用变量的函数关系来表示就叫做经济模型。一个经济模型是指论述某一经济问题的一个理论，可以用文字描述，也可以用数学公式表达。现代西方经济学一般倾向于用数学公式，其基本做法是：将所有研究对象都称为"变量"，然后先做出一定的假设，通常假定除所要研究的少数几个主要变量外，其他所有变量和外部条件都不变，在此假设前提下，再以有关数据材料为基础，通过逻辑分析和统计检验，建立主要变量之间的逻辑关系。

2. 均衡分析

均衡分析是指假定经济变量的运动总是趋向于均衡状态，据此研究经济现象如何达到均衡。例如，经济学均衡价格理论就是假定商品价格总有成为均衡价格的趋势，然后用"价格调节供求，供求影响价格"这一市场机制来阐明均衡价格是怎样形成的。

3. 静态分析与动态分析

静态分析是在假定其他条件不变的前提下，以某些经济变量为自变量，研究作为函数的另一些经济变量随作为自变量的经济变量取值的变化而变化的规律。它是一种组合选择分析，其中自变量与函数的不同取值之间是一种并列关系，不存在时间先后顺序和前后演替关系。如以需求定理为例，假定其他条件都不变，只有价格与商品需求量在变化，其中价格为自变量，商品需求量为函数。一般的规律是，当商品价格比较高时，商品需求量就比较少；当商品价格比较低时，商品需求量就比较大。这就属于静态分析。

动态分析则是以时间为自变量，研究各种经济变量随时间的变化而变化的规律。这是一种过程演化分析，其中不同的变量状态之间是一种生长生成、演替进化关系，有一定的时间顺序和前因后果关系。

目前经济学基础理论研究普遍采用静态分析方法。西方经济学中的边际效用递减规律、边际替代率递减规律、边际技术替代率递减规律、边际收益递减规律、边际消费倾向递减规律以及凯恩斯关于有效需求决定国民收入原理等，都采用了静态分析方法。

4. 边际分析

边际分析（Marginal Analysis）是19世纪后期奥国学派的门格尔（Carl Menger，1840—1921）、维塞尔（Friedrich von Wieser，1851—1926）、庞巴维克（Eugen von Böhm-Bawerk，1851—1914）等人开创的，目前已经成为西方经济学普遍应用的基本方法，其要点是把经济变量之间的关系看作一种函数关系，研究"自变量的增量"所引起的"函数的增量"的变化，其目的是要确定一个最佳的自变量值和函数值。例如，在小麦地里施用化肥，施肥量少了，产量上不去，施肥量多了，同样也可能使麦苗致病，甚至可能将麦苗"烧死"，导致产量下降。那么，施多少化肥才合适呢？这就需要进行试验研究。一般的做法是，将一块试验田分成若干试验小区，各试验小区其他条件保持一致，只是施肥量分别从少到多，逐渐增加，然后观察比较各试验小区间小麦产量的变化，看一看随着施肥量的增加，小麦产量的增加呈什么规律，最后确定一个最佳的施肥量和最佳的小麦产量，这就是边际分析。

边际分析方法是贯穿整个经济学理论。例如，微观经济学中的边际效用、边际产量、边际成本、边际收益等概念，宏观经济学中的边际消费倾向、边际储蓄倾向等概念，以及与其相联系的一系列"边际"原理，都体现了边际分析方法。

☞ **项目小结**

①人的欲望是无限的，而满足欲望的资源是有限的。经济学就是基于这一矛盾体产生的。经济学是指研究各种稀缺资源在可供选择的用途中进行配置以便更好地满足人们欲望的科学。

②经济学研究的基本问题包括资源配置与资源利用。机会成本就是把既定资源投入某

一特定用途所放弃的其他可能用途中获得的最大收益。而生产可能性曲线表示在资源与技术既定的条件下所能生产各种产品的最大数量组合点的曲线。

③经济学可以分为微观经济学和宏观经济学。微观经济学通过研究单个经济单位的经济行为和相应的经济变量数值的决定,来说明价格机制如何解决社会的资源配置问题。宏观经济学是指以整个国民经济为研究对象,通过研究国民经济中各有关总量的决定及其变化,来说明资源如何才能得到充分利用。

④实证经济学回答是什么的问题。规范经济学回答应该怎样的问题。经济学作为一门科学,应该研究是什么,结论的正确性应该是客观的、可检验的。

复习思考题

一、单项选择题:

1. 经济学研究的是( )。
   A. 如何赚钱的问题　　　　　　B. 资源的有效配置和利用问题
   C. 如何建立经济模型的问题　　D. 政府如何管理的问题
2. 资源稀缺性是指( )。
   A. 世界上资源最终会由于人们生产更多的物品而消耗光
   B. 相对于人们无穷的欲望而言,资源总是不足的
   C. 生产某种物品所需资源的绝对数量很少
   D. 资源稀缺和浪费都不存在
3. 经济学家讨论"人们的收入差距大一点好还是小一点好"这一问题属于( )所要研究的问题。
   A. 实证经济学　　B. 规范经济学　　C. 宏观经济学　　D. 微观经济学
4. "世界上没有免费的午餐"的说法的前提是( )。
   A. 任何事物都有机会成本　　　B. 认识自私的
   C. 政府不总是补贴食品生产　　D. 不应出现食品银行
5. 现有资源不能充分满足人们的欲望这一事实被称为( )。
   A. 经济物品　　　　　　　　　B. 资源的稀缺性
   C. 机会成本　　　　　　　　　D. 人类欲望的无限性
6. 作为经济学的两个组成部分,微观经济学与宏观经济学是( )。
   A. 互相对立的　　　　　　　　B. 互相补充的
   C. 没有任何联系的　　　　　　D. 不清楚

二、分析题:

1. 实证分析法与规范分析法之间有什么区别?
2. 画出并解释一个奶牛农场生产牛奶与点心的生产可能性曲线。如果一场疾病造成该农场一半奶牛死亡,这条市场可能性曲线会发生怎样的变动?
3. 假如你打工挣了100元。你可以选择现在花掉它,也可以选择以5%的年利率在银行存一年。那么现在花掉100元的机会成本是多少呢?

☞ **案例分析**

微观经济学与宏观经济学

　　在传统上经济学领域被分为两个次领域——微观经济学和宏观经济学。微观经济学研究家庭和企业如何作出决策，以及它们在某个市场上的相互交易。宏观经济学研究整体经济现象。一个微观经济学家可以研究租金控制对纽约市住房的影响，外国竞争对美国汽车行业的影响，或者接受义务教育对工人收入的影响。一个宏观经济学家可以研究联邦政府借债的影响，经济中失业率随时间推移的变动，或者提高已过生活水平增长的不同政策。

　　微观经济学和宏观经济学是密切相关的。由于整体经济的变动产生于千百万个人的决策，所以，不考虑相关的微观经济决策而去理解宏观经济的发展是不可能的。例如，宏观经济学家可以研究联邦个人所得税减少对整个物品与劳务生产的影响。为了分析这个问题，他必须考虑所得税减少如何影响家庭把多少钱用于物品与劳务的决策。

　　尽管微观经济学与宏观经济学之间存在固有的关系，但这两个领域仍然是不同的。在经济学中，也和在生物学中一样，从最小的单位开始并向上发展看来是自然而然的。但这样做既无必要，也并不总是最好的方法。从某种意义上说，进化生物学建立在分子生物学之上，因为物种是由分子构成的。但进化生物学和分子生物学是不同的领域，各有自己的问题和方法。同样，由于微观经济学和宏观经济学探讨不同的问题，所以，它们有时采用不同的方法，并通常在不同的课程中讲授。

　　问题：结合案例理解微观经济学与宏观经济学之间的联系与区别。

☞ **实训项目**

　　试用生产可能性曲线分析你身边的经济问题。

项目二　价格理论

☞ **学习目标**

1. 掌握需求、供给的定义；
2. 理解导致需求变动和供给变动的因素；
3. 能区分需求量变动和需求变动、供给量变动和供给变动；
4. 能解释供求相互作用如何决定均衡价格和均衡数量；
5. 能运用供给和需求图形来预测价格和数量的变化；
6. 掌握需求弹性和供给弹性的类型及影响因素；
7. 明确商品需求弹性与总收益的关系。

☞ **创设情境**

票贩子屡禁不止的原因

看过病的人都知道，在一些大医院挂专家门诊号有多难。价钱倒不贵，北京协和医院治疗门诊挂号的最高价格为14元。这是政府规定的专家门诊的最高价格。这种政策的目的是为了保证穷人也能找专家看病，但它却引起了什么后果呢？由于价格低，无论大病、小病，人人都想看专家门诊，但专家看病的积极性并不高。这样，供给量小于需求量，存在短缺。在存在短缺但价格又不能上升的情况下，解决供给小于需求的方法有三种：配给（由医院决定给谁）、排队和黑市。黑市交易是票贩子和病人之间的交易。票贩子是一批以倒号为业的人，他们或拉帮结伙装作病人挂号，或者与医院有关人员勾结把号弄到手，然后以黑市的均衡价格（比如100元）卖给病人。尽管公安部门屡次打击票贩子，但由于丰厚的利润，票贩子屡禁不止。医院为了对付票贩子，实行了持身份证的挂号实名制看病，但仍没有解决问题，变化只是票贩子由卖号变为卖排队的位置，可见只要存在限制价格，短缺就无法消除，票贩子决不会消失。

票贩子的存在既损害了病人的利益，又损害了专家的利益。病人不得不付出高价，这种高价又不由专家所得。在我们的例子中，限制价格14元是医院得到的价格，病人却付出了100元，其间的差额86元就归票贩子及提供号的人所得。政府有关部门制定限制价格的意图也许是为了维护消费者的利益，但实际上却损害了消费者的利益。

从经济学的角度看，消除票贩子的办法不是"加大打击力度"，等等，而是取消对专家挂号费的限制价格政策。一旦价格放开，挂号费上升，想看专家门诊的人减少（小病不找专家，大病、疑难病症才找专家），愿意看病的专家增加，最终实现供求相等。这时，票贩子无利可图，自然也就消失了。

当然，放开专家门诊涉及医疗制度的改革问题，比如医院分级收费、医药分开、完善社会保障体系等。但要解决专家门诊的供求矛盾，从根本上铲除票贩子，还是要放开价格。这是医疗市场化改革的重要内容。

（资料来源：改编自梁小民. 微观经济学纵横谈. 北京：三联书店，2000.）

问题：怎么用经济学中的供求理论来分析和解决票贩子屡禁不止的难题？

任务一　需求理论

一、需求和需求函数

1. 需求

需求（demand）是指消费者在某一特定时期内，在每一价格水平下愿意而且能够购买的商品或劳务的数量。

理解需求的概念，应把握以下几个方面：

①需求要同时具备两个条件：一是购买欲望；二是支付能力。购买欲望是需求的前提，支付能力是需求的保证，二者缺一不可。例如，某消费者欲购买一辆豪华轿车，但由于收入较低，在不存在借贷的条件下买不起豪华轿车，就不能形成对豪华轿车的需求。

②需求量是个预期概念，不一定等于实际购买量，因为需求取决于商品市场价格。

③需求可分为个别需求和市场需求。个别需求是指单个消费者在每一价格水平上愿意而且能够购买的商品量。市场需求是指在每一价格水平下，所有消费者对某种商品的需求量的总和。

2. 影响需求的因素及需求函数

影响需求的因素很多，既有经济因素，也有非经济因素，概括起来主要有以下几种：

（1）商品本身的价格

商品本身的价格是决定需求量的最基本的因素。一般来讲，一种商品的价格越高，该商品的需求量就会越小；相反，价格越低，需求量就会越大。

（2）相关商品的价格

相关商品之间的关系有两种：互补关系和替代关系。互补关系是指两种商品互相补充共同满足人们的同一种欲望，完成同一消费功能。如汽车与汽油、镜架与镜片等。这种有互补关系的商品，一种商品的价格上升，消费者对另一种商品的需求就会减少；反之亦然。即一种商品的价格与其互补品的需求量呈反方向变动。如汽油价格上升，汽车使用成本就会提高，对汽车的需求就会减少；反之，若汽油价格下降，汽车使用成本就会降低，对汽车的需求就会增加。

替代关系是指两种商品可以互相替代来满足同一种欲望。如茶叶与咖啡、牛肉与羊肉等。这种有替代关系的商品，当一种商品价格上升时，另一种商品相对便宜，对其需求就会增加；反之，则相反。即一种商品的价格与其替代品的需求量呈同方向变动。例如，如果羊肉价格上升，人们必然少吃羊肉，多吃牛肉，即牛肉的需求量会上升。

（3）消费者收入水平

消费者收入水平与商品的需求量的变化分为两种情况。对于一般商品来说，当消费者收入水平提高时，就会增加对商品的需求量。相反，当消费者收入水平下降时，就会减少对商品的需求量，即消费者收入水平与商品的需求量呈同方向变化。这类商品在经济学中被称为正常商品。对于一些低劣的食品、粗制滥造的服装而言，消费者收入水平与商品的需求量呈反方向变化。这类商品在经济学里被称为劣等商品。

（4）消费者偏好

消费者对某种商品的偏好程度会对该商品的需求量产生影响，偏好程度越高，需求量越大；相反，偏好程度越低，需求量越少。消费者的偏好受社会环境、风俗习惯、时尚潮流等多个因素的影响，其中广告宣传可以在一定程度上影响偏好的形成，这也是为什么众多企业不惜重金大做广告的原因。

（5）消费者预期

如果消费者预期某种商品的价格将上涨，就会增加对该商品的现期需求量；如果消费者预期某种商品的价格将下降，就会减少对该商品的现期需求量。影响消费者购买的预期因素，还包括对未来收入的预期，政府经济政策预期等。

（6）人口的数量与结构

某种商品的市场需求量与人口数量呈同方向变化，即人口数量增加会使需求数量增加，人口数量减少会使需求数量减少。而人口结构的变动也会影响某些商品的需求。例如，人口老龄化会导致对保健品、药品等商品需求的增加。

如果把影响需求量的各个因素作为自变量，把需求量作为因变量。则可以用函数关系来表示一种商品的需求量和影响该商品需求量的因素之间的依存关系，即需求函数。综合以上因素，需求函数可用公式表示为：

$$Q_d = f(P, P_r, Y, T, E)$$

式中，Q_d 为商品需求量，P 为商品价格，P_r 为相关商品的价格，Y 为消费者收入水平，T 为消费者偏好，E 为消费者预期。

为了简化分析，我们假设其他影响因素保持不变，仅考虑商品本身价格水平的影响。这是因为一种商品的价格是决定需求量的最基本因素，所以，如果把一种商品的需求量仅仅看成是这种商品价格的函数，需求函数就可以用下式表示：

$$Q_d = f(P)$$

式中，Q_d 为商品的需求量，P 为商品的价格。

二、需求表、需求曲线和需求定理

需求还可以用需求表和需求曲线更为直观地表示。需求表是指在某一特定时期内，某种商品的各种价格与其相对应的需求量之间关系的表格。表2-1是某商品的需求表。

表 2-1　　　　　　　　　　　　　某商品的需求表

价格-数量组合	a	b	c	d	e	f	g
价格	1	2	3	4	5	6	7
需求量	700	600	500	400	300	200	100

需求曲线是表明商品价格与需求量之间关系的一条曲线。一般而言，商品的需求曲线是根据商品需求表中不同的价格-需求量的组合在平面坐标图上所绘制的一条曲线。图 2.1 是根据表 2-1 绘制的一条需求曲线。在图 2.1 中，横轴 OQ 表示商品的数量，纵轴 OP 表示商品的价格。

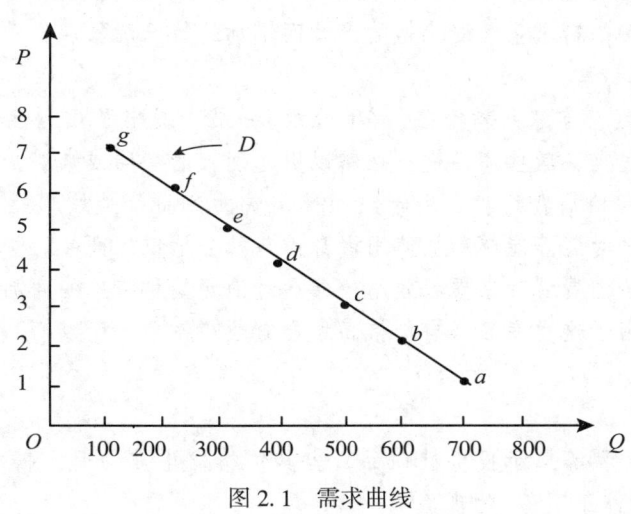

图 2.1　需求曲线

前面介绍的需求表和需求曲线都反映了商品的价格变动和需求量变动二者之间的关系。从表 2-1 可见，商品的需求量随着商品价格的上升而减少。相应地，在图 2.1 中的需求曲线具有一个明显的特征，它是向右下方倾斜的，即它的斜率为负值。也就是说，在其他条件不变的情况下，商品的需求量与价格呈反方向变动，即需求量随着商品本身价格的上升而减少，随商品本身价格的下降而增加，这就是需求定理，也称为需求法则。

需求定理作为一种经济理论是以一定的假设条件为前提的，这个假设条件就是"其他条件不变"。所谓其他条件不变，是指除了商品本身的价格之外，其他影响需求的因素都是不变的。离开了这一前提，需求定理就无法成立。

🔗 相关链接 2-1

需求定理的例外

需求定理就绝大多数商品而言是成立的，但并不适用于所有商品，在现实生活中还有一些例外。

（1）吉芬商品

吉芬商品就是指一些低档生活必需品，在某些特定条件下，由于价格上涨而导致需求量增加的商品。爱尔兰经济学家吉芬发现，1845年，爱尔兰发生了灾荒，马铃薯的价格上升了，需求量却增加了，这种现象与需求定理不一致。这种现象也就被经济学界称为"吉芬之谜"，而具有这种特点的商品被称为吉芬商品。

出现这种现象的原因可用替代效应和收入效应解释。1845年大饥荒使得爱尔兰大量的家庭陷入贫困，马铃薯成为维持人们生命的低档生活必需品，马铃薯价格的上升更会导致贫困家庭实际收入水平大幅度下降。在这种情况下，变得更穷的人们为了生存下来，就不得不大量地增加对低档商品的购买而放弃正常商品，相比起马铃薯这种低档商品来说，已经没有比这更便宜的替代品了，这样发生在马铃薯需求上的收入效应作用大于替代作用，从而造成马铃薯的需求量随着价格的上升而增加的特殊现象。

（2）炫耀性商品

20世纪初美国经济学家凡勃伦在《有闲阶级》一书中提出了炫耀性消费的概念。炫耀性消费就是人们通过购买某些商品进行炫耀以引起别人的夸奖或嫉妒，从而使虚荣心或者荣誉感获得满足的一种消费行为。用于炫耀性消费的商品就是炫耀性商品，包括珠宝首饰、豪华轿车、高档时装等能够彰显使用者身份与社会地位的商品。

炫耀性商品会给消费者带来虚荣效用，即通过消费某种特殊的商品而受到其他人尊敬所带来的满足感。由于这类商品只有价格高才会有炫耀作用，所以商品价格与需求量呈同方向变化。

（3）投机性商品

股票、期货、邮票等属于投机性商品。当其价格发生波动时，需求的变化缺乏规律性，有时会出现"买涨不买落"的现象。

三、需求量的变动和需求的变动

需求量的变动是指在其他因素不变的条件下，由商品本身价格变动所引起的需求量的变动。需求量的变动表现为同一条需求曲线的点的移动，向左上方移动是需求量减少，向右下方移动是需求量增加。如图2.2所示，当商品的价格由 P_1 下降为 P_2 时，需求量由 Q_1 增加到 Q_2，在需求曲线上表现为从 a 点移动到 b 点。

需求的变动是指在商品本身价格不变的条件下，由其他因素变动所引起的需求量的变动。需求的变动表现为需求曲线的平行移动，需求曲线向左下方移动是需求的减少，需求曲线向右上方移动是需求的增加。如图2.3所示，在商品价格 P_1 保持不变的情况下，若消费者收入水平提高，需求由 Q_1 增加到 Q_2，需求曲线由 D_1 移动到 D_2。显然，需求的变动所引起的需求曲线的平行移动，表示整个需求状态的变化。每一条需求曲线代表一种需求，离原点越远，对商品需求越高。

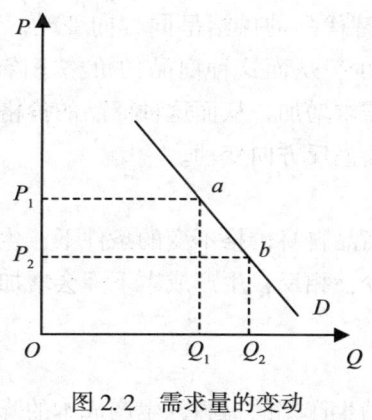
图 2.2 需求量的变动

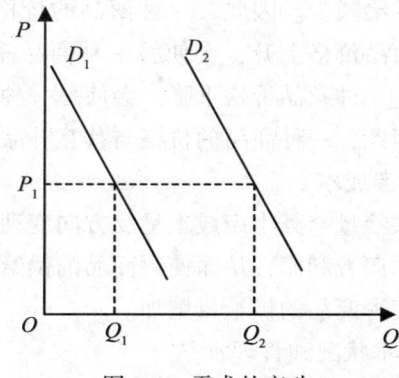
图 2.3 需求的变动

任务二　供给理论

一、供给和供给函数

1. 供给

供给（supply）是生产者在一定时期内，在每一价格水平下愿意并且能够提供的商品或劳务的数量。

理解需求的概念同样要把握好以下几个方面：

①同需求的定义相似，供给也要具备两个条件：一是生产者愿意出售；二是生产者有供给能力，二者缺一不可。

②供给量是个预期概念，不是指实际出售量，而是生产者预计、愿意或打算供给的数量。

③供给可分为个别供给和市场供给。个别供给是指单个生产者对某种商品的供给；市场供给是指市场上所有生产者对某种商品供给的总和。

2. 影响供给的因素和供给函数

影响供给的因素很多，既有经济因素，也有非经济因素，概括起来主要有以下几种：

（1）商品本身价格

一般来说，商品本身价格越高，供给量越大；商品本身价格越低，供给量越小，生产者提供的产量就越小。

（2）相关商品价格

对于替代品，一种商品价格上升，会使另一种商品需求增加，从而这种商品的价格上升，供给增加；反之，一种商品价格下降，会使另一种商品需求减少，从而这种商品的价格下降，供给减少。因此，一种商品的价格与其替代品的供给呈同方向变动。对于互补品，一种商品价格上升，会使另一种商品需求减少，从而这种商品的价格下降，供给减少；反之，一种商品价格下降，会使另一种商品需求增加，从而这种商品的价格上升，供给增加。因此，一种商品的价格与其互补品的供给呈反方向变动。

（3）生产成本

商品供给量与其生产成本呈反方向变动。在商品自身价格不变的条件下，生产成本上升会减少生产者利润，从而使得商品的供给量减少；相反，生产成本下降会增加生产者利润，从而使得商品的供给量增加。

（4）技术状况和管理水平

技术进步和管理水平的提高，通常会带来劳动生产率的提高，生产成本的降低或产量的增加。因而在产品价格保持不变的情况下，生产者愿意供应更多的产品。

（5）生产者预期

如果生产者对未来的预期是乐观的，就会增加产量供给；如果生产者对未来的预期是悲观的，就会减少产量供给。

如果把影响供给量的各个因素作为自变量，把供给量作为因变量，则可用函数关系来表示供给量和影响该商品供给量的因素之间的依存关系，即供给函数。综合以上各因素，供给函数可用公式表示为：

$$Q_s = f(P, P_r, C, T, E)$$

式中，Q_s 为商品供给数量，P 为商品本身价格；P_r 为相关商品价格，C 为生产成本，T 为技术状况和管理水平，E 为生产者预期。

为了简化分析，我们假设其他影响因素保持不变，仅考虑商品本身价格水平的影响。这是因为一种商品的价格是决定供给量的最基本因素，所以，如果把一种商品的供给量仅仅看成是这种商品价格的函数，供给函数就可以用下式表示：

$$Q_s = f(P)$$

式中，Q_s 为商品的供给量，P 为商品的价格。

二、供给表、供给曲线和供给定理

供给还可以用供给表和供给曲线更为直观地表示。供给表是指在某一特定时期内，某种商品的各种价格与其相对应的供给量之间关系的表格。表2-2是某商品的供给表。

表2-2　　　　　　　　　　　某商品的供给表

价格-数量组合	a	b	c	d	e
价格	2	3	4	5	6
供给量	0	200	400	600	800

供给曲线是表示商品价格与供给量之间关系的一条曲线。一般而言，供给曲线是根据商品供给表中不同的价格-供给量组合在平面坐标图上所绘制的一条曲线。图 2.4 便是根据表 2-2 所绘制的一条供给曲线。图中，横轴 OQ 表示商品数量，纵轴 OP 表示商品价格。

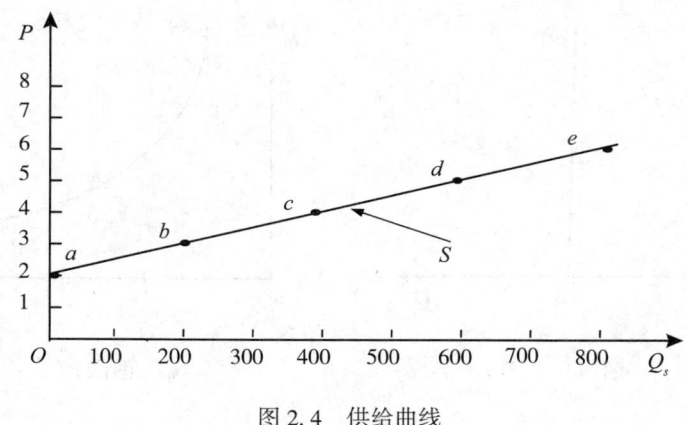

图 2.4　供给曲线

前面介绍的供给表和供给曲线都反映了商品的价格变动和供给量变动二者之间的关系。从表 2-2 中可以看出，商品的供给量随着商品价格的上升而增加。相应地，在图 2.4 中的供给曲线具有一个明显的特征，它是向右上方倾斜的，即它的斜率为正值。也就是说，在其他条件不变的情况下，商品的供给量与价格呈同方向变动，即供给量随着商品本身价格的上升而增加，随商品本身价格的下降而减少，这就是供给定理，也称为供给法则。

供给定理作为一种经济理论也是以一定的假设条件为前提的，这个假设条件就是"其他条件不变"。所谓其他条件不变是指除了商品本身的价格之外，其他影响供给的因素都是不变的。离开了这一前提，供给定理同样无法成立。

相关链接 2-2

供给定理的例外

供给定理就绝大多数商品而言是成立的，但并不适用于所有商品，在现实生活中还有一些例外。

①有些商品的供给量是固定的，如名画、古玩，这类商品的供给曲线是一条垂直于横轴的直线，如图(1)所示。

②具有规模效应的厂商。某些厂商在大规模生产时平均成本锐减，这时商品价格虽有所下降，但厂商仍愿意提供更多的商品。此类商品往往是那些可适于机械化大批量生产的高技术产品，如小汽车和电视机的生产等。这类商品的供给曲线是向右下方倾斜的。如图(2)所示。

③劳动的供给曲线向后弯曲：当工资开始提高时，劳动的供给会增加，当工资水平上升到一定程度后，劳动者感到对货币的需求并不迫切了，这时工资再提高，劳动者会减少劳动，增加闲暇，因而劳动的供给曲线是一条向后弯曲的曲线。如图(3)所示。

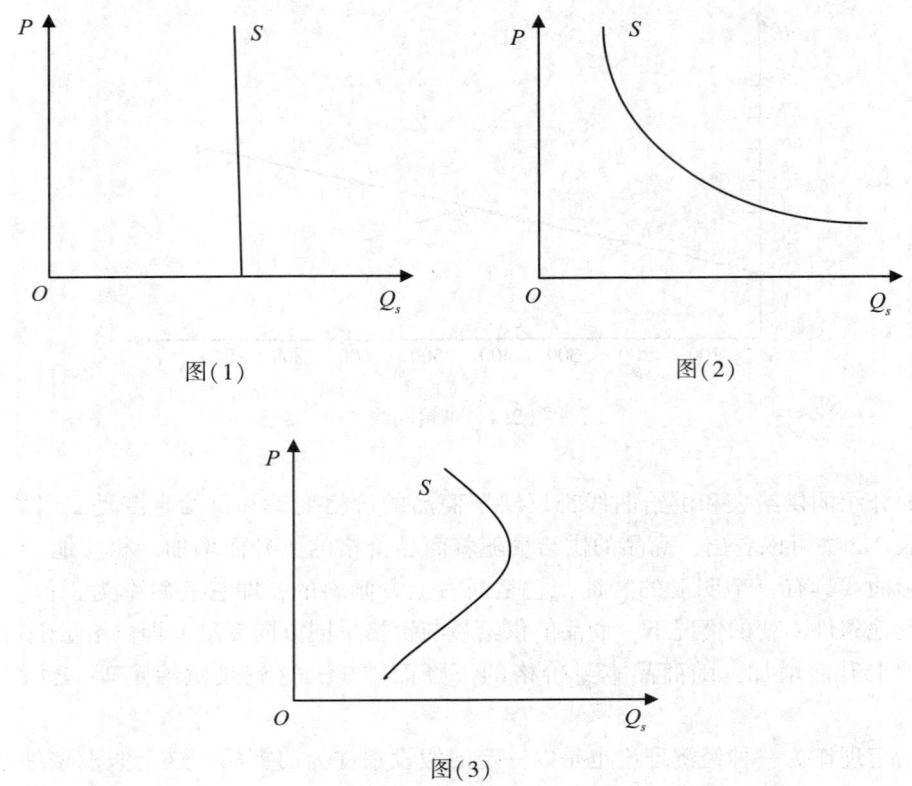

图(1)　　　　　　　　图(2)

图(3)

三、供给量的变动与供给的变动

供给量的变动是指其他因素不变的条件下，商品本身价格变动所引起的供给量的变动。供给量的变动表现为沿着同一条供给曲线上的点的移动，向右上方移动是供给增加，向左下方移动是供给减少。如图 2.5 所示，当商品的价格由 P_1 上升为 P_2 时，它所引起的商品供给数量由 Q_1 增加到 Q_2，在供给曲线表现为从 a 点移动到 b 点。

供给的变动是指在商品本身价格不变的条件下，由其他因素变动所引起的供给数量的变动。供给的变动表现为供给曲线的平行移动，供给曲线向右下方移动是供给增加，供给曲线向左上方移动是供给减少。如图 2.6 所示，在商品价格 P_1 保持不变的情况下，若生产成本下降，供给由 Q_1 增加到 Q_2，供给曲线有 S_1 移动到 S_2。显然，供给的变动所引起的供给曲线的平行移动，表示整个供给状态的变化。每一条供给曲线代表一种供给，离原点越远，商品供给越大。

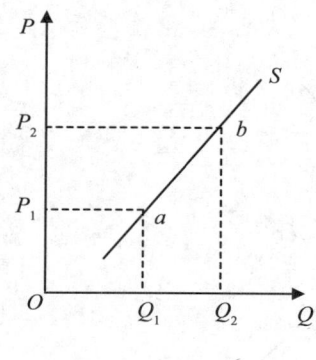
图2.5 供给量的变动

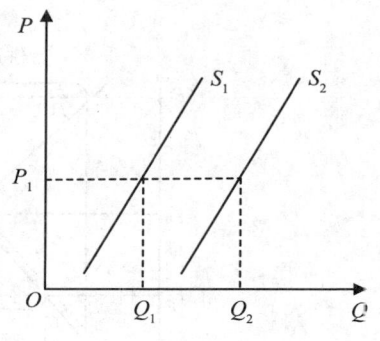
图2.6 供给的变动

任务三 均衡价格理论

一、均衡和均衡价格的定义

均衡是个物理学概念。在经济学中，均衡是指经济事物中有关的变量在一定条件的相互作用下所达到的一种相对静止的状态。

所谓均衡价格(Equilibrium Price)，是指消费者为购买一定商品量所愿意并能够支付的需求价格，与生产者为提供一定商品量所愿意接受的供给价格相一致时的价格。也就是需求和供给相等时的价格，在图形上表现为需求曲线与供给曲线的交点所对应的价格。如图2.7中的P_0。

二、均衡价格的形成

均衡价格是经过市场上需求和供给的相互作用及价格的波动而形成的。均衡价格的形成过程可以用图2.7说明。图2.7中，横轴OQ表示数量，纵轴OP表示价格；D是需求曲线，S是供给曲线。当价格偏离均衡价格时，市场上会出现以下两种情形：

1. 价格高于均衡价格的情形

在图2.7中，当市场价格高于均衡价格时，如价格水平位于P_1，此时供给量Q_3大于需求量Q_2，造成该商品供过于求。此时会引起供给方内部的激烈竞争，供给则会竞相降价，并进而促使供给规模降至均衡点E的水平。

2. 价格低于均衡价格的情形

在图2.7中，当市场价格低于均衡价格时，如价格水平位于P_2，此时需求量Q_1大于供给量Q_4，造成该商品供不应求。此时会引起需求方内部的激烈竞争，需求者竞相购买，在抬高商品价格的同时，抑制需求而刺激供给，使供求趋向于均衡点E。E点对应的价格P_0就是市场的均衡价格，Q_0则是市场的均衡数量。

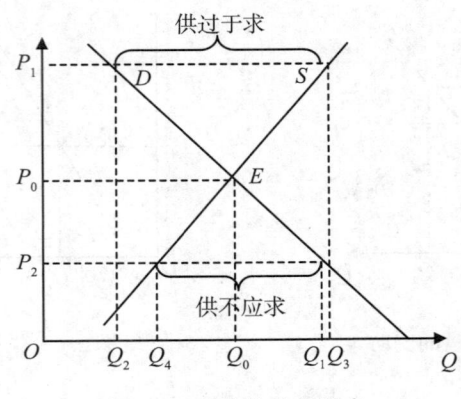

图 2.7　均衡价格的形成

综上所述，价格、需求和供给三者相互影响、相互作用，不论从何种状况出发，都会使市场达到均衡状态。在这个状态下，既没有供过于求，也没有供不应求，整个市场处于稳定状态。

三、均衡价格的变动

从图 2.7 以看出，一种商品的均衡价格是由该商品市场的需求曲线和供给曲线的交点所决定的，所以，当商品的需求或供给发生变动，即商品的需求曲线或供给曲线的位置发生移动，都会使均衡价格发生变动。下面说明商品需求或供给的变动对均衡价格以及均衡数量的影响。

1. 需求变动对均衡价格的影响

在供给不变的情况下，需求增加会使需求曲线向右平移，从而使得均衡价格和均衡数量都增加；反之，需求减少会使需求曲线向左平移，从而使得均衡价格和均衡数量都减少，如图 2.8 所示。

在图 2.8 中，S 为某商品的供给曲线，当该商品的需求曲线为 D_1 时，均衡点为 E_1，均衡价格为 OP_1，均衡数量为 OQ_1。如果需求增加，需求曲线向右上方平移，由 D_1 移动至 D_2，均衡点由 E_1 移动到 E_2，此时的均衡价格上升为 OP_2，均衡数量增加为 OQ_2。反之，如果需求减少，需求曲线向左下方平移，由 D_1 移动至 D_3，均衡点由 E_1 移动到 E_3，此时的均衡价格下降为 OP_3，均衡数量减少为 OQ_3。

2. 供给变动对均衡价格的影响

在需求不变的情况下，供给增加会使供给曲线向右平移，从而使得均衡价格下降，均衡数量增加；供给减少会使供给曲线向左平移，从而使得均衡价格上升，均衡数量减少。如图 2.9 所示。

在图 2.9 中，D 为某商品的需求曲线，当该商品的供给曲线为 S_1 时，均衡点为 E_1，

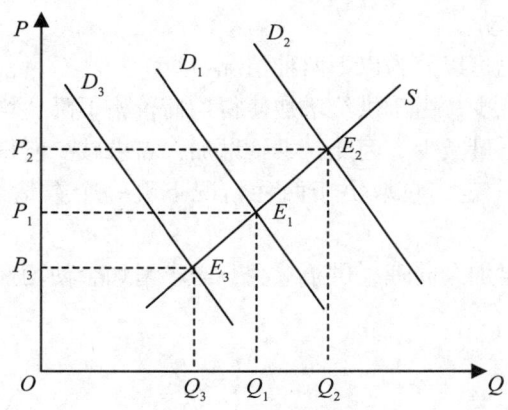

图 2.8 均衡价格的变动

均衡价格为 OP_1,均衡数量为 OQ_1。如果供给增加,供给曲线向右下方平移,由 S_1 移动至 S_2,均衡点由 E_1 移动到 E_2,此时的均衡价格下降为 OP_2,均衡数量增加为 OQ_2。反之,如果供给减少,供给曲线向左上方平移,由 S_1 移动至 S_3,均衡点由 E_1 移动到 E_3,此时的均衡价格上升为 OP_3,均衡数量减少为 OQ_3。

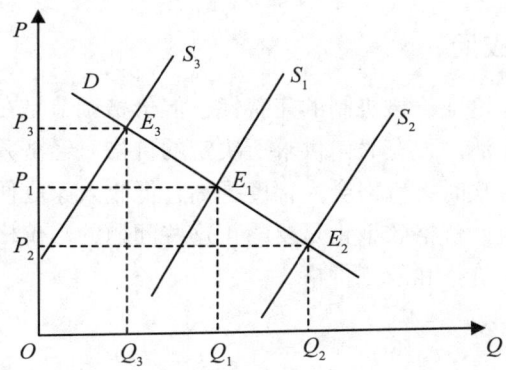

图 2.9 供给变动对均衡价格的影响

3. 需求与供给同时变动对均衡的影响

(1) 供给需求同向变动

供给需求同向变动又分为两种情况:供需同时增加和供需同时减少。

①供需同时增加。供给增加导致均衡价格下降,均衡产量增加;需求增加使得均衡价格上升,均衡产量增加。所以,供需同时增加肯定使均衡产量增加,均衡价格的变动方向不能确定,它取决于两种情况下哪一个价格上升或下降的幅度更大一些。

②供需同时减少。同理,供需同时减少会使均衡产量减少,均衡价格的变动方向不能

确定。

(2) 供给需求反向变动

供给需求反向变动也可以分为以下两种情况：

①供给增加，需求减少。由于供给增加使得均衡价格下降，均衡产量上升；需求减少使均衡价格下降，均衡产量减少。因此，供给增加，需求减少使得均衡价格肯定下降，但均衡产量变动方向则不一定，它取决于两种情况下哪一个数量上升或下降的幅度更大一些。

②供给减少，需求增加。同理，供给减少，需求增加会使均衡价格上升，均衡产量的变动方向不能确定。

四、供求定理

从上述关于需求与供给变动对市场均衡的影响分析，可以得出供求定理：

①供给不变，需求变动时，均衡价格和均衡数量与需求同方向变动。

②需求不变，供给变动时，均衡价格与供给反方向变动，均衡数量与供给同方向变动。

③需求和供给同时同方向变动，均衡数量与供给同方向变动，均衡价格的变动方向不能确定；需求与供给同时反方向变动，均衡价格与需求同方向变动，均衡数量的变动方向不能确定。这就是经济学中的供求规律。

五、均衡价格理论的应用

微观经济学的核心是论证价格机制的完善性，但价格调节是在市场上自发进行的，有其盲目性，所以在现实生活中，有时由供求所决定的价格对经济并不一定是最有利的。比如某些生活必需品严重短缺时，价格会大幅度提高，低收入家庭便难以维持最低水平的生活，从而不利于社会稳定。价格政策正是要纠正这些问题的。价格政策的形式很多，我们这里主要介绍两种：支持价格和限制价格。

1. 支持价格

支持价格是政府为了扶持某一行业的生产而规定的该行业产品的最低价格。支持价格一定高于均衡价格，致使供给量大于需求量，商品市场将出现过剩。如图 2.10 所示，该行业产品的均衡价格为 OP_0，均衡数量为 OQ_0。政府支持价格为 OP_1，高于均衡价格 OP_0。这时，需求量为 OQ_1，供给量为 OQ_2，$OQ_2 > OQ_1$，供给量大于需求量，产品供过于求，市场上出现产品过剩的情况，过剩量为 $Q_2 - Q_1$。支持价格一般应用于农业生产。

为了维持支持价格，此时政府可以采取两种措施解决这一问题：一种是政府收购过剩产品，或用于储备，或用于出口。在出口受阻的情况下，收购过剩商品必然会增加政府的财政支出；另一种是政府对该商品的生产实行产量控制，规定将生产的数量控制在 Q_1，使供给减少，供给曲线向左上方移动，重新达到供求平衡，并对减少产量的生产者进行补贴。

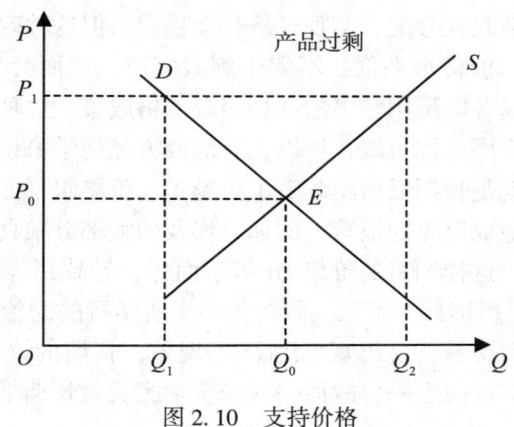

图 2.10　支持价格

2. 限制价格

限制价格是指政府为限制某些生活必需品的价格上涨，而对这些产品所规定的最高价格，其目的在于稳定经济生活和社会秩序。限制价格一般低于均衡价格，商品市场将出现短缺。如图 2.11 所示，该行业产品的均衡价格为 OP_0，均衡数量为 OQ_0。政府限制价格为 OP_1，低于均衡价格 OP_0。这时，供给量为 OQ_1，需求量为 OQ_2，$OQ_2>OQ_1$，供给量小于需求量，产品供不应求，其短缺量为 Q_2-Q_1。为了维持限制价格，解决商品短缺问题，政府一般会实行配给制，发放购物券。

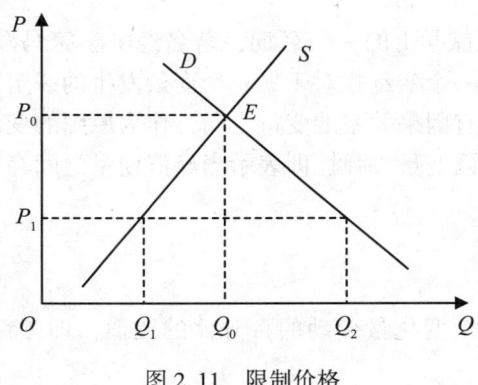

图 2.11　限制价格

限制价格政策一般是在战争、自然灾害或过度投机引起巨大虚拟经济泡沫等特殊时期使用。但也有许多国家对某些生活必需品、劳务、能源等实行限制价格政策。例如，法国在第二次世界大战后，对关系国计民生的煤炭、电力、煤气、交通与邮电服务等，实行了限制价格政策；在英国、瑞典、澳大利亚等国，则对房租实行限制价格政策。还有一些国家，在饥荒时对粮食等生活必需品实行限制价格政策。此外，规定利率上限，规定经济适用住房价格上限等做法也属于限制价格的一种形式。

限制价格有利于调节收入分配，实现经济社会稳定。但这种政策会引起严重的不利后果。主要表现在：第一，价格水平低，不利于刺激生产，从而会使产品长期存在短缺现象。例如，低房租政策是各国运用较多的一种限制价格政策，这种政策固然使低收入者可以有房住，但可能是使房屋更加短缺，所以，有的西方经济学家说，破坏一个城市建筑的方法，除了轰炸之外，就是长期低房租政策了。第二，价格水平低不利于抑制需求，可能会在资源缺乏的同时又造成严重的浪费。例如，埃及的大部分粮食依靠进口，但却对面包实行相当低的限制价格，这样饲料的价格 10 倍于面包，导致用宝贵外汇进口小麦制成的面包，有 30%～40%被改用饲料。第三，限制价格下所实行的配给制，会引起社会风尚败坏。配给制下会产生黑市交易，易出现"走后门"现象，长期的价格水平不合理是权力腐败、社会风气败坏的经济根源之一，故而一些经济学家反对长期采用限制价格政策。

任务四　弹性理论

价格的变动会引起供给量和需求量的变动，但不同商品的需求量和供给量的变动对价格变动的反应程度则不同。一些消费品，如国外旅游、汽车等，对于价格的变动就十分敏感。而对另一些物品，如食品、电力等必需品的消费，则对价格的变动几乎无动于衷。这些问题可以运用弹性理论来进行分析。

一、弹性

1. 弹性的定义

"弹性"是物理学和机械学上的一个名词，著名经济学家马歇尔最先把"弹性"概念引入到经济学中，弹性是指一个变量相对于另一个变量发生的一定比例的改变的属性。弹性的概念可以应用在所有具有因果关系的变量之间，作为原因的变量通常称为自变量，受其作用发生改变的变量称为因变量。弹性即表示当经济变量之间存在函数关系时，因变量对自变量变化的反应程度。

2. 弹性的计算公式

弹性的大小可以用两个变化量变动的百分比的比值，即弹性系数来表示，其计算公式为：

$$\text{弹性系数} = \frac{\text{因变量变动的百分比}}{\text{自变量变动的百分比}} = \frac{\dfrac{\text{变动后的因变量} - \text{变动前的因变量}}{\text{变动前的因变量}}}{\dfrac{\text{变动后的自变量} - \text{变动前的自变量}}{\text{变动前的自变量}}}$$

假设两个经济变量之间的函数关系为 $Y=f(X)$，ΔX、ΔY 分别表示变量 X、Y 的变动量，E 表示弹性系数，则公式为：

$$E = \frac{\frac{\Delta Y}{Y}}{\frac{\Delta X}{X}} = \frac{\Delta Y}{\Delta X} \cdot \frac{X}{Y}$$

二、需求弹性

1. 需求价格弹性

（1）需求价格弹性的含义与计算

需求价格弹性简称需求弹性，指需求量变动对价格变动的反应程度，即商品的需求量变动的比率和价格变动的比率的比值。弹性的大小可以用需求弹性系数来表示。

$$需求弹性系数 = \frac{需求量变动的百分比}{价格变动的百分比} = \frac{\frac{变动后的需求量-变动前的需求量}{变动前的需求量}}{\frac{变动后的价格-变动前的价格}{变动前的价格}}$$

E_d 代表需求弹性系数，P 代表商品价格，Q_d 代表商品需求量，Q_2、P_2 分别表示变动后的需求量和价格，Q_1、P_1 分别表示变动前的需求量和价格，则公式为：

$$E_d = \frac{\frac{\Delta Q_d}{Q_d}}{\frac{\Delta P}{P}} = \frac{\frac{Q_2 - Q_1}{Q_1}}{\frac{P_2 - P_1}{P_1}}$$

在理解需求弹性的含义时要注意：

①在需求量与价格两个变量中，价格是自变量，需求量是因变量，所以，需求弹性是价格变动所引起的需求量变动的程度，或者说是需求量变动对价格变动的反应程度。

②需求弹性系数是需求量变动的比率与价格变动的比率，而不是需求量变动的绝对量与价格变动的绝对量的比。

③对于正常商品来说，需求弹性是负数，这是因为价格与需求量成反比关系。在经济学中，为了分析问题方便起见，一般都省略掉负号，取其绝对值。

例如：假定某种冰激凌的价格从 2 元上升到 2.2 元，使你购买的冰激凌从每月 10 杯减少为 8 杯，求该种冰激凌的需求价格弹性。

$$E_d = \frac{需求量变动的百分比}{价格变动的百分比} = \frac{\frac{变动后的需求量-变动前的需求量}{变动前的需求量}}{\frac{变动后的价格-变动前的价格}{变动前的价格}}$$

$$= \frac{\frac{8-10}{10}}{\frac{2.2-2}{2}} = \left| \frac{-20\%}{10\%} \right| = 2$$

相关链接 2-3

需求价格弹性的中点法计算公式

假设上例中的 $P_1=2$ 元，$Q_1=10$ 杯，为 A 点；$P_2=2.2$ 元，$Q_2=8$ 杯，为 B 点，则经过计算 A 点到 B 点的弹性系数为 2。

若将上例倒过来，即价格由 2.2 元下降到 2 元，需求量由 8 杯上升为 10 杯，即计算 B 点到 A 点的弹性系数。

$$E_d = \frac{\text{需求量变动的百分比}}{\text{价格变动的百分比}} = \frac{\dfrac{\text{变动后的需求量}-\text{变动前的需求量}}{\text{变动前的需求量}}}{\dfrac{\text{变动后的价格}-\text{变动前的价格}}{\text{变动前的价格}}}$$

$$= \frac{\dfrac{10-8}{8}}{\dfrac{2-2.2}{2.2}} = \left|\frac{25\%}{-9\%}\right| = 2.66$$

由此可以看出，从两点的起点或终点分别计算的弹性大小是有差别的。为了减小误差，可以采用中点法计算弹性。需求价格弹性的中点法公式为：

$$E_d = \frac{\dfrac{\Delta Q_d}{Q_d}}{\dfrac{\Delta P}{P}} = \frac{\dfrac{(Q_2-Q_1)}{(Q_1+Q_2)/2}}{\dfrac{(P_2-P_1)}{(P_1+P_2)/2}} = \frac{Q_2-Q_1}{P_2-P_1} \cdot \frac{P_1+P_2}{Q_1+Q_2}$$

上例中，用中点公式计算为：

$$E_d = \frac{\dfrac{\Delta Q_d}{Q_d}}{\dfrac{\Delta P}{P}} = \frac{\dfrac{(Q_2-Q_1)}{(Q_1+Q_2)/2}}{\dfrac{(P_2-P_1)}{(P_1+P_2)/2}} = \frac{Q_2-Q_1}{P_2-P_1} \cdot \frac{P_1+P_2}{Q_1+Q_2}$$

$$= \frac{\dfrac{(8-10)}{(10+8)/2}}{\dfrac{(2.2-2)}{(2.2+2)/2}} = \left|\frac{-2/9}{0.2/2.1}\right| \approx 2.2$$

(2) 需求价格弹性的分类

根据需求价格弹性系数的大小不同，可以把需求价格弹性分成五种类别：

①需求完全无弹性，即 $E_d=0$。在这种情况下，无论价格怎样变动，需求量都不会变动。这时的需求曲线是一条与横轴垂直的直线，如图 2.12 所示，如土地、胰岛素、救心丸、火葬费等近似于无弹性。

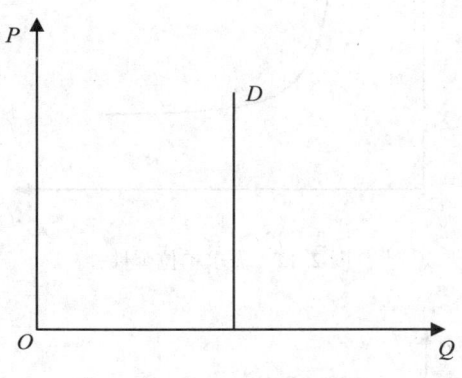

图 2.12　需求完全无弹性

②需求完全弹性，即 $E_d \to \infty$。在这种情况下，当价格为既定时，需求量是无限的。这种需求变化是价格以外的因素引发的，如银行以一固定价格收购黄金，不论有多少黄金都可以按这一价格收购，银行对黄金的需求是无限的；又如战争时期的常规军用物资等。这时的需求曲线是一条与横轴平行的直线，如图 2.13 所示。

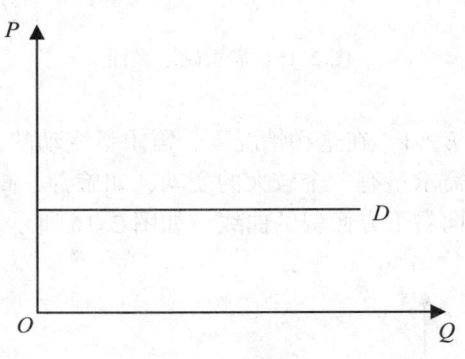

图 2.13　需求完全弹性

③需求单位弹性，即 $E_d=1$。在这种情况下，需求量变动的比率与价格变动的比率相等。这时的需求曲线是一条正双曲线，如图 2.14 所示，如礼品等。

④需求缺乏弹性，即 $0<E_d<1$。在这种情况下，需求量变动的比率小于价格变动的比率，价格有一个较大的变动，需求量有一个较小的变动。如食盐、食物、衣服、农产品、住房等生活必需品。这时的需求曲线是一条比较陡峭的向右下方倾斜的线，如图 2.15 所示。

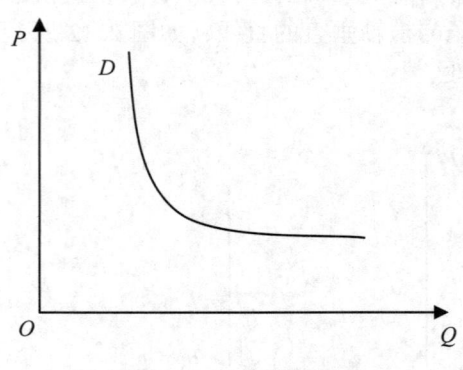

图 2.14 需求单位弹性

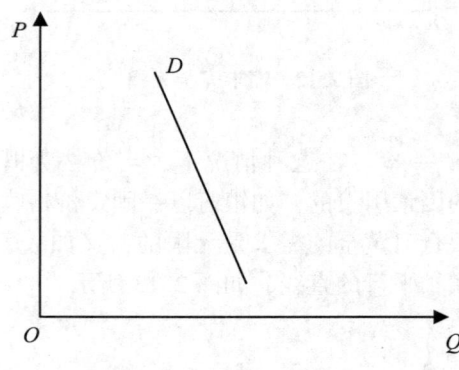

图 2.15 需求缺乏弹性

⑤需求富有弹性，即 $E_d>1$。在这种情况下，需求量变动的比率大于价格变动的比率。价格有一个较小的变动，需求量有一个较大的变动，如旅游、高档品等奢侈品。这时的需求曲线是一条比较平坦的向右下方倾斜的曲线，如图 2.16 所示。

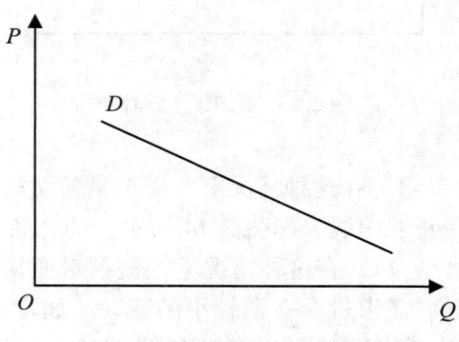

图 2.16 需求富有弹性

相关链接 2-4

需求点弹性

当需求曲线上的两点之间的变化量趋于零时，需求弹性要用点弹性来表示。需求点弹性表示的是需求曲线上某一点的弹性。它衡量在需求曲线某一点上的需求量趋无穷小的变动率相对于价格无穷小的变动率的反应程度。

计算公式为：$E_d = -\dfrac{\mathrm{d}Q(P)}{\mathrm{d}P} \cdot \dfrac{P}{Q}$

例如：当需求函数为：$Q_d = 2400 - 400P$ 时，计算价格 $P=4$ 时的需求弹性？

解：当 $P=4$，$Q_d=800$，$\mathrm{d}Q(P)/\mathrm{d}P = -400$，代入公式得：

$$E_d = -\dfrac{\mathrm{d}Q(P)}{\mathrm{d}P} \cdot \dfrac{P}{Q} = -(-400) \times \dfrac{4}{800} = 2$$

（3）影响需求弹性的因素

影响需求弹性的因素很多，主要有以下几种：

①商品对消费者生活的重要程度。一般来说，生活必需品的需求价格弹性较小，奢侈品的需求价格弹性较大。例如，馒头的需求价格弹性较小，轿车的需求价格弹性较大。

②商品的可替代程度。一般来说，一种商品的替代品越多，它的需求就越富有弹性。反之，商品的可替代程度越低，需求的价格弹性就越小。

③商品的消费支出在消费者预算总支出中所占的比重。消费者在某种商品上的消费支出在预算总支出中所占的比重越大，该商品的需求弹性越大；比重越小，需求弹性就越小。例如，火柴、食盐、铅笔、肥皂等商品的需求弹性就比较小。因为，消费者每月在这些商品上的支出是很小的，往往不太重视这类商品价格的变化。

④商品本身用途的广泛性。一般来说，如果一种商品的用途很广泛，当商品的价格升高之后，消费者只购买较少的数量用于最重要的用途上。当它的价格逐步下降时，消费者的购买量就会逐渐增加，将商品越来越多地用于其他的各种用途上。因此，商品用途越广，需求的价格弹性就越大，反之，用途越狭窄，需求的价格弹性越小。例如，在美国，电力的需求价格弹性为 1.2，小麦的需求价格弹性为 0.08，这就和两种商品用途的多少有关。

⑤消费者调节需求量的时间。一般来说，消费者调整需求的时间越短，需求弹性就越小；相反，调整时间越长，需求弹性越大。因为，当消费者决定减少或停止对价格上升的某种商品的购买之前，他一般需要花费时间去寻找和了解该商品的替代品。例如，当石油价格上升时，消费者在短期内不会较大幅度地减少需求量。但设想在长期内，消费者可能找到替代品，于是，石油价格上升会导致石油的需求量较大幅度地下降。

此外，消费者偏好、收入水平、地域差异等也会影响需求价格弹性。

（4）需求的价格弹性与总收益

总收益（TR）也称为总收入，是指厂商销售一定量产品所得到的收入总和，也就是销售量与价格的乘积。如果以 TR 代表总收益，Q 代表销售量，P 代表价格，则

$$TR = P \cdot Q$$

假设需求量就是销售量，不同的商品，其需求弹性不同，价格变动引起的销售量（需求量）的变动不同，从而总收益的变动也就不同。因而，需求弹性的大小与总收益的变动密切相关。

①需求富有弹性的商品需求弹性与总收益之间的关系。

对于需求富有弹性的商品，价格下降时，需求量（销售量）增加的幅度大于价格下降的幅度，所以，总收益就会增加。可用图2.17来说明。

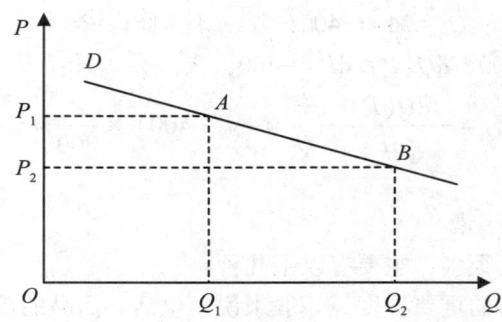

图2.17 需求富有弹性的商品需求弹性与总收益之间的关系

在图2.17中，D是某种需求富有弹性商品的需求曲线。当商品价格为OP_1时，销售量为OQ_1，此时总收益$TR_1 = OP_1 \cdot OQ_1$，也就是图中矩形OQ_1AP_1的面积。如果价格下降到OP_2，销售量增加为OQ_2，总收益$TR_2 = OP_2 \cdot OQ_2$，也就是图中矩形OQ_2BP_2的面积。很显然，图中矩形OQ_2BP_2的面积要大于矩形OQ_1AP_1的面积，即$TR_1 < TR_2$，总收益增加；反之，如果价格由OP_2上升到OP_1，总收益由TR_2减少到TR_1，总收益减少。

因此，如果某种商品是富有弹性的，则价格与总收益呈反方向变动。价格上升，导致需求量减少，且价格上升的比率小于需求量减少的比率，总收益减少；反之，价格下降，导致需求量增加，且需求量增加的比率大于价格下降的比率，总收益增加。所以，需求富有弹性的商品适宜采用"薄利多销"的促销策略。

②需求缺乏弹性的商品需求弹性与总收益之间的关系。

对于需求缺乏弹性的商品，价格下降时，需求量（销售量）增加的幅度小于价格下降的幅度，所以，总收益会减少。可用图2.18来说明。

如图2.18所示，D是某种需求缺乏弹性商品的需求曲线。当商品价格为OP_1时，销售量为OQ_1，总收益$TR_1 = OP_1 \cdot OQ_1$，也就是图中矩形OQ_1AP_1的面积。如果价格下降到OP_2，则需求量增加为OQ_2，总收益$TR_2 = OP_2 \cdot OQ_2$，也就是图中矩形OQ_2BP_2的面积。很显然，图中矩形OQ_2BP_2的面积要小于矩形OQ_1AP_1的面积，即$TR_1 > TR_2$，总收益减少；反之，如果价格由OP_2上升到OP_1，总收益由TR_2增加到TR_1，总收益增加。

因此，如果某种商品是缺乏弹性的，则价格与总收益呈同方向变动。价格下降，导致需求量增加，但需求量增加的比率小于价格下降的比率，总收益减少；价格上升，导致需求量减少，需求量减少的比率小于价格上升的比率，总收益增加。

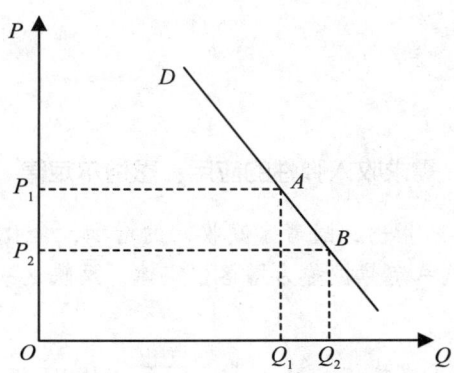

图 2.18　需求缺乏弹性的商品需求弹性与总收益之间的关系

"谷贱伤农"就是这个道理。因为农产品属于需求缺乏弹性商品，在丰收的情况下，由于粮价下跌，并不会使需求量同比例增加，农民的总收益反而比以前减少了，即增产不增收。

2. 需求收入弹性

(1) 需求收入弹性的概念

需求收入弹性是指需求量变动对收入变动的反应程度，即商品的需求量变动的比率和收入变动的比率的比值。需求收入弹性的大小可以用收入弹性系数来表示。

$$收入弹性系数 = \frac{需求量变动的百分比}{收入变动的百分比} = \frac{\dfrac{变动后的需求量-变动前的需求量}{变动前的需求量}}{\dfrac{变动后的收入-变动前的收入}{变动前的收入}}$$

E_m 代表需求收入弹性系数，M 代表收入，Q_d 代表商品需求量，则公式为：

$$E_m = \frac{\dfrac{\Delta Q_d}{Q_d}}{\dfrac{\Delta M}{M}} = \frac{\Delta Q_d}{\Delta M} \cdot \frac{M}{Q_d}$$

(2) 需求收入弹性的类别

根据需求收入弹性系数值的正负，可以将所有商品分为三类：

①正常品。正常品的需求收入弹性 $E_m>0$，需求量与收入水平呈同方向变动，即收入提高，需求量增加，收入下降，需求量减少。其中 $0<E_m<1$ 的商品，需求量变动的幅度小于收入变动的幅度，经济学称之为必需品，如粮食、服装等；$E_m>1$ 的商品，需求量变动的幅度大于收入变动的幅度，经济学称之为奢侈品，如珠宝、高档汽车等。

②劣等品。劣等品的需求收入弹性 $E_m<0$，需求量与收入水平呈反方向变动，即收入提高，需求量减少，收入下降，需求量增加。经济学称之为劣等品，如劣质服装、低劣化妆品等。

③收入中性品。这种商品的需求收入弹性 $E_m=0$,即消费者收入变化后,需求量完全没有变化,如食盐等。

相关链接 2-5

需求收入弹性的应用：恩格尔定律

德国统计学家 N. 恩格尔指出,随着家庭收入的增加,食物支出在家庭总消费支出中所占的比重将不断下降。这一定律被称为恩格尔定律,反映这一定律的系数被称为恩格尔系数。其公式表示为：

$$恩格尔系数 = \frac{食物支出}{消费总支出} \times 100\%$$

恩格尔定律主要表述的是食品支出占消费总支出的比重随收入变化而变化的一定趋势。揭示了居民收入和食品支出之间的定量关系和相关关系,用食品支出占消费总支出的比例来说明生产发展、收入增加对生活消费的影响程度。恩格尔系数可以反映一个国家或家庭的富裕程度与生活水平。一般来说,恩格尔系数越大,则食物在消费总支出中占有的比重越高,那么用于医疗、旅游、奢侈品等的支出越少,所以富裕程度与生活水平越低；反之,恩格尔系数越小,富裕程度与生活水平越高。

3. 需求交叉弹性

(1) 需求交叉弹性的含义

需求交叉弹性是指一种商品的需求量变动对另一种商品价格变动的反应程度,即一种商品的需求量变动的比率和另一种商品价格变动的比率的比值。其计算公式如下：

$$需求交叉弹性 = \frac{商品 X 的需求量变动的百分比}{商品 Y 价格变动的百分比}$$

$$= \frac{\frac{变动后的 X 的需求量 - 变动前的 X 的需求量}{变动前的 X 的需求量}}{\frac{变动后的 Y 的价格 - 变动前的 Y 的价格}{变动前的 Y 的价格}}$$

如果以 E_{XY} 代表需求交叉弹性系数,P_Y 代表 Y 商品价格,Q_{dX} 代表 X 商品需求量,则公式为：

$$E_{XY} = \frac{\frac{\Delta Q_{dX}}{Q_{dX}}}{\frac{\Delta P_Y}{P_Y}} = \frac{\Delta Q_{Xd}}{\Delta P_Y} \cdot \frac{P_Y}{Q_{dX}}$$

(2) 需求交叉弹性的取值范围

需求交叉弹性可以是正值,也可以是负值,它取决于商品之间关系的性质,即两种商品是替代关系还是互补关系。

①互补品。$E_{XY}<0$。对于互补商品来说，一种商品需求量与另一种商品价格之间呈反方向变动，所以其需求交叉弹性系数为负值。一般情况下，功能互补性越强的商品交叉弹性系数的绝对值越大。

②替代品。$E_{XY}>0$。对于替代商品来说，一种商品需求量与另一种商品价格之间呈同方向变动，所以其需求交叉弹性系数为正值。一般来说，两种商品之间的功能替代性越强，需求交叉弹性系数的值就越大。

③独立品。$E_{XY}=0$。若两种商品的交叉弹性系数为零，则说明 X 商品的需求量并不随 Y 商品的价格变动而发生变动，两种商品既不是替代品，也不是互补品，是相互独立的两种商品。

三、供给弹性

1. 供给价格弹性的含义

供给价格弹性简称供给弹性，指供给量变动对价格变动的反应程度，即商品的供给量变动的比率和价格变动的比率的比值。弹性的大小可以用供给弹性系数来表示。

$$供给弹性系数 = \frac{供给量变动的百分比}{价格变动的百分比} = \frac{\frac{变动后的供给量-变动前的供给量}{变动前的供给量}}{\frac{变动后的价格-变动前的价格}{变动前的价格}}$$

以 E_s 表示供给弹性系数，P 为商品价格，Q 为商品供给量，则公式为：

$$E_s = \frac{\frac{\Delta Q}{Q}}{\frac{\Delta P}{P}}$$

由供给定理可知，在通常情况下，商品的供给量和价格呈同方向变动，供给弹性系数应为正值。

2. 供给价格弹性的类别

各种商品的供给弹性一般也是不同的，根据供给价格弹性系数的大小不同，也可以把供给价格弹性分成五种类别，如图 2.19 所示。

①供给无弹性，即 $E_s=0$。在这种情况下，无论价格如何变化，供给量都不变。这时的供给曲线是一条与横轴垂直的线，例如土地、文物、某些艺术品的供给。如图 2.19 中的 A 所示。

②供给有无限弹性，即 $E_s \to \infty$。在这种情况下，价格既定，供给量可以无限。这时的供给曲线为一条与横轴平行的线。例如海边的沙子，电话接线员，非技能的劳动者的供给等。如图 2.19 中的 E 所示。

③供给单位弹性，即 $E_s=1$。在这种情况下，供给变动的幅度等于价格变动的幅度。这时的供给曲线是一条与横轴成 45°角，并向右上方倾斜的线。如图 2.19 中的 C 所示。

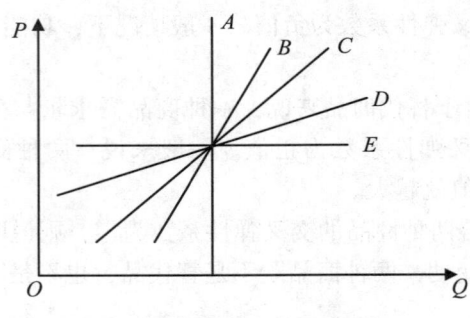

图 2.19　供给价格弹性的类别

④供给富有弹性，即 $E_s>1$。在这种情况下，供给变动的幅度大于价格变动的幅度。这时的供给曲线为一条向右上方倾斜，且较为平坦的曲线。例如肉类的生产、小麦的生产、牛奶的生产，绿色产品的生产等。如图 2.19 中的 D 所示。

⑤供给缺乏弹性，即 $0<E_s<1$。在这种情况下，供给变动的幅度小于价格变动的幅度。这时的供给曲线为一条向右上方倾斜，且较为陡峭的线。如果生产能力受到严格限制，例如南非金矿开采的情况，即使黄金价格急剧上升，南非的黄金产量也只能增加少许。如图 2.19 中的 B 所示。

3. 影响供给价格弹性的因素

（1）生产的难易程度

一般而言，容易生产而且生产周期短的产品，对价格变动的反应快，其供给弹性大。相反，生产不易且生产周期长的产品，对价格变动的反应慢，产品供给弹性也小。

（2）生产成本的变化

在其他条件不变的情况下，如果生产成本随产量的增加不会增加太多，则产品的供给弹性就大，相反，如果产量增加促使生产成本增加，则供给弹性就小。

（3）生产所采用的技术类型

采用资本密集型技术生产的产品，生产规模一旦固定，变动较难，从而其供给弹性小；采用劳动密集型技术生产的产品，生产规模变动较容易，从而其供给弹性也就大。

（4）时期的长短

当商品的价格发生变化时，厂商对产量的调整需要一定的时间。在短期内，厂商若要根据商品的涨价及时地增加产量，或者根据商品的降价及时地缩减产量，都存在不同程度的困难，相应地，供给弹性就小。但是，在长期内，生产规模的扩大与缩小，甚至转产，都是可以实现的，供给量可以对价格变动作出较充分的反应，供给的价格弹性就大。

（5）生产要素的供给情况

生产要素的供给充足，或生产要素的价格较低，则供给弹性就大；反之，供给弹性就小。

在分析某种产品的供给弹性时，要将上述因素综合起来。在一般情况下，重工业产品通常采用资本密集型技术，生产较为困难，生产周期长，所以供给弹性就小。轻工业产品，尤其是食品、服装这类产品，一般采用劳动密集型技术，生产较为容易，生产周期短，所以供给弹性大。农产品的生产尽管也采用劳动密集型技术，但由于生产周期长，因而供给缺乏弹性。

☞ **项目小结**

①需求是一定价格水平上既有购买欲望又有支付能力的所需商品数量。影响需求量的主要因素有：商品本身的价格、相关商品的价格、预期价格、消费者收入水平、消费者的偏好。商品本身的价格是影响需求量的主要因素，西方经济学主要研究价格对需求量的影响，可以用需求函数、需求表和需求曲线来分析影响的特点和规律。

②需求定理是说明在价格以外的其他条件不变的情况下，商品价格上升，需求量减少，价格下降，则需求量上升。

③需求变动不同于需求量的变动，引发需求量变动的是商品自身价格的变动，这种变动是在同一条需求曲线上的移动；需求变动则是由于商品自身价格以外的"其他条件"变动，如消费者收入、消费者偏好等的变化而产生的整个需求曲线的左右移动。

④供给是一定生产能力和一定价格水平上的供给。影响供给的主要因素有：所供给商品的价格、生产成本、相关商品的价格、生产技术水平、厂商对未来的预期，等等。

⑤供给定理是说明在价格以外的其他条件不变的情况下，商品价格上升，供给量上升，价格下降，则供给量减少。

⑥供给和需求双方的综合作用最终形成市场均衡价格，均衡价格是供求相等时的价格。供给或需求的变动会改变原有的均衡价格，形成新的均衡价格。支持价格和限制价格是政府干预市场的两种方法，但应注意其负面影响。

⑦需求弹性可分为需求的价格弹性、需求的收入弹性、需求的交叉弹性。本章重点分析了需求的价格弹性。价格弹性系数是反映弹性大小的量化指标，它是用商品需求量的变动率除以价格的变动率。根据弹性系数的不同可以把商品分成五类：完全弹性、完全无弹性、单位弹性、富有弹性和缺乏弹性。

⑧需求的价格弹性状态与商品的销售总收益密切相关。商品富有弹性，商品的价格下降时，总收益会增加；价格上升时，总收益会下降。商品缺乏弹性，商品的价格下降时，总收益会下降；价格上升时，总收益会增加。

⑨供给价格弹性简称供给弹性，是指供给量变动对价格变动的反应程度。供给价格弹性取决于时期的长短、生产成本的变化、生产的难易程度、生产所采用的技术类型等。

🎓 **复习思考题**

一、单项选择题：

1. 在某一时期内，彩电的需求曲线向左平移的原因是（　　）。
   A. 彩电的价格上升　　　　　　　B. 消费者对彩电的预期价格下降
   C. 消费者的收入水平提高　　　　D. 黑白电视机的价格上升

2. 当汽油的价格上涨时，消费者对小汽车的需求将（　　）。

A. 无法判断　　　　B. 增加　　　　　C. 减少　　　　　D. 保持不变

3. 如果咖啡的价格急剧上涨，消费者对茶叶的需求量将(　　)。

A. 无法判断　　　　B. 增加　　　　　C. 减少　　　　　D. 保持不变

4. 下列哪种情况不可能引起玉米的需求曲线移动(　　)。

A. 消费者收入增加　B. 玉米价格上升

C. 大豆供给量锐减　D. 大豆价格上升

5. 下列组合中，一种商品需求量与另一种商品价格呈反方向变动的是(　　)。

A. 香蕉和苹果　　　B. 照相机和胶卷

C. 汽车和收音机　　D. 面包和方便面

6. 假设个人电脑的供给和需求都增加。再假设个人电脑供给的增加大于个人电脑需求的增加。在个人电脑市场上，我们可以预期(　　)。

A. 均衡数量增加，而均衡价格上升

B. 均衡数量增加，而均衡价格下降

C. 均衡数量增加，而均衡价格保持不变

D. 均衡数量增加，而均衡价格的变动是无法确定的

7. 鼓励生产者增加供给的政策是(　　)。

A. 支持价格政策　　B. 限制价格政策

C. 提高生产税　　　D. 降低生产税

8. 如果某种商品的需求弹性为负值，说明该商品是(　　)。

A. 必需品　　　　　B. 高档品　　　　C. 正常品　　　　D. 吉芬商品

9. 假定某商品的价格从3元降到2元，需求量从9单位增加到11单位，则该商品的总收益将(　　)。

A. 增加　　　　　　B. 减少　　　　　C. 保持不变　　　D. 不确定

10. 若某商品的消费随着消费者收入的增加而减少，则该商品是(　　)。

A. 正常品　　　　　B. 低档品　　　　C. 互补品　　　　D. 替代品

二、分析题：

1. 已知某商品需求曲线为 $D=100-2P$，供给曲线为 $S=50+3P$，请计算其均衡价格和均衡数量。如果政府对该商品实行支持价格政策，支持价格为20，将会出现多少产品过剩？

2. 假定下表是需求函数 $Q_d=500-100P$ 在一定价格范围内的需求表：

价格(元)	1	2	3	4	5
需求量	400	300	200	100	0

求出价格2元和4元之间的需求的价格弹性。

3. 香烟的需求价格弹性是0.4，如果现在每盒香烟为12元，政府想减少20%的吸烟量，价格应该提高多少？

4. 某商品原来价格为 1 元/公斤,销售量为 2000 公斤,该商品需求弹性系数为 2,若降价至 0.8 元/公斤,此时销售量是多少?降价后的总收益如何变化?

5. 许多厂商在节假日选择部分商品降价促销,目的是为了吸引消费者,但这些厂商并不是对所有的商品都采用降价促销方法的。比如电器、衣服、饮料等商品常会采用降价促销方式,而食盐、汽油、公共汽车票等通常不会降价促销,为什么?请用需求弹性理论加以分析。

☞ 案例分析

案例1:牛奶为什么倒入下水道

不久前,我在报纸上见到一则报道西南乳业老大——成都市华西乳业公司的工人把成吨的鲜牛奶倒入下水道,以避免巨额的损失。很快和其有合同关系的奶牛养殖户也不得不把部分牛奶倒入下水道。

这使我联想起 20 世纪 30 年代美国经济萧条时的一幕:工人把成吨的鲜牛奶倒入下水道,以避免巨额的损失。牛奶为什么要倒掉?其实原因很简单:用我们学过的弹性理论分析,无论是美国还是我们现在的中国,牛奶是生活必需品,弹性小,降价增加的销售收益,弥补不了降价的损失。因为养奶牛毕竟不是做服装,生产周期长,供给弹性小,对市场感应并不灵敏。3 年前,成都地区乳业发展看好,所以很多企业(在政府的鼓励下)纷纷从事乳业生产,这样奶源偏紧,曾经出现鲜奶短缺。牛奶价格上升,由于需求弹性小,提高价格增加了奶牛养殖量和华西乳业公司的收入和利润。因此,市场调节(加上政府鼓励)的结果是,使奶牛养殖量的增大,大大小小奶牛饲养户加起来,1 天的产奶量便达 1000 吨。其中,80 吨鲜奶潮水般涌进了四川乳业三强之一的华西乳业有限公司。3 年后的今天,在大大小小各家乳业公司的参与下,市场这个"蛋糕"在目前的技术水平已经被挖到极致,换句话说,市场供给量增加而消费者的需求根本就没有消化这么多牛奶的能力。反映在华西乳业公司,只能按照每天处理 60 吨鲜奶的规模运作,过剩了整整 20 吨。这 20 吨怎么处理,和奶农定的合同是长期合同,不能随便毁约,否则就会丧失奶源,无论是降价收购还是拒绝收购都会断掉未来的业务联系。在如今乳业诸强以规模优势争夺市场和资源的时候,如此做法,就是把自己的货源拱手下滑,最后的损失不是倒掉这些牛奶能比拟的。即便目前倒了部分牛奶,市场也有了反映,300 毫升的华西奶售价已从春节前的 2.20 元骤降至 1.50 元;每箱华西奶也由 50 多元降至 39 元,比可乐、中档纯净水还要便宜。由于牛奶缺乏弹性降价的结果是减少收入和利润。

市场经济发展到今天,中国人也开始逐步对这样的事情不太怎么吃惊了。不会像过去一样问出"弱势群体还买不起牛奶,你们却把它倒掉,怎么可以?"这样对市场经济完全陌生的问题了。美国 20 世纪 30 年代的经济大萧条时把牛奶倒到河里是由于缺乏政府宏观调控,无政府经营的恶果,那么中国造成倾倒牛奶这一现象则是什么原因?这足以引起我们的思考。

问题:用所学知识分析牛奶为什么倒入下水道?

案例2：轻轨列车的票价

2002年，大连至金石滩的轻型轨道列车一期工程通车。过去，人们乘小客车从大连到开发区需要1小时，现在乘轻轨只需不到30分钟。而且轻轨内部环境好，运行过程也安全。但是轻轨运行一段时间之后，却陷入了一种非常尴尬的境地，每节可以容纳100余人的车厢，一般只有十几个乘客。

为什么呢？因为价格。小客车从大连到开发区的票价是5元，轻轨却要10元。而且，小客车随叫随停，而轻轨只在车站才能停车，而车站多数设置在距离市中心比较远的地方，乘客下车后还要自己打车或坐公交走很远才能到市中心。所以在票价高、不方便的条件下，人们一直都不认可轻轨。

这样运行了一段时间之后，轻轨的票价由10元调整到3元。这样，虽然下车后还要搭一段公交车或出租车才能达到市中心，但毕竟和小客车相比轻轨也有许多优势，而且价格也便宜了。所以很快，轻轨的车厢里由过去的十几个人变成了座无虚席，每节车厢人数基本都在100人以上。后来，轻轨列车由过去的香炉礁车站又延伸到了市中心的大连火车站，票价又涨到5元，和小客车票价相同。但是它更方便了，它已经直达大连市中心了，所以虽然涨价，但是它的乘客却猛增，每列车都座无虚席。

问题：这个现象说明了经济学中的什么理论？为什么？

☞ **实训项目**

实训项目一：辩论会（房产调控政策对房产价格有什么影响）

背景资料：

2009年以来，我国各地房产价格呈节节上升的趋势，为保障房产市场的健康运行，2010年国务院出台调控房产市场的"新十条"，严格二套房贷管理，首付不得低于40%，提出地方政府对稳定房价、推进保障性住房建设工作不力，影响社会发展和稳定的，要追究责任。

在此背景下，各地政府纷纷出台政策，在土地供应、保障房建设、房产税收、银行贷款等方面采取措施，打压房价。江苏省及苏州市也出台了相应政策文件对房地产市场进行干预，但截至2010年底，苏州房产价格还是呈现坚挺态势。

实训题目：

请大家从经济学的角度讨论政府干预政策对房产价格有些什么影响？为什么这些政策的出台在某些城市已经见效，而在苏州好像效果不是很明显呢？

实训项目二：市场调研（家电的价格调查）

实训题目：

请各位同学进行一次持续的市场调查，了解某一个家电产品在上市以后的价格变动情况，并尝试分析其原因，制作一份调查报告。

项目三　消费者行为分析

☞ **学习目标**
1. 了解基数效用论和序数效用论的基本分析方法；
2. 解释边际效用和总效用之间的区别；
3. 理解边际效用递减规律的实质；
4. 掌握效用、总效用、边际效用递减规律、无差异曲线、消费者可能线等概念；
5. 理解效用最大化及消费者均衡的条件。

☞ **创设情境**

为什么水要比钻石便宜？——"价值悖论"

200多年以前，亚当·斯密在《国富论》中提出了价值悖论："没有什么能比水更有用，然而水很少能交换到任何东西。相反，钻石几乎没有任何使用价值，但却经常可以交换到大量的其他物品。"

换句话说，为什么对生活如此必不可少的水几乎没有价值，而只能用作装饰的钻石却索取高昂的价格？

当你走进商店的时候，你会遇见成千上万种可以买的物品，在你收入一定的情况下，你一定不会同时买几件完全相同的服装，这是为什么？

任务一　效用概述

一、效用的定义

消费者消费的目的是为了获得幸福。对于什么是幸福，美国的经济学家萨缪尔森（P. A. Samuelson）用"幸福方程式"来概括，这个"幸福方程式"就是：幸福=效用/欲望，那么什么是效用呢？

效用是消费者从消费某种物品中所得到的欲望满足程度。效用是一种主观的心里感受。消费者在消费活动中获得的满足程度高，就是效用大；反之，就是效用小。如果在消费活动中感受到痛苦，则是负效用。效用的特点如下：

1. 效用的主观性

效用是对欲望的满足，因而它和欲望一样，是一种主观心里感觉。例如：辣椒具有刺激胃口的客观效用，对爱吃辣椒的人来说，不怕辣甚至怕不辣，具有很高的主观效用，但对怕吃辣椒的人来说，主观效用却是负数，越辣越难受；一个面包对于饥饿者来说有很大的效用，而对于饭饱者来说毫无效用，甚至可能是负效用。

👉 **相关链接 3-1**

最好吃的东西

兔子和猫争论，世界上什么东西最好吃。兔子说，"世界上萝卜最好吃。萝卜又甜又脆又解渴，我一想起萝卜就要流口水。"

猫不同意，说，"世界上最好吃的东西是老鼠。老鼠的肉非常嫩，嚼起来又酥又松，味道美极了！"

兔子和猫争论不休、相持不下，跑去请猴子评理。

猴子听了，不由得大笑起来："瞧你们这两个傻瓜蛋，连这点儿常识都不懂！世界上最好吃的东西是什么？是桃子！桃子不但美味可口，而且长得漂亮。我每天做梦都梦见吃桃子。"

兔子和猫听了，全都直摇头。那么，世界上到底什么东西最好吃？

分析：效用完全是个人的心理感觉；不同的偏好决定了对同一种商品效用大小的不同评价。

（资料来源：刘华，刘艳红. 经济学基础. 第二版. 大连：大连理工大学出版社，2006.）

2. 效用的相对性

效用不是绝对的，同一物品的效用会因人、因时、因地而有所不同。例如：同一件棉衣，在冬天或寒冷地区给人带来的效用很大，但在夏天或热带地区只能带来负效用。

👉 **相关链接 3-2**

地主与长工

从前，有一个长工在地主家打工，地主非常苛刻，经常拖欠工资，每个月到发工资的时候就给长工几个红薯作为抵押品。某日该地区闹起了水灾，洪水吞没了土地和房屋。人们纷纷爬上了山顶和大树，想要逃脱这场灾难。在一棵大树上，地主和长工聚集到一起。地主紧紧地抱着一盒金子，警惕地注视着长工的一举一动，害怕长工会趁机把金子抢走，长工则提着一篮红薯，呆呆地看看滔滔大水。

除了这篮红薯，长工已一无所有了。几天过去了，四处仍旧是白茫茫一片。长工饿了就吃几口红薯，地主饿了却只有看看金子发呆。地主舍不得用金子去换红薯，长工也不愿白白地把红薯送给地主。又几天过去了，大水终于退了。长工高兴地爬到树下继续生活，地主却静静地躺着，永远留在大树上了。

分析：这个故事告诉我们，虽然在一般情况下，金子的效用大于红薯，但即便是同样的物品，在发生特殊情况(如水灾)时，其效用会发生逆转，红薯在水灾断粮期间，其效用远远大于金子。因此，效用具有相对性。

（资料来源：http://www.doc88.com）

3. 效用不能用伦理学进行判断

只要能满足人们某种欲望的物品就有效用，而这种欲望本身是否符合社会道德规范则不在效用评价范围之内。例如，众所周知，毒品从伦理道德的角度是不具有效用的，甚至危害社会的，但是对于"瘾君子"来说，毒品的效用却很大。

4. 效用计量可大、可小，可正可负

通常，在给定两个商品 X 和 Y 的时候，我们经常可以比较哪个对我们的满足程度更大，这就说明效用是有大小之分的。另外，人们的消费活动使人们获得了欲望满足，则获得了正效用；若感受到痛苦或不适，则是负效用。

二、基数效用论与序数效用论

消费者行为理论要研究效用最大化的实现，首先遇到的就是对效用大小的比较和评价问题。一些经济学家认为效用大小可以用具体数字进行计量；而另外一些经济学家则认为效用大小不能准确量化，而只能以顺序来进行比较。这就是在效用评价理论发展过程中先后出现的基数效用论和序数效用论。

1. 基数效用论

19 世纪和 20 世纪初期，西方经济学家普遍使用基数效用的概念。基数效用论者认为：效用如同长度、重量等概念一样，可以具体衡量并加总求和，表示效用大小的计量单位被称作为效用单位。例如，某个消费者在一个特定的条件下吃了一个面包，他认为获得了 8 个效用单位的欲望满足，他又喝了一瓶汽水，认为获得了 5 个单位的欲望满足。这样，该消费者总共获得了 13 个效用单位的满足程度。

基数效用论采用边际效用分析法分析消费者均衡问题。

2. 序数效用论

到了 20 世纪 30 年代，序数效用的概念为大多数西方经济学家所使用。序数效用论者认为：效用是一个有点类似于香、臭、美、丑那样的概念，效用的大小是无法具体衡量的，更不能加总求和，效用之间的比较只能通过顺序或等级来表示。例如，消费者消费了巧克力与唱片，他从中得到的效用是无法衡量，也无法加总求和，更不能用基数来表示，但他可以比较从消费这两种商品中所得到的效用。如果他认为消费 1 块巧克力所带来的效用大于消费唱片所带来的效用，那么就称一块巧克力的效用是第一，唱片的效用是第二。

序数效用论采用无差异曲线的分析方法分析消费者均衡问题。

任务二 基数效用论——边际效用分析

一、总效用与边际效用

1. 总效用

总效用是指消费者消费一定量某种商品所得到的总满足程度。总效用(Total Utility)的英文缩写是 TU。在效用分析中，商品消费量(Q)是自变量，欲望满足程度即效用是因变量。因而，总效用是商品消费量的函数，总效用函数为：

$$TU = f(Q)$$

2. 边际效用

边际概念是西方经济学中一个非常重要的概念。边际的含义是增量，是指自变量增加所引起的因变量的增加量。边际效用是消费者每增加一单位商品的消费所增加的满足程度。是商品消费量(自变量)的增加所引起的总效用(因变量)的增量。边际效用(Marginal Utility)的英文缩写是 MU。

边际效用函数为：

$$MU = \frac{\Delta TU}{\Delta Q}$$

当商品的增加量，即 ΔQ 趋于无穷小时，有

$$MU = \lim_{\Delta Q \to 0} \frac{\Delta TU(Q)}{\Delta Q} = \frac{dTU(Q)}{dQ}$$

3. 总效用与边际效用的关系

可以用表格来说明总效用与边际效用的关系。例如，一个消费者在不断吃面包的过程中获得了一系列的总效用和边际效用，见表 3-1。

表 3-1　　　　　　　　　　　　　　效用表

面包消费量(个)	总效用(TU)	边际效用(MU)
0	0	—
1	10	10
2	18	8
3	24	6
4	28	4
5	30	2
6	30	0
7	28	−2

由表 3-1 可知，当消费者非常饿时，吃第 1 个面包的感觉非常美好，给他带来的效用最大，有 10 个效用单位，边际效用也是 10 个单位；第 2 个面包的效用也不小，有 8 个效用单位，使总效用增加到 18 个效用单位，边际效用减少为 8(=18-10) 个单位；随着面包消费量上升到第 5 个时，已经不再饿了，效用仅为 2 个单位，同时总效用达到最大值 30；这时增加消费量，总效用不再增加，边际效用为 0；如果在吃第 7 个面包就感到非常难受了，产生了负效用。

用横轴代表面包的消费量，纵轴代表总效用或边际效用，则表 3-1 可以绘制成图 3.1。

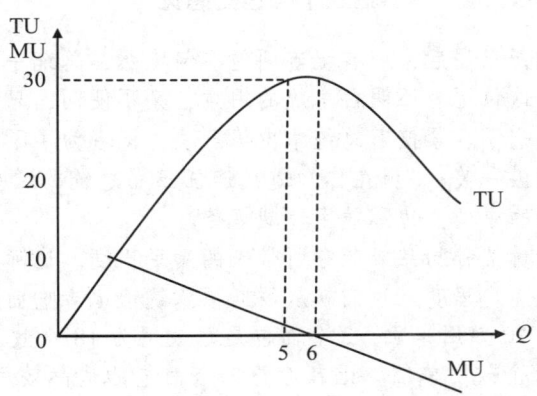

图 3.1 总效用与边际效用的关系

在图 3.1 中，TU 为总效用曲线，MU 为边际效用曲线。MU 曲线是向右下方倾斜的，它反映了边际效用递减规律，相应地，TU 曲线是以递减的速率先上升后下降的。

从图 3.1 可以看出，总效用与边际效用之间具有如下关系：
① 当边际效用大于零时，总效用增加；
② 当边际效用等于零时，总效用达到最大；
③ 当边际效用小于零时，总效用减少。

4. 边际效用递减规律

边际效用递减规律的内容可以表述为：在一定时间内，在其他商品的消费数量保持不变的条件下，随着消费者对某种商品消费量的增加，消费者从该商品连续增加的每一消费单位中所得到的效用增量，即边际效用是递减的。

在西方经济学中，对边际效用递减规律的解释有两个理由：

(1) 生理或心理的原因

人们的消费行为是对人的生理和心理的刺激过程，随着相同消费品的连续增加，从人的生理和心理的角度讲，从每一单位消费品中所感受到的满足程度和对重复刺激的反应程度是递减的。

(2) 物品本身用途的多样性

在一种商品具有几种用途时，消费者总是将第一单位的消费品用在最重要的用途上，因而其边际最大;第二单位的消费品用在次重要的用途上,其边际效用就会递减;依此类推,由于用途越来越不重要,边际效用就越来越小。例如,某消费者有3块巧克力,他会把第1块巧克力用于自己充饥,满足基本生理需要;第2块巧克力可能送给朋友,满足爱的需要;第3块巧克力可能用于施舍,满足自我道德完善的需要。由于3块巧克力用途的重要性依次递减,因而其边际效用是递减的。

相关链接 3-3

吃三个面包的感觉

美国总统罗斯福连任三届后,曾有记者问他有何感想,总统一言不发,只是拿出一块三明治面包让记者吃,这位记者不明白总统的用意,又不便问,只好吃了。接着总统拿出第二块,记者还是勉强吃了。紧接着总统拿出第三块,记者为了不撑破肚皮,赶紧婉言谢绝。这时罗斯福总统微微一笑:"现在你知道我连任三届总统的滋味了吧。"这个故事揭示了经济学中的一个重要的原理:边际效用递减规律。

总效用是消费一定量某种物品或劳务所带来的满足程度。边际效用是某种物品的消费量增加一单位所增加的满足程度。我们就从罗斯福总统让记者吃面包说起。假定,记者消费1个面包的总效用是10效用单位,2个面包是总效用为18个效用单位,如果记者再吃3个面包总效用还为18个效用单位。记者消费1个面包的边际效用是10效用单位,2个面包是边际效用为8个效用单位,如果记者再吃3个面包边际效用为0个效用单位。这几个数字说明记者随着消费面包数量的增加,边际效用是递减的。为什么记者不再吃第三个面包是因为再吃不会增加效用。还比如,水是非常宝贵的,没有水,人们就会死亡,但是你连续喝超过了你能饮用的数量时,那么多余的水就没有什么用途了,再喝边际价值几乎为零,或是在零以下。现在我们的生活富裕了,我们都有体验"天天吃着山珍海味也吃不出当年饺子的香味"。这就是边际效用递减规律。设想如果不是递减而是递增会是什么结果,吃一万个面包也不饱。吸毒就接近效用递增,毒吸得越多越上瘾。吸毒的人觉得吸毒与其他消费相比,毒品给他的享受超过了其他各种享受。所以,吸毒的人会卖掉家产,抛妻弃子,宁可食不充饥,衣不遮体,毒却不可不吸。所以说,幸亏我们生活在效用递减的世界里,在购买消费达到一定数量后因效用递减就会停止下来。

(资料来源:刘华,刘艳红. 经济学基础. 第二版. 大连:大连理工大学出版社,2006.)

二、消费者均衡

消费者均衡是研究单个消费者如何把有限的货币收入分配在各种商品的购买中,以获得最大的效用。也可以说,它是研究消费者在既定收入下实现效用最大化的均衡条件。这里的均衡是指消费者实现最大效用时的商品购买组合是一种最佳的、不应再作调整的、相对稳定的商品组合。

1. 消费者均衡的假设

在研究消费者均衡时,我们假设:

①消费者的嗜好是既定的，也就是消费者对各种商品效用与边际效用的评价是既定的，不会发生变动。

②消费者的收入是既定的，也就是说消费者用于购买商品的收入是既定的。

③商品的价格是既定的，也就是消费者想购买的各种商品价格是已知和既定的。

④每一单位货币的边际效用对消费者都是相同的。在西方经济学中，货币和普通商品一样也具有效用和边际效用。人们用货币购买商品，实际上就是用货币的效用去交换其他商品的效用。只有假定货币的边际效用是不变的，才能用货币的效用去衡量其他商品的效用。

2. 消费者均衡的条件——效用最大化

在基数效用论者看来，消费者实现效用最大化的均衡条件是：在消费者的货币收入水平和市场上各种商品的价格是既定的条件下，消费者用全部收入所购买的各种商品所带来的边际效用与为购买这些商品所支付的价格之比相等，或者说每 1 单位货币所得到的边际效用都相等。

假设某消费者用既定的收入 M 购买 n 种商品，P_1，P_2，…，P_n 分别为 n 种商品的既定价格，MU_M 表示货币的边际效用，Q_1，Q_2，…，Q_n 表示 n 种商品的购买量，MU_1，MU_2，…，MU_n 分别表示 n 种商品的边际效用，则消费者效用最大化的均衡条件可以用两个公式来表示：

$$P_1Q_1 + P_2Q_2 + \cdots + P_nQ_n = M \tag{1}$$

$$\frac{MU_1}{P_1} = \frac{MU_2}{P_2} = \cdots = \frac{MU_n}{P_n} = MU_m \tag{2}$$

为了简化分析，假设消费者只购买 x，y 两种消费品，则消费者均衡公式可以简写成：

$$P_x \cdot Q_x + P_y \cdot Q_y = M \tag{3}$$

$$\frac{MU_x}{P_x} = \frac{MU_y}{P_y} = MU_m \tag{4}$$

公式(3)是消费者均衡的限制条件。该公式说明，收入既定的条件下，实现消费者均衡，即实现效用最大化的消费组合应使消费支出等于收入。若支出大于收入，这种消费组合是既定收入所不可能实现的；若支出小于收入，肯定不能实现效用最大化，因为还有潜在的增加消费支出，以增加效用的可能。

公式(4)是消费者均衡的条件。该公式说明，若要实现效用最大化，最佳消费组合应使两种商品的边际效用与其价格之比相等，且等于货币的边际效用。

为什么只有当消费者的商品购买组合满足了公式(4)时才能获得最大效用呢？

①当 $\dfrac{MU_x}{P_x} < \dfrac{MU_y}{P_y}$ 时，对消费者来说，购买商品 x 的最后 1 元钱所获得的边际效用小于购买商品 y 的最后 1 元钱所获得的边际效用。这样，理性的消费者就会减少对商品 x 的购买，而增加对商品 y 的购买，从而使总效用增加。但在边际效用递减规律的作用下，商品 x 的边际效用会随着其购买量的不断减少而递增，商品 y 的边际效用会随着其购买量的不断增加而递减。这样，只有当消费者将其购买组合调整到最后 1 元钱无论购买商品 x 还

是商品 y 所得到的边际效用都相等时，即实现了 $\frac{MU_x}{P_x} = \frac{MU_y}{P_y}$ 时，获得了最大效用，实现了消费者均衡。

②当 $\frac{MU_x}{P_x} > \frac{MU_y}{P_y}$ 时，消费者应增加商品 x 的消费，而减少商品 y 的消费，同时保持消费总支出不变，直至实现 $\frac{MU_x}{P_x} = \frac{MU_y}{P_y}$，也能获得最大效用，实现消费者均衡。

③当 $\frac{MU_x}{P_x}$ 或 $\frac{MU_y}{P_y} \neq MU_m$ 时。若 $\frac{MU_x}{P_x} < MU_m$，说明消费者购买商品 x 的最后1元钱所获得的边际效用小于1元钱货币的边际效用，也可以理解为这种消费决策中购买商品 x 的数量太多了。这样，理性的消费者就会减少对商品 x 的购买，而增加对其他商品的购买。在边际效用递减规律的作用下，随着商品 x 的购买数量不断减少，购买商品 x 的最后1元钱所获得的边际效用，即 $\frac{MU_x}{P_x}$ 逐渐增加，直至实现了 $\frac{MU_y}{P_y} = MU_m$，即购买商品 x 的最后1元钱的边际效用等于1元钱货币的边际效用，消费者实现了效用最大化，即实现了消费者均衡。

同样的道理，当 $\frac{MU_x}{P_x} > MU_m$ 时，消费者应增加商品 x 的购买，直到实现 $\frac{MU_x}{P_x} = MU_m$ 时，实现消费者均衡。同样，只有 $\frac{MU_y}{P_y} = MU_m$，才能实现消费者均衡。

三、消费者剩余

消费者剩余是消费者愿意对某种商品支付的价格（即需求价格）与他实际所支付的价格的差额。

消费者剩余＝需求价格－实际价格

对消费者来说，需求价格取决于他对该单位商品的效用评价，该单位商品给消费者带来的边际效用越大，消费者为获得该单位商品所愿意支付的价格，即需求价格越高，反之需求价格越低。由于边际效用是递减的，因而需求价格会不断降低，而实际价格不变，因而消费者所获得的消费者剩余在减少。

可以用表3-2来说明消费者剩余。

表3-2　　　　　　　　　　　　消费者剩余表

商品购买量（件）	需求价格（元）	实际价格（元）	消费者剩余（元）
1	5	1	4
2	4	1	3
3	3	1	2

续表

商品购买量(件)	需求价格(元)	实际价格(元)	消费者剩余(元)
4	2	1	1
5	1	1	0
合计	15	5	10

在上例中可以看出,随着消费量的不断增加,边际效用递减,需求价格递减,因而消费者剩余在减少。当消费数量增加到消费者的需求价格等于商品的实际价格时,消费者剩余为零,这时理性的消费者会停止购买。

消费者剩余可以用图形来说明,将表3-2中的数据画在坐标图上,如图3.2所示。

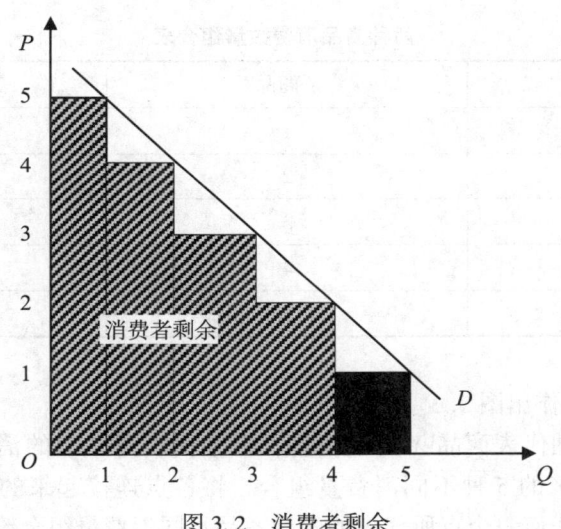

图3.2 消费者剩余

在理解和运用消费者剩余概念时要注意:
①消费者获得消费者剩余并不意味着实际收入的增加,而只是一种心里感觉。
②生活必需品的消费者剩余一般较大。因为消费者对这类物品,例如水、食盐、农产品等的效用评价高,愿付出的价格也高,但这类商品的市场价格一般并不高,因而其消费者剩余较大。
③这一概念是分析某些问题时的一种重要工具,如道路、水坝、生态投资的成本-收益分析中,消费者剩余是非常有用的工具。由于公共物品由政府投资,消费者无偿使用,因而它不能带来实际收入,政府对其收益的计量应根据消费者剩余来估算。若消费者剩余大于成本,即有收益,则该项投资就是合理的。另外,消费者剩余还可以用来分析垄断存在所产生的社会福利损失。

任务三 序数效用论——无差异曲线分析法

一、无差异曲线

1. 无差异曲线的定义

无差异曲线是用来表示两种商品不同数量组合给消费者带来的效用完全相同的一条曲线，也称等效用曲线。

假设某个消费者购买 X 和 Y 两种商品，这两种商品可以有 A、B、C、D、E 共 5 种不同的消费组合。这 5 种组合都能给该消费者带来相同的效用，见表 3-3。

表 3-3　　　　　　　　　　　两种商品消费数量组合表

组合方式	X 商品	Y 商品
A	1	16
B	2	10
C	3	6
D	4	4
E	5	3

根据表 3-3，可以作出图 3.3。

在图 3.3 中，横轴代表商品 X 的消费量，纵轴代表商品 Y 的消费量，A、B、C、D、E 各点表示商品 X 与 Y 的 5 种不同消费量组合，将各点连接起来的曲线 I 就是无差异曲线。无差异曲线上的任何一个点所代表的两种商品不同消费量组合给消费者带来的总效用水平或总满足程度都是相同的，即无差异的。

2. 无差异曲线的特征

无差异曲线具有四个重要特征：

①无差异曲线是一条向右下方倾斜的曲线，其斜率为负值。

这就表明，在收入和价格既定的条件下，消费者要得到相同的总效用，在增加一种商品的消费时，必须减少另一种商品的消费，两种商品不能同时增加或减少。

②同一个平面图上可以有无数条无差异曲线。

同一条无差异曲线代表相同的效用，不同的无差异曲线代表不同的效用。离原点越远的无差异曲线，所代表的效用越大；离原点越近的无差异曲线，所代表的效用越小。如图 3.4 所示。在图中，I_1、I_2、I_3 是三条不同的无差异曲线，它们分别代表不同的效用水平，其效用比较为 $I_1<I_2<I_3$。

③在同一平面上，任意两条无差异曲线不能相交。

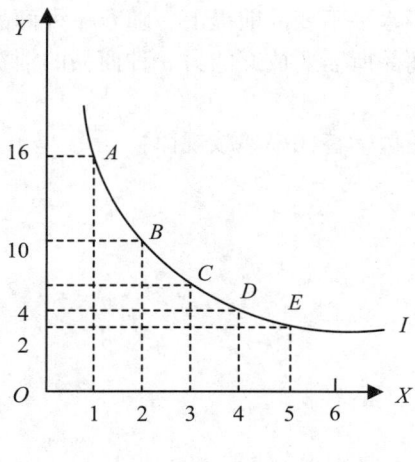 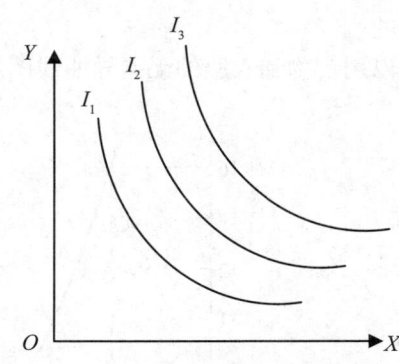

图 3.3 无差异曲线　　　　　　图 3.4 无差异曲线的特征

在消费者偏好既定的条件下，同一种消费组合只能给消费者带来同一种效用水平。如果两条无差异曲线有交点，则说明在交点上两条无差异曲线具有了相同的效用。这显然与无差异曲线的第二个特征相矛盾。

④无差异曲线是一条凸向原点的曲线。

这说明无差异曲线的斜率是递减的，这是由商品的边际替代率递减所决定的。

二、边际替代率

1. 边际替代率的概念

如果消费者在一定的收入和价格水平下所得到的效用或满足程度保持不变，当改变商品的组合比例时，增加某一种商品的数量，则必须减少另一种商品的数量。消费者在保持相同满足程度的前提下，增加一种商品的消费量与必须放弃的另一种商品的消费量之比，称为两种商品的边际替代率。

如果以 ΔX 与 ΔY 分别表示商品 X 与 Y 的变化量，MRS_{XY} 表示商品 X 对商品 Y 的边际替代率，则

$$\text{MRS}_{XY} = -\frac{Y\text{的减少量}}{X\text{的增加量}} = -\frac{\Delta Y}{\Delta X}$$

由于 ΔX 与 ΔY 的变化方向是相反的，所以 MRS_{XY} 必定是负数，为了方便比较，在计算公式中加了个负号使边际替代率成为正值。

假定商品数量的变化量趋向于无穷小，即当 $\Delta X \to 0$ 时，则商品的边际替代率公式为：

$$\text{MRS}_{XY} = \lim_{\Delta x \to 0} -\frac{\Delta Y}{\Delta X} = \frac{\mathrm{d}y}{\mathrm{d}x}$$

显然，无差异曲线上任何一点的边际替代率等于无差异曲线在该点的斜率的绝对值。

2. 边际替代率递减规律

(1) 边际替代率递减规律的内容

边际替代率递减规律可以表述为：在维持效用水平不变的前提下，随着一种商品消费数量的连续增加，消费者为得到每一单位的这种商品所需要放弃的另一种商品的消费数量是递减的。

可以用食物和衣服的无差异曲线图 3.5 来说明边际替代率递减规律：

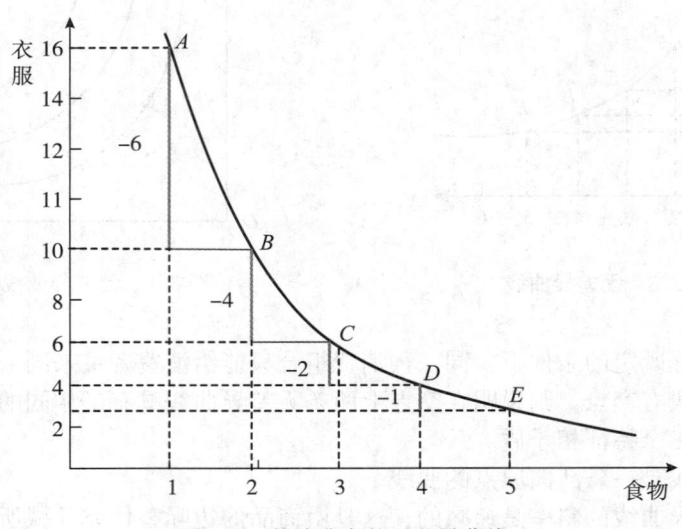

图 3.5　某消费者的无差异曲线

在图 3.5 中，在 A 点，消费者拥有 1 单位食物和 16 单位衣服，此时若增加 1 单位食物，消费者愿意以减少 6 单位的衣服作为代价来保持总效用不变，即边际替代率为 6；但从 B 点开始，再增加 1 单位食物，消费者愿意减少的衣服消费量就变成了 4 单位，边际替代率为 4；如果再要增加 1 单位食物，消费者就只愿意减少 2 单位的衣服了，边际替代率为 2……这就说明：随着食物的增加，食物对衣服的边际替代率是递减的。

（2）边际替代率递减规律的原因

在用商品 X 替代商品 Y 的过程中，随着 X 商品消费量的增加，它的边际效用在递减；而随着商品 Y 消费量的减少，它的边际效用在递增。这样，每增加 1 单位商品 X 的消费，它所能替代出来的商品 Y 的数量越来越少。或者说，在公式 $\mathrm{MRS}_{XY}=-\dfrac{\Delta Y}{\Delta X}$ 中，当分母 ΔX 不变时，分子 ΔY 越来越小，因而分数值，即商品的边际替代率在不断减小。从以上分析中可知，商品的边际替代率递减规律实际上就是用无差异曲线的形式来表述的边际效用递减规律。

3. 边际替代率与无差异曲线的形状

如前所述，在一般情况下，无差异曲线向右下方倾斜，且凸向原点。无差异曲线向右下方倾斜的原因可以用边际替代率为负值来说明，凸向原点则是因为边际替代率递减。边际替代率就是无差异曲线上各点的斜率，边际替代率递减也就是无差异曲线的各点的斜率在逐渐减小，这样，无差异曲线自然就会凸向原点。

无差异曲线向原点凸出的弯曲程度取决于两种商品替代性的大小。如果两种商品的完全替代品，例如苹果汁和橙汁，则每增加一种商品所需要减少的另一种商品的数量不会发生变化，也就是边际替代率不变，这时的无差异曲线就是一条直线，如图3.6所示；如果两种商品是完全互补品，例如左鞋和右鞋，则边际替代率MRS_{XY}为零，相应的无差异曲线则呈直角形状，如图3.7所示。

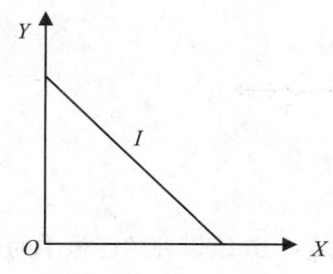 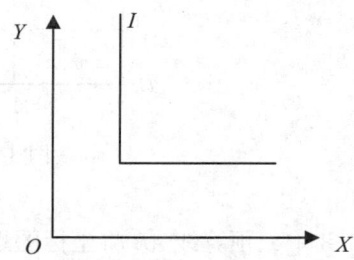

图3.6　完全替代品的无差异曲线　　　　图3.7　完全互补品的无差异曲线

4. 边际替代率和边际效用的关系

序数效用论者用边际替代率这一概念来取代基数效用论者的边际效用概念。根据边际替代率和边际效用的定义，两种商品的边际替代率之比等于它们的边际效用之比。其推导过程如下：

$$MRS_{XY} = -\frac{\Delta Y}{\Delta X} = -\frac{\frac{\Delta TU}{MU_Y}}{\frac{\Delta TU}{MU_X}} = -\frac{MU_X}{MU_Y}$$

所以：$MRS_{XY} = -\frac{MU_X}{MU_Y} = -\frac{\Delta Y}{\Delta X}$

三、消费者预算线

消费者进行选择时考虑的一个重要因素是收入。在不考虑借贷的条件下，消费者不能无限制地选择他喜爱的商品。反映消费者收入约束的概念就是预算约束。

1. 消费者预算线的含义

消费者预算线又称消费可能线或等支出线，它是一条表明在消费者收入与商品价格既定的条件下，消费者用全部收入所能购买到的两种商品不同数量最大组合的线。

假设某消费者收入$M=60$元，他面临着两种商品X与Y，各自的价格为$P_X=20$元，$P_Y=10$元。如果他将全部收入用于购买X商品，可买3件，如图3.8中的A点；如果全部购买Y商品，可买6件，如图3.8中的B点；连接A点和B点的线就是该消费者的预算线。

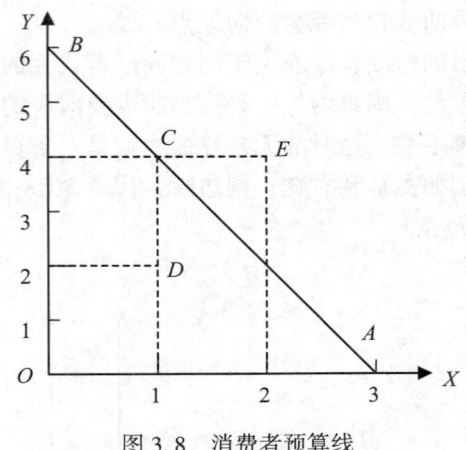

图 3.8 消费者预算线

在图 3.8 中，预算线 AB 将坐标图划分为三个区域：AB 线以外的区域中的任何一点，是消费者既定的收入不可能购买到的数量组合，如 E 点，购买 2 单位 X 商品，4 单位 Y 商品，需要支出 80 元，无法实现；AB 线以内区域的任何一点，则表示消费者的全部收入没有用完，两种商品的购买组合还没有达到最大，如 D 点，购买 1 单位 X 商品，2 单位 Y 商品，只用了 40 元；只有 AB 线上的任何一点，才是消费者在收入与商品价格既定的条件下，所能购买到的两种商品的最大数量组合，如 C 点，购买 1 单位 X 商品，4 单位 Y 商品，正好用完 60 元。

2. 预算线的数学表达式

如果以 M 表示消费者的既定收入，以 P_X 和 P_Y 分别表示两种商品的既定价格，以 Q_X 和 Q_Y 分别表示两种商品的数量，那么预算线的方程式可以表示为：

$$P_X Q_X + P_Y Q_Y = M$$

可以转换为：$Q_Y = \dfrac{M}{P_Y} - \dfrac{P_X}{P_Y} \cdot Q_X$

这是一个直线方程式，其斜率为 $-\dfrac{P_X}{P_Y}$，即预算线的斜率为 $-\dfrac{P_X}{P_Y}$。

因为 M、P_X、P_Y 为既定的常数，所以，给出 Q_X 的值，就可以得出 Q_Y，给出 Q_Y 的值，就可以解出 Q_X。

如果 $Q_X=0$，则 $Q_Y=\dfrac{M}{P_Y}$；如果 $Q_Y=0$，则 $Q_X=\dfrac{M}{P_X}$。即预算线在纵轴上的截距为 $\dfrac{M}{P_Y}$，在横轴上的截距为 $\dfrac{M}{P_X}$。

3. 预算线的变动

预算线的变动大致可以归纳为以下三种基本情况：

①两种商品价格不变,消费者收入变化,预算线平行移动。

收入增加,预算线平行向右上方移动。如图 3.9 所示,当收入增加后,预算线 AB 向右上方平行移动到 A_1B_1 的位置;反之,收入减少,预算线向左下方平行移动,由 AB 移动到 A_2B_2 的位置。

②消费者收入不变,两种商品价格同比例、同方向变动,预算线平行移动。

若两种商品价格同比例下降,则预算线向右上方平行移动,其原因和价格不变而消费者收入提高是一样的;反之,若两种商品价格同比例提高,则预算线向左下方平行移动。

③当消费者收入不变,一种商品的价格不变,而另一种商品价格发生变化,则预算线的斜率和在横轴或纵轴上的截距发生变化,此时,预算线会发生的旋转。在图 3.10 中,若 M 不变,P_Y 不变,P_X 增加,则预算线由原来的 AB 移动到 A_1B;反之 P_X 减少,则预算线由 AB 移动到 A_2B。总之,无论 P_X 增加还是减少,预算线围绕 B 点旋转。反之,如果 M 不变,P_X 不变,P_Y 变化,则预算线围绕 A 点旋转,如图 3.11 所示。

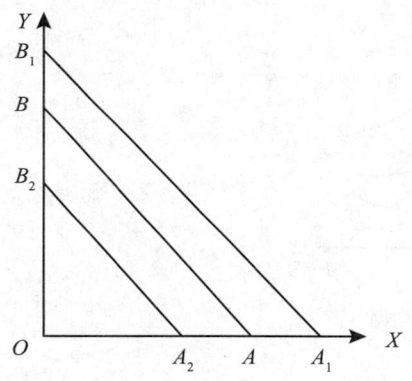

图 3.9 无差异曲线的平行移动

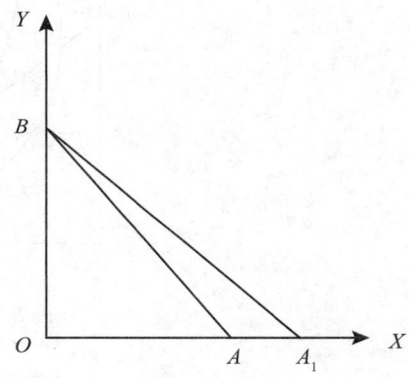

图 3.10 无差异曲线的旋转 1

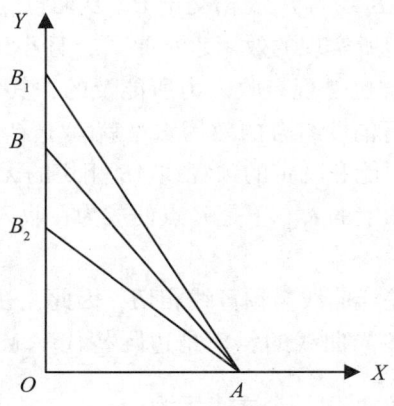

图 3.11 无差异曲线的旋转 2

四、消费者均衡

1. 消费者均衡的实现

序数效用论将无差异曲线与预算线结合在一起来分析消费者均衡的实现。

如果把无差异曲线与预算线合在一个坐标图上,那么,一条既定的预算线必定与无数条无差异曲线中的某一条相切于一点,这个切点就是消费者均衡点。

如图 3.12 所示,I_1、I_2、I_3 是三条效用水平不同的无差异曲线,其效用大小的顺序是 $I_1<I_2<I_3$。AB 为在消费者收入和商品 X 与 Y 的价格既定条件下的预算线。AB 线与 I_2 线相切于 E 点,E 点就是消费者均衡点。

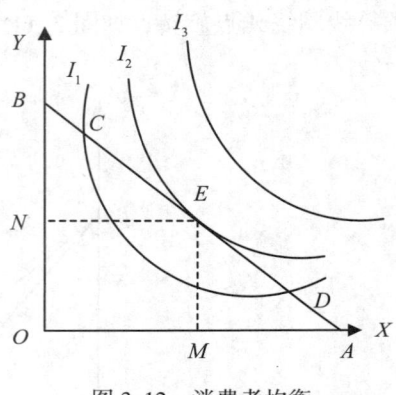

图 3.12 消费者均衡

为什么只有在 E 点才能实现消费者均衡呢?从图 3.12 可以看出,I_3 的效用大于 I_2,但 I_3 与 AB 线既不相交,也不相切,说明消费者在现有的收入与商品价格条件下,不可能达到 I_3 所表示的效用水平。AB 线与 I_1 线相交于 C、D 两点,按这两点来进行消费组合虽然是现有收入能够达到的,但所实现的效用水平是 I_1,且小于 I_2。AB 线与 I_2 线相切于 E 点,说明按 E 点进行消费组合也是现有收入力所能及的,其实现的是 I_2。由于 I_2 的效用水平高于 I_1,因而按 E 点进行消费组合的效用水平就大于 C 点和 D 点。另外,由于无数条无差异曲线相互平行,因而能和既定的预算线 AB 相切的无数条曲线只有一条,而且是离原点最远的一条,也就是图上的 I_2。于是 E 点便成为在收入与价格既定条件下的效用最大化的消费组合点。

在消费者均衡点上,无差异曲线与预算线相切,因此,在这一点上预算线的斜率与无差异曲线的斜率相等,而无差异曲线的斜率是边际替代率 MRS_{XY},而预算线的斜率为 $-\dfrac{P_X}{P_Y}$,因此,消费者均衡的条件可以用公式表示为:

$$\mathrm{MRS}_{XY} = -\dfrac{P_X}{P_Y}$$

MRS_{XY} 本身就是一个负数,因此两面的负号可以省略,即

$$MRS_{XY} = \frac{P_X}{P_Y}$$

而由全面边际替代率和边际效用的关系我们得出:$MRS_{XY} = -\frac{MU_X}{MU_Y}$,因此可以得出:

$$MRS_{XY} = -\frac{MU_X}{MU_Y} = -\frac{P_X}{P_Y}$$

得 $\quad \frac{MU_X}{MU_Y} = \frac{P_X}{P_Y}$,则 $\frac{MU_X}{P_X} = \frac{MU_Y}{P_Y}$

因此,可以看出,运用无差异曲线分析法和运用边际效用分析法分析消费者均衡的实现,其结论是完全相同的。

2. 消费者均衡的变动

消费者均衡实现的前提是消费者收入和商品价格既定。如果上述条件发生了变化,就会引起消费者均衡点的位置的改变。下面分两种情况进行讨论。

(1)预算线平行移动时,消费者均衡的变动

在图 3.13 中,预算线由 A_1B_1 向右上方平行移动到 A_2B_2 的位置。其原因可以是消费者收入提高,也可以是两种商品价格同时下降。不论哪一种原因引起的预算线向右平行移动,都意味着消费者的实际购买能力提高了。消费者均衡点由 E_1 移动到 E_2,使消费者两种商品的购买量都会增加,同时消费者的效用水平也由 I_1 提高到 I_2。反之,若预算线平行向左移动,则两种商品的购买量都会减少,效用水平就会下降。

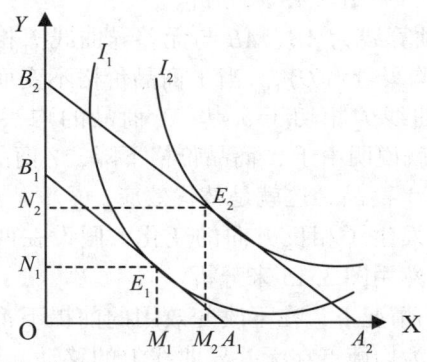

图 3.13 预算线的平行移动时,消费者均衡的变动

(2)预算线发生旋转时,消费者均衡的变动

在图 3.14 中,商品 X 的价格下降,而其他条件不变,于是预算线由 A_1B 移动到 A_2B 的位置。预算线斜率的变化也会引起消费者均衡的变化。在图 3.14 中,消费者均衡点由 E_1 移动到 E_2,两种商品的购买量都发生了变化。其中,商品 Y 的购买量由 N_1 减少到 N_2,而商品 X 的购买量由 M_1 增加到 M_2。

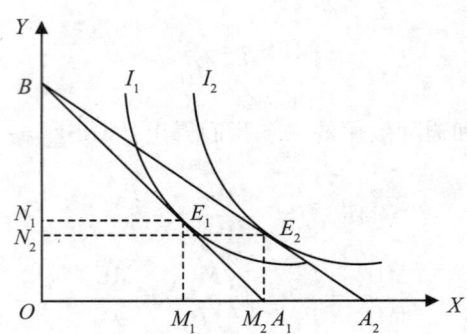

图 3.14 预算线的发生旋转时，消费者均衡的变动

五、替代效应与收入效应

商品价格的变动会引起需求量反方向变动，这种变动可以被分解为替代效用和收入效用。下面，我们用预算线和无差异曲线的关系来进一步说明替代效应和收入效应。

1. 替代效应

替代效应是假设消费者收入水平不变，但两种商品的相对价格发生了变化，例如，一种商品价格不变，而另一种商品的价格变化，或者两种商品价格同时发生了相反方向的变化，这种情况下对各种商品购买所发生的影响。替代效应可以分为两种情况：

①一种商品价格不变，而另一种商品的价格发生了变化。我们假设 Y 商品的价格不变，而 X 商品的价格下降了，用图 3.15 来分析。

在图 3.15 中，原来的预算线为 AB，AB 与无差异曲线 I_1 相切于 a 点，决定了 X 商品的购买量为 OX_1，Y 商品的购买量为 OY_1。当 Y 商品价格不变而 X 商品价格下降时，预算线就是 AB_1，AB_1 与无差异曲线 I_2 相切于 b 点，X 商品的购买量为 OX_2，Y 商品为 OY_2，$OX_2 > OX_1$，而 $OY_2 < OY_1$，这就说明由于 X 商品价格下降，Y 商品价格相对上升，于是消费者就多购买 X 商品，少购买 Y 商品，这就是替代效应。

②两种商品的价格同时发生了相反方向的变化。假设在两种商品中，X 商品价格下降，而 Y 商品价格上涨，仍然用图 3.15 来分析。

在图 3.15 中，在所有的情况下，在不改变效用的前提下都存在着用相对便宜物品替代较贵物品的倾向，这表现为均衡点在无差异曲线上的移动。原来的预算线 AB 与无差异曲线 I_1 相切于 a 点，$X = OX_1$，$Y = OY_1$。现在由于 P_Y 提高，P_X 下降，使预算线变为 CD。CD 与 I_1 切于 c 点，则 $X = OX_3$，$Y = OY_3$。$OX_3 > OX_1$，$OY_3 < OY_1$，这表示价格下跌的商品 X 的购买量增加了，而涨价的商品 Y 的购买量则减少了。这种由于商品的相对价格发生变化，消费者增加跌价商品的购买量以代替价格上涨的商品的现象，称为替代效应。

2. 收入效应

收入效应是在商品价格不变的情况下，由于实际收入水平发生变化，致使总支出发生

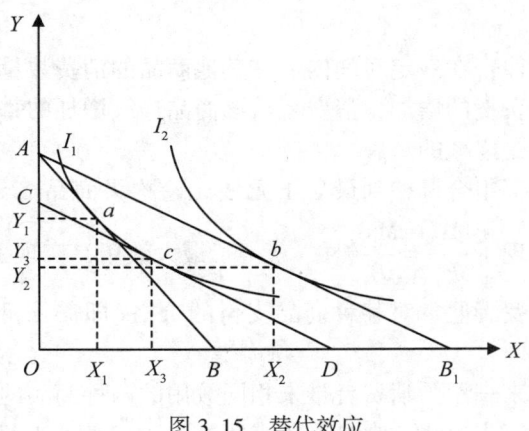

图 3.15　替代效应

变化,引起无差异曲线发生移动,从而导致购买量变化的现象。例如,牛肉的价格不变,但是当消费者的货币收入增加时,消费者对牛肉的实际购买力就会上升,购买的牛肉数量就会上升,这就是收入效应。收入效应表现为均衡点向更高水平的无差异曲线的移动,如图 3.16 所示。

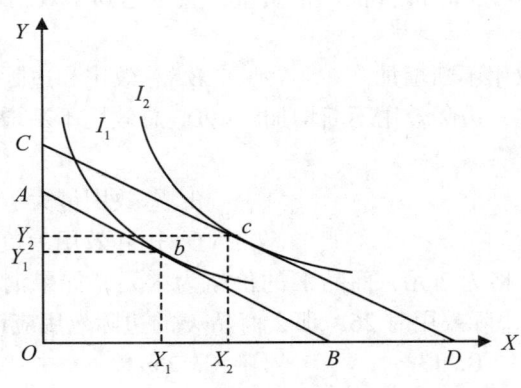

图 3.16　收入效应

在图 3.16 中,假设消费面临 X 商品和 Y 商品,原来的收入水平决定的预算线为 AB,收入增加后,预算线向右上方平行移动到 CD。在图中可以看到,原来的预算线 AB 与无差异曲线 I_1 相切于 b 点,这时 X 商品的购买数量为 OX_1,Y 商品的购买数量为 OY_1。当收入增加后,新的预算线 CD 与无差异曲线 I_2 相切于 c 点,这时购买的 X 商品数量为 OX_2,购买的 Y 商品数量为 OY_2,且 $OX_2>OX_1$,$OY_2>OY_1$。这就说明由于收入增加所购买的两种商品都增加了,效用也提高了。

☞ **项目小结**

①效用是消费者在消费活动中所得到的欲望满足程度。总效用是消费者消费一定量商

品所获得的总的满足程度。边际效用是消费者每增加一单位商品的消费所增加的满足程度。

②边际效用递减规律：在一定时间内，在其他商品的消费数量保持不变的条件下，随着消费者对某种商品消费量的增加，消费者从该商品连续增加的每一消费单位中所得到的效用增量，即边际效用是递减的。

③当消费者将其购买组合调整到最后1元钱无论购买商品 X 还是商品 Y 所得到的边际效用都相等时，即实现了 $\frac{MU_x}{P_x} = \frac{MU_y}{P_y}$ 时，获得了最大效用，实现了消费者均衡。

④消费者剩余是消费者愿意对某种商品支付的价格（即需求价格）与他实际所支付的价格的差额。

⑤无差异曲线是用来表示给消费者带来相同效用的两种商品的不同数量组合的线。预算线又称消费可能线、等支出线。它是一条表明在消费者收入与商品价格既定的条件下，消费者用全部收入所能购买到的两种商品不同数量的最大组合的线。无差异曲线与预算线相切的点就是消费者实现效用最大化的点，即消费者均衡点。

复习思考题

一、单项选择题：

1. 某个消费者逐渐增加对 M 商品的消费量，直至达到了效用最大化，在这个过程中，M 商品的（　　）。
   A. 总效用和边际效用不断增加　　B. 总效用和边际效用不断下降
   C. 总效用不断下降，边际效用不断增加　　D. 总效用不断增加，边际效用不断下降

2. 边际效用为零时（　　）。
   A. 边际效用最大　　B. 总效用最大
   C. 边际效用为正　　D. 边际效用为负

3. 已知商品 X 的价格为2元，商品 Y 的价格为1元，如果消费者从这两种商品得到最大效用时，商品 Y 的边际效用时26，那么商品 X 的边际效用应该是（　　）。
   A. 52　　B. 13　　C. 26/3　　D. 26

4. 边际效用随着消费量的增加而（　　）。
   A. 递增　　B. 递减　　C. 保持不变　　D. 先递增再递减

5. 某消费者处于消费者均衡中，这时消费点位于（　　）。
   A. 预算线上　　B. 一条无差异曲线上
   C. 刚好与预算线相切的无差异曲线　　D. 以上选项都不正确

6. 消费者剩余是消费者的（　　）。
   A. 实际所得　　B. 主观感受
   C. 没有购买的部分　　D. 消费剩余部分

7. 假定其他条件不变，如果某种商品的价格下降，根据效用最大化原则，消费者则会（　　）这种商品的购买。
   A. 增加　　B. 减少　　C. 不变　　D. 增加或减少

8. 在同一平面图上由( )条无差异曲线。
   A. 无数条　　　　B. 三条　　　　C. 许多　　　　D. 一条

9. 总效用与边际效用之间的关系是( )。
   A. 边际效用大于零时，总效用随着消费量的增加而增加
   B. 边际效用大于零时，总效用以递增的速度增加
   C. 边际效用等于零时，总效用达到最大
   D. 边际效用小于零时，总效用以递减的速度增加

10. 某些人在收入比较低时购买黑白电视机，而在收入提高时则去购买彩色电视机，黑白电视机对这些人来说是( )。
    A. 生活必需品　　B. 奢侈品　　　C. 劣质商品　　　D. 正常商品

二、分析题：

1. 某消费者收入为 3000 美元。红酒一杯 3 美元，奶酪一磅 6 美元。画出该消费者的预算线。这条预算线的斜率是多少？

2. 某消费者收入为 240 元，用于购买 X 和 Y 两种商品，X 商品的价格为 40 元，Y 商品的价格为 20 元。问：

   (1) 该消费者所购买的 X 与 Y 商品有多少种数量组合？各种数量组合的 X 商品和 Y 商品各是多少？

   (2) 所购买的 X 商品为 8，Y 商品为 12 时，在不在预算线上？能够说明什么？

3. 假设某消费者的均衡如下图所示。其中，横轴 OX_1 和纵轴 OX_2，分别表示商品 1 和商品 2 的数量，线段 AB 为消费者的预算线，曲线 I 为消费者的无差异曲线，E 点为效用最大化的均衡点。已知商品 1 的价格 $P_1=2$ 元。

   求：(1) 消费者的收入；
   (2) 商品 2 的价格；
   (3) 写出预算线的方程；
   (4) 预算线的斜率；
   (5) E 点的 MRS_{12} 的值。

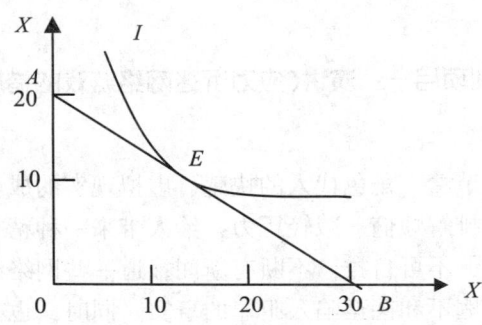

☞ **案例分析**

案例1：拍卖周杰伦签名的 CD 专辑

假如你有一张周杰伦的签名 CD 专辑。因为你不是周杰伦迷，你决定把该专辑以拍卖的方式卖出。四个周杰伦迷出现在你的拍卖会上，他们分别为：A、B、C、D。他们每一个人都想拥有这张专辑，但每一个人愿意付出的代价不一样。每一个人愿意付出的最高价格称为支付意愿。A 最高愿意出 100 元，B 最高愿意出 80 元，C 最高愿意出 70 元，D 最高愿意出 50 元。为了卖出你的专辑，你得从低价开始叫价，比如说从 10 元开始。由于四个人愿意支付的价格较多，价格很快上升。当 A 报价为 80 元时，叫价停止。因为在这一点上另外三个人不愿叫出高于 80 元的价格。A 付出 80 元得到了专辑。但是 A 愿意支付的最高价格是 100 元，我们说 A 得到了 20 元的消费者剩余。

问题：请您根据消费者行为理论分析上述案例，本案例带给你的启示。

案例2：春晚的怪圈

大约从 20 世纪 80 年代初期开始，我国老百姓在过春节的年夜饭中增添了一套诱人的内容，那就是春节联欢晚会。记得 1982 年第一届春晚的出台，在当时娱乐事业尚不发达的我国引起了极大的轰动。晚会的节目成为全国老百姓在街头巷尾和茶余饭后津津乐道的题材。

晚会年复一年地办下来了，投入的人力和物力越来越大，技术效果越来越先进，场面设计越来越宏大，节目种类也越来越丰富。但不知从哪一年开始，人们对春晚的评价却越来越差了。原来街头巷尾和茶余饭后的赞美之词变成了一片骂声，春晚成了一道众口难调的大菜，晚会陷入了"年年办，年年骂；年年骂，年年办"的怪圈。

问题：请从经济学的角度来分析一下，春晚的怪圈是如何产生的，如果你是春晚的总策划，该如何解决这个问题呢？

☞ **实训项目**

实训项目一：演讲（应对沉迷网络游戏的措施）

背景资料：

网络游戏以它明快的节奏、角色代入的快感、虚拟现实的成就吸引了众多的游戏爱好者。适度的网络游戏可以排解烦恼、减轻压力，给人带来一种精神上的愉悦，但虚拟的快乐让一部分玩家沉迷于中，不可自拔。不断有新闻报道一些网络游戏成瘾的青少年因为过度沉迷导致学业荒废、家庭不和甚至陷入犯罪的事实。同时，也有很多的专家在研究如何解决沉迷网络游戏的问题。

实训题目： 我们是否可以利用经济学中边际效用递减规律来应对这一问题呢？请讲讲你的解决方案。

实训项目二：市场调研（手机消费者偏好的差异）

实训题目：

请同学进行一次市场调查，了解各个不同年龄段、职业、性别、受教育程度、文化背景的人群对于手机的消费偏好，并尝试分析其原因，制作一份调查报告。

项目四　生产者行为分析

☞ **学习目标**

1. 掌握总产量、边际产量、平均产量的含义；
2. 理解短期生产函数和长期生产函数；
3. 了解规模经济及其相关概念；
4. 理解成本和收益的概念及其分类；
5. 理解短期成本分析和长期成本分析；
6. 能运用边际收益等与边际成本进行利润最大化分析。

☞ **创设情境**

在土地上施肥量越多越好吗？

早在1771年英国农学家杨格就用在若干相同的地块上施以不同量肥料的实验，证明了肥料施用量与产量增加之间存在着这种边际产量递减的关系。这不是偶然的现象而是经验性规律。假如农民在一亩土地上撒一把化肥能增加产量1公斤，撒两把化肥增产3公斤，但一把一把化肥的增产效果会越来越差，过量的施肥量甚至导致土壤板结，粮食减产。边际产量递减规律是从社会生产实践和科学实验中总结出来的，在现实生活的绝大多数生产过程中都是适用的。如果是边际产量递增全世界有一亩土地就能养活全世界所有的人，那才是不可思议的了。

用两种或两种以上生产要素相结合生产一种产品时，如果其中一种要素是可以变动的，那么，在其他条件不变的情况下，随着这一可变要素连续地等量增加，其边际产量开始会出现递增的现象，但在达到一定数量后，会呈现递减现象。这就是经济学中著名的边际产量递减规律。边际产量递减规律提示我们，在一定的条件下，高投入未必带来高产出，因此要注意投入的合理限度，寻找最佳的投入数量。在现实生活中边际产量递减的例子很多，目前我国的就业压力很大，其实也是这个规律作用的结果，如果是边际产量递增我们就不会有失业问题了。

边际产量递减规律是生产理论中最重要的一种理论。那么什么是边际产量和边际产量递减规律呢？

任务一　生产理论

一、生产函数

1. 企业

企业，又称厂商，是为达到一定目的而从事商品生产或服务的单个经济决策单位。按所有者的多少和所负责任的大小，企业可以分为以下几种组织形式：

①个人企业：单个人独资经营的厂商组织。

②合伙制企业：两人以上合资经营的厂商。

③公司制企业：按公司法建立和经营的具有法人资格的厂商组织。

企业的行为准则就是运用有限的资本，通过生产经营活动，以取得最大的利润。

2. 生产和生产要素

生产就是把投入转化为产出的过程。在生产过程中，需要投入不同的资源，即生产要素。一般来说，生产要素可以分为以下几种：

①劳动(Labor)。劳动是生产过程中的人力消耗，包括脑力劳动和体力劳动。

②资本(Capital)。资本是生产过程中使用的各种资本品。包括：物质资本(如厂房、机械设备、原材料等)、货币资本(流动资金、票据和有价证券)、无形资本(商标、专利和专有技术)和人力资本(经教育、培育和保健获得的体力、智力、能力和文化)。

③土地(Land)。土地是指生产过程中所使用的，以土地为主要代表的各种自然资源，例如，土地、水、原始森林、各类矿藏等。

④企业家才能(Entrepreneurship)。企业家才能是指生产过程中所必需的经营整个企业的组织能力、控制能力、管理能力和创新能力等。

3. 生产函数的相关概念

（1）短期与长期

经济学上所说的"短期"、"长期"，不是指具体的时间跨度，而是指生产者能否来得及调整全部生产要素的时期。

短期指生产者来不及调整全部生产要素投入数量，至少有一种生产要素投入数量是固定不变的时间周期。

长期指生产者可以根据环境的变化调整全部生产要素投入数量，对生产进行调整的时间周期。

在短期和长期划分的基础上，相应地可以把投入要素分为不变投入和可变投入。

不变投入又称为固定投入，是指在所考察的时期内其数量不能改变的投入要素。不管产量如何变动，不变投入的数量都是固定的，例如，厂房、机器设备、土地等。

可变投入是指在所考察的时期内其数量可以改变的投入要素。当产量变化时，可变投入的数量也会发生变化。例如，直接生产工人、原材料、燃料等。

在短期内，企业为了实现产量目标，只能调整可变投入，而来不及调整固定投入。长期内所有的生产要素都是可变的，因而也就没有可变投入和固定投入的区分。不同的行业，短期和长期的时间长度不同。例如，对一个汽水摊来说，长期可能仅一两天；而在汽车制造厂，长期也许是三五年。

（2）生产函数

生产函数是表示在一定时期内，在技术水平不变的情况下，生产中所使用的各种生产要素的数量与所能生产的最大产量之间的关系。

以 Q 表示产量，L、K、N、E 分别代表劳动、资本、土地、企业家才能，则生产函数一般表达式为：

$$Q=f(L, K, N, E)$$

在分析生产要素与产量的关系时，一般地，以土地为代表的自然资源是既定的，企业家才能又难以具体估算。因此，生产函数可以简化为：

$$Q=f(L, K)$$

它表明，在一定的技术水平下，生产 Q 的产量，需要一定数量劳动与资本的组合。同样的，在劳动与资本的数量与组合为已知时，也就可以推算出最大的产量。

相关链接 4-1

生产技术水平与产量

当企业生产技术既定时，任何一组生产要素的投入数量决定着能够生产出产品的数量。如一家生产电视机的企业打算这个月生产 10000 台电视机，在现有的生产技术水平下，它知道需要多少生产工人，购买多少原材料和半成品，需要动用几条生产线等。显然，改变生产技术将改变生产要素投入数量和产量之间的关系。

同样是 100 名工人，手工打磨的奔驰汽车一年的产量可能只有几百辆，而采用现代化的生产线后，一年可以生产几十万辆。

（3）短期生产函数和长期生产函数

明确了短期与长期的概念后，我们可以将生产函数区分为：短期生产函数和长期生产函数。

短期生产函数是在其他要素的投入不变，一种生产要素的投入和产量之间的关系。假设资本投入量不变，劳动投入量可变，短期生产函数可表示为：

$$Q=f(L)$$

长期生产函数是多种要素投入组合和产量之间的关系。在长期中，资本和劳动都是可变的，因此，长期生产函数可以表示为：

$$Q=f(L, K)$$

二、短期生产函数

短期生产函数是资本投入不变的情况下,劳动投入与产出之间的关系。

1. 总产量、平均产量和边际产量

(1)定义

总产量(Total Product,TP):厂商投入一定量的可变生产要素(劳动)所生产出来的全部产量。公式如下:

$$TP_L = f(L)$$

平均产量(Average Product,AP):是指平均每一单位可变要素(劳动)投入量所生产出来的产量。公式如下:

$$AP_L = \frac{TP_L}{L}$$

边际产量(Marginal Product,MP):是指增加一单位可变要素投入量(劳动)所增加的总产量。公式如下:

$$MP_L = \frac{\Delta TP_L}{\Delta L}$$

当劳动 L 的增量趋于无穷小,即 $\Delta L \to 0$ 时,

$$MP_L = \lim_{\Delta L \to 0} \frac{\Delta TP_L}{\Delta L} = \frac{dTP_L}{dL}$$

(2)总产量、平均产量和边际产量曲线

假定在某产品生产过程中所使用的生产要素是资本和劳动,其中资本的投入量是固定不变的,劳动投入量是可变的,根据上述关系作表4-1。

表4-1　　　　　　　　劳动投入的总产量、平均产量和边际产量表

劳动投入量(L)	总产量(TP_L)	平均产量(AP_L)	边际产量(MP_L)	生产阶段
0	0	0	0	
1	6	6	6	Ⅰ
2	13	6.5	7	
3	21	7	8	
4	28	7	7	
5	34	6.8	6	Ⅱ
6	38	6.3	4	
7	38	5.4	0	
8	37	4.6	-1	Ⅲ

根据表 4-1，可以作出图 4.1。

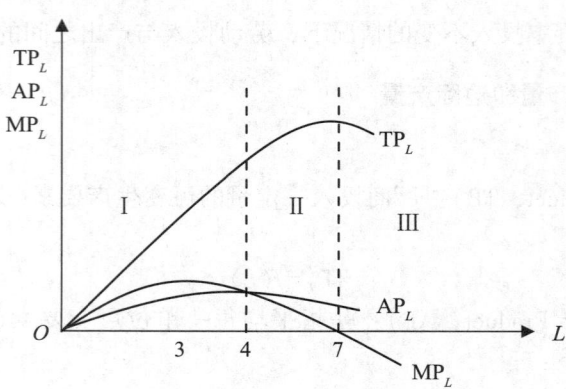

图 4.1 总产量、平均产量和边际产量曲线

在图 4.1 中，横轴代表劳动投入量，纵轴代表产量。TP_L 为总产量曲线，AP_L 为平均产量曲线，MP_L 为边际产量曲线。可以看出总产量、平均产量和边际产量曲线都是倒"U"形曲线，它们之间的关系如下：

①随着劳动投入量的不断增加，TP_L、AP_L 和 MP_L 都是先递增，当增加到一定程度后递减。所以，TP_L、AP_L 和 MP_L 曲线都是倒"U"形曲线。

②MP_L 与 AP_L 相交于 AP_L 的最高点。相交之前，MP_L 大于 AP_L，AP_L 递增；相交之后，MP_L 小于 AP_L，AP_L 递减；相交时，MP_L 等于 AP_L，AP_L 达到最大。

③MP_L 大于零，TP_L 递增；MP_L 小于零，TP_L 递减；当 MP_L 为零时，TP_L 达到最大值。

2. 一种生产要素(劳动)的合理投入区域

根据总产量、平均产量、边际产量的关系，我们可以把生产划分为三个阶段，如图 4.1 所示。

第Ⅰ阶段，从原点到平均产量的最高点。在这一阶段，随着劳动投入的不断增加，总产量在不断增加，平均产量也在不断增加。说明在这一阶段，相对于不变的资本量而言，劳动投入量不足，所以劳动投入量的增加可以使资本利用效率越来越高，不但总产量可以增加，而且劳动生产率(劳动的平均产量)也是递增的。由此看来，劳动投入量不应该停止在这一阶段，否则，资本无法得到充分的利用。

第Ⅱ阶段，从平均产量最高点到总产量最高点。在这一阶段，随着劳动投入的不断增加，不变的资本越来越接近充分利用。由于劳动生产率开始下降，则平均产量开始递减。虽然边际产量继续下降，但还是正值，因而总产量还是在不断上升，只是上升的幅度越来越小。

第Ⅲ阶段，边际产量为零以后的阶段。在这一阶段，平均产量继续下降，边际产量成为负值，总产量开始减少。随着劳动投入的继续增加，不变的资本已经被完全充分利用，不再有增加产量的潜力。因此，理性的生产者也不会将生产停留在这一阶段，而是应该减少劳动的投入量，提高生产效率。

综合以上分析，对于任何理性的生产者而言，生产函数在第Ⅰ、第Ⅲ阶段都是不合理的生产阶段。只有生产函数的第Ⅱ阶段才是生产要素投入的合理阶段。

3. 边际收益递减规律

边际收益递减规律(也称边际报酬递减规律)：在技术水平不变和其他生产要素投入量不变的情况下，连续等量地增加某一种可变要素的投入量，而其他要素的投入量保持不变。当可变要素的投入量小于某一特定值时，边际产量(报酬)是递增的；当投入超过某一特定值时，边际产量(报酬)将出现递减的趋势。

从图4.1可以看出，边际产量MP_L先出现短暂递增，之后一直递减。

边际收益递减规律的原因是：在任何产品的生产过程中，可变生产要素投入量与不变生产要素投入量之间都有一个最佳配合比例，即最佳技术系数。刚开始时，由于可变生产要素投入量小于最佳配合比例所需数量，不变生产要素投入量还没有得到充分利用，随着可变生产要素投入量的逐渐增加，越来越接近最佳配合比例，边际产量呈递增的趋势；当达到最佳配合比例之后，再增加可变生产要素的投入，边际产量就会呈递减趋势。

在理解边际收益递减规律时，要注意以下几点：

①随着可变生产要素的连续增加，边际产量要经历递增，递减，最后变为负数的全过程。当一种可变生产要素连续增加时，迟早会出现边际产量递减的趋势，而不是从一开始就递减。

②边际收益递减规律只适用于要素比例是可变的生产函数。如果要素比例是固定的，则这个规律不成立。

③边际收益递减规律的前提条件是技术水平不变。若技术水平发生变化，这个规律就不存在。在历史上，英国经济学家马尔萨斯正是没有考虑到长期的技术进步，错误地预计了人口增加带来的后果。

相关链接 4-2

马尔萨斯人口理论与边际报酬递减规律

经济学家马尔萨斯(1766—1834)的人口论的一个主要依据便是报酬递减定律。他认为，随着人口的膨胀，越来越多的劳动耕种土地，地球上有限的土地将无法提供足够的食物，最终劳动的边际产出与平均产出下降，但又有更多的人需要食物，因而会产生大的饥荒。幸运的是，人类的历史并没有按马尔萨斯的预言发展(尽管他正确地指出了"劳动边际报酬"递减)。

在20世纪，技术发展突飞猛进，改变了许多国家(包括发展中国家，如印度)的食物的生产方式，劳动的平均产出因而上升。这些进步包括高产抗病的良种，更高效的化肥，更先进的收割机械。在第二次世界大战结束后，世界上总的食物生产的增幅总是或多或少地高于同期人口的增长。

粮食产量增长的源泉之一是农用土地的增加。例如，从1961—1975年，非洲农业用地所占的百分比从32%上升至33.3%，拉丁美洲则从19.6%上升至22.4%，在远东地区，该比值则从21.9%上升至22.6%。但同时，北美的农业用地则从26.1%降至25.5%，西欧由46.3%降至43.7%。显然，粮食产量的增加更大程度上是由于技术的改进，而不是农业用地的增加。

在一些地区，如非洲的撒哈拉，饥荒仍是个严重的问题。劳动生产率低下是原因之一。虽然其他一些国家存在着农业剩余，但由于食物从生产率高的地区向生产率低的地区的再分配的困难和生产率低地区收入也低的缘故，饥荒仍威胁着部分人群。

（资料来源：平狄克，鲁宾费尔德. 微观经济学. 北京：经济科学出版社，2002.）

三、长期生产函数

上面讨论了短期生产函数，分析了一种生产要素（劳动）的合理投入区域。在长期内，由于所有生产要素的投入都是可以调整的，我们的目的就是要寻求最优的要素投入组合。而确定最优的投入组合需要运用等产量曲线和等成本线。

1. 等产量曲线

（1）等产量曲线的含义及特征

等产量曲线是在技术水平不变的条件下，生产同一产量的两种生产要素投入量的各种不同组合的点的轨迹，即两种生产要素的不同数量组合可以带来相等产量的一条曲线。

假设劳动 L 和资本 K 是生产某种产品需要投入的两种生产要素，它们之间是可以相互替代的。表4-2是某种产品产量为100时，劳动与资本的四种组合方式。

表4-2　　　　　　　　　　　　两种生产要素投入组合表

组合方式	劳动(L)	资本(K)	产量(Q)
A	1	6	100
B	2	3	100
C	3	2	100
D	6	1	100

根据上表，可作出图4.2。

在图4.2中，横轴代表劳动的投入量 L，纵轴代表资本的投入量 K，Q 为等产量曲线，即该线上任一点所表示的劳动和资本不同数量的组合，都能生产出相同的产量100。

等产量曲线的特征表现在：

①等产量曲线向右下方倾斜，其斜率为负值。这说明为了保持产量不变，增加一种要素的投入量时，必须减少另一种要素的投入量。

②在同一平面图上，可以有无数条等产量曲线。同一条等产量线代表相同的产量，不同的等产量线代表不同的产量水平。离原点越远的等产量线所代表的产量水平越高，离原

点越近的等产量线所代表的产量水平越低。在图 4.3 中，Q_1、Q_2、Q_3 是三条不同的等产量线，它们分别代表不同的产量水平，其中，$Q_1<Q_2<Q_3$。

③同一平面图上，任意两条等产量线不能相交。因为在交点上两条等产量线代表了相同的产量水平，与第二个特征相矛盾。

④等产量线是一条凸向原点的线。这是由边际技术替代率递减规律所决定的。

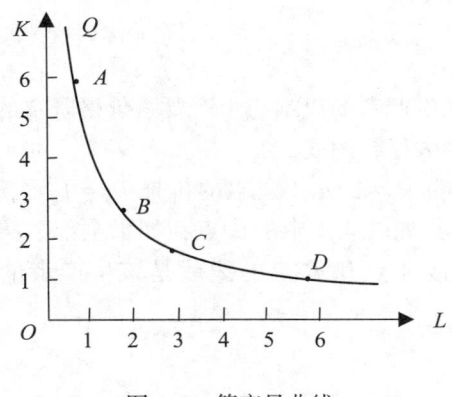

图 4.2　等产量曲线

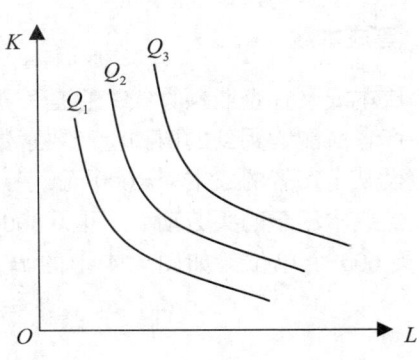

图 4.3　等产量曲线组

（2）边际技术替代率

边际技术替代率是指在维持产量水平不变的条件下，增加一种生产要素的投入量时与减少的另一种生产要素的投入量之比，用 MRTS 表示：

$$\text{MRTS}_{LK}=-\frac{\text{资本投入的改变量}}{\text{劳动投入的改变量}}=-\frac{\Delta K}{\Delta L}$$

如果要素投入量的变化量为无穷小，即 $\Delta L \to \frac{1}{\infty}$ 或 0，则

$$\text{MRTS}_{LK}=-\lim_{\Delta L \to \frac{1}{\infty} \text{或} 0}\frac{\Delta K}{\Delta L}=-\frac{\text{d}K(L)}{\text{d}L}$$

边际技术替代率是负值，因为为了维持同一产量，一种生产要素增加，另一种生产要素必须减少。但为了方便起见，一般取其绝对值。边际技术替代率是等产量线的斜率。

假设在等产量线中，劳动的投入量增加，资本的投入量减少。劳动的投入量增加会带来总产量的增加，而资本投入量减少会带来总产量的减少。为了维持产量水平不变，增加劳动的投入量所带来的总产量的增加量必须等于减少的资本的投入量所导致的总产量的减少量。

劳动投入增加带来的总产量的增加量 = 资本投入减少带来的总产量的减少量

$$\text{MP}_L \cdot \Delta L = \text{MP}_K \cdot \Delta K$$

即

$$\frac{\text{MP}_L}{\text{MP}_K}=\frac{\Delta K}{\Delta L}$$

$$\text{MRTS}_{LK}=-\frac{\Delta K}{\Delta L}=-\frac{\text{MP}_L}{\text{MP}_K}$$

（3）边际技术替代率递减规律

边际技术替代率递减规律：在维持产量不变的前提下，当一种生产要素的投入量不断增加时，每一单位的这种生产要素所能替代的另一种生产要素的数量是递减的。例如，在图 4.2 中，当劳动由 1 个单位增加到 2 个单位时，$MRTS_{LK}=3$；但劳动的投入量由 2 个单位增加到 3 个单位时，$MRTS_{LK}=1$。很明显，当用越来越多的劳动代替资本时，单位劳动可以替换的资本数量越来越少，边际技术替代率是递减的，等产量线凸向原点。

2. 等成本线

等成本线又称企业预算线，它是一条表明在生产者的成本与生产要素价格既定的条件下，生产者所能购买到的两种生产要素数量的最大组合的线。

假设某生产者的成本 $C=600$ 元，劳动的价格 $P_L=2$ 元，资本的价格 $P_K=1$ 元。如果他将全部成本用于购买劳动 L，可买 300 个单位，如图 4.4 中的 A 点；如果全部购买资本 K，可买 600 个单位，如图 4.4 中的 B 点；连接 A 点和 B 点的线就是该生产者的等成本线。

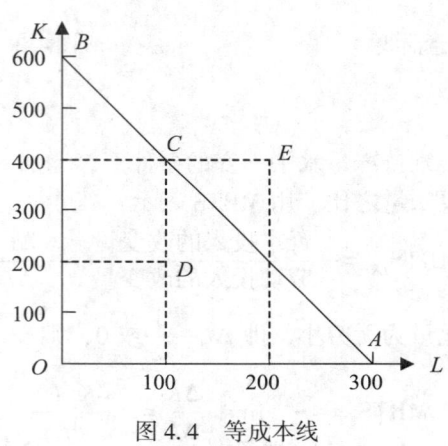

图 4.4 等成本线

在图 4.4 中，等成本线 AB 将坐标图划分为三个区域：AB 线以外的区域中的任何一点，是生产者既定的成本不可能购买到的数量组合，如 E 点，购买 200 单位劳动，400 单位资本，这时要支出 800 元，无法实现；AB 线以内区域的任何一点，则表示生产者的全部成本没有用完，两种生产要素的购买组合还没有达到最大，如 D 点，购买 100 单位劳动，200 单位资本，只用了 400 元；只有 AB 线上的任何一点，才是生产者在成本与要素价格既定的条件下，所能购买到的两种生产要素的最大数量组合，如 C 点，购买 100 单位劳动，400 单位资本，正好用完 600 元。

如果以 C 表示生产者的既定成本，P_L、P_K、Q_L、Q_K 分别代表劳动和货币的价格与购买量，则等成本线可以用公式表示为：

$$M=P_L \cdot Q_L+P_K \cdot Q_K$$

上式也可以写为：$Q_K = \dfrac{M}{P_K} - \dfrac{P_L}{P_K} \cdot Q_L$

这是一个直线方程式，其斜率为 $-\dfrac{P_L}{P_K}$，即等成本线的斜率为 $-\dfrac{P_L}{P_K}$。

因为 M、P_L、P_K 为既定常数，所以，给出 Q_L 的值，就可以解出 Q_K。当然，给出 Q_K 的值，就可以解出 Q_L。

如果 $Q_L = 0$，则 $Q_K = \dfrac{M}{P_K}$；

如果 $Q_K = 0$，则 $Q_L = \dfrac{M}{P_L}$。

即等成本线在纵轴上的截距为 $\dfrac{M}{P_K}$，在横轴上的截距为 $\dfrac{M}{P_L}$。

3. 生产要素的最优组合

生产要素的最优组合是在假定技术条件和两种生产要素的价格都不变的情况下，如何选择最优的投入组合以生产最高的产量。或者，在既定的产量目标下，如何选择最优投入组合以使生产成本最低。

①产量一定，成本最低的最优投入组合。可以用图 4.5 来说明。

在图 4.5 中，C_1、C_2、C_3 代表三条不同的等成本线，且 $C_1 < C_2 < C_3$。由于产量既定，所以只有一条等产量线 Q。等产量线 Q 可以和许多等成本线相交，但只能和一条等成本线相切。图 4.5 中，Q 和 C_3 相交，交点为 A 点和 B 点，Q 和 C_2 相切，切点为 E 点，Q 和 C_1 既不相交也不相切。C_1 代表的成本虽然小于 C_2，但是在 C_1 的成本约束下，不可能达到 Q 的产量水平；C_3 可以达到 Q 的产量水平，却不是最小的成本投入，不符合经济原则。可见，成本 C_2 是生产者在产量既定下的最优选择。

②成本一定，产量最高的最优投入组合。可以用图 4.6 来说明。

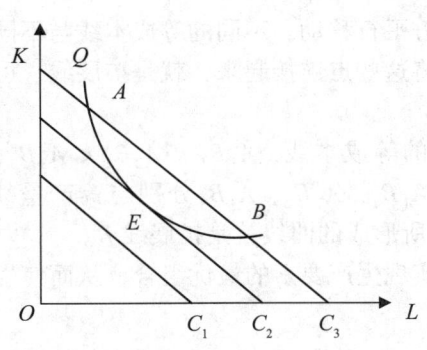

图 4.5　产量一定，成本最小的均衡

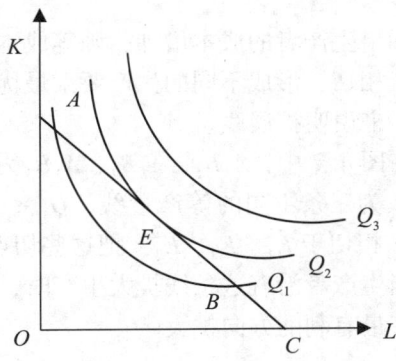

图 4.6　成本一定，产量最大的均衡

在图 4.6 中，Q_1、Q_2、Q_3 代表三条不同的等产量线，且 $Q_1 < Q_2 < Q_3$。由于成本既定，

所以只有一条等成本线 C。等成本线 C 可以和许多等产量线相交，但只能和一条等产量线相切。图 4.6 中，C 和 Q_1 相交，交点为 A 点和 B 点，C 和 Q_2 相切，切点为 E 点，C 和 Q_3 既不相交也不相切。Q_3 代表的产量水平虽然大于 Q_2，但是在成本 C 的约束下，不可能达到 Q_3 的产量水平；Q_1 的产量水平虽然可以达到，但不是最高产量。可见，产量 Q_2 是生产者在成本既定下的最优选择。

综上所述，等产量线与等成本线的切点 E 为生产者均衡点，是生产者成本最小或产量最高的投入组合点。

成本 C_2 是产量既定为 Q 时，生产者所能选择的最小成本。

Q_1、Q_2、Q_3 为三条等产量线，其产量大小依次为 $Q_1<Q_2<Q_3$。AB 线为等成本线。AB 线与 Q_2 相切于 E 点，这时实现了生产要素的最适组合。也就是说，在生产者的货币成本与生产要素价格既定的条件下，ON 的劳动与 OM 的资本结合，就可以实现利润最大化，即既定产量下成本最小或既定成本下产量最大。

在均衡点 E 上，等产量线和等成本线的斜率相等。等产量线的斜率为边际技术替代率 MRTS_{LK}，而等成本线的斜率为 $-\dfrac{P_L}{P_K}$。因此，生产者均衡的条件可以表示为：

$$\mathrm{MRTS}_{LK} = -\frac{P_L}{P_K}$$

而 $\mathrm{MRTS}_{LK} = -\dfrac{\mathrm{MP}_L}{\mathrm{MP}_K}$，因此有

$$\mathrm{MRTS}_{LK} = -\frac{\mathrm{MP}_L}{\mathrm{MP}_K} = -\frac{P_L}{P_K}$$

因此，生产者均衡的条件也可以表示为：

$$\frac{\mathrm{MP}_L}{\mathrm{MP}_K} = \frac{P_L}{P_K} \text{ 或 } \frac{\mathrm{MP}_L}{P_L} = \frac{\mathrm{MP}_K}{P_K}$$

4. 生产扩展线

如果生产者的成本增加，则等成本线向右上方平行移动，不同的等成本线与不同的等产量线相切，形成不同的生产要素最优组合点，将这些点连接起来，就是扩展线。可以用图 4.7 来说明扩展线。

在图 4.7 中，A_1B_1、A_2B_2、A_3B_3 为三条不同的等成本线，$A_1B_1 < A_2B_2 < A_3B_3$；Q_1、Q_2、Q_3 为三条不同的等产量线，$Q_1 < Q_2 < Q_3$。A_1B_1，A_2B_2，A_3B_3 分别与等产量线 Q_1、Q_2、Q_3 相切于 E_1、E_2、E_3，把这些切点连接起来所形成的曲线就是扩展线 R。

当生产者沿着这条线扩大生产时，可以始终实现生产要素的最优组合，从而使生产规模沿着最有利的方向扩大。

四、生产的规模报酬

规模报酬是指当所有投入同比例增加时，总产量的反应程度。规模报酬可分为以下三种情况：

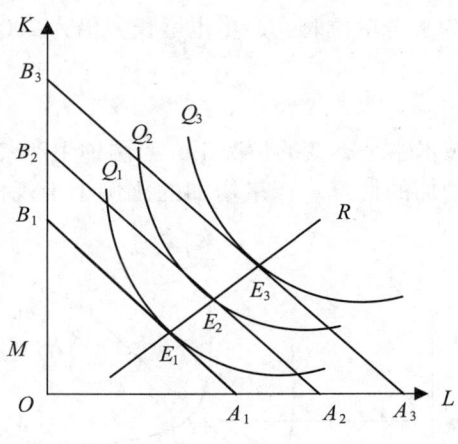

图 4.7 生产扩展线

1. 规模报酬递增

规模报酬递增是指在技术水平不变的情况下，当两种生产要素按同样的比例增加，导致产出水平以更大比例增加的情况。产量增加的比例大于规模(要素)增加的比例，如图 4.8 所示。

在图 4.8 中，当劳动 L 和资本 K 的投入量都为 2 个单位时，产出为 100 个单位，但产量增长一倍为 200 个单位所需的劳动和资本的投入量却分别小于 4 个单位。或者说，当资本和劳动的投入量都增加 1 倍为 4 个单位时，生产出的产量大于 200 的单位。

2. 边际报酬不变

规模报酬不变是指在技术水平不变的情况下，当两种生产要素按同样的比例增加，导致产出水平同样比例增加的情况。产量增加的比例等于规模(要素)增加的比例，如图 4.9 所示。

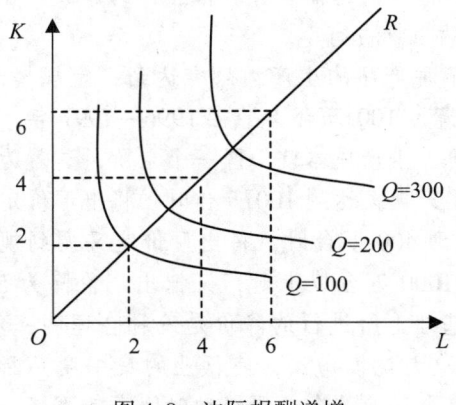

图 4.8 边际报酬递增

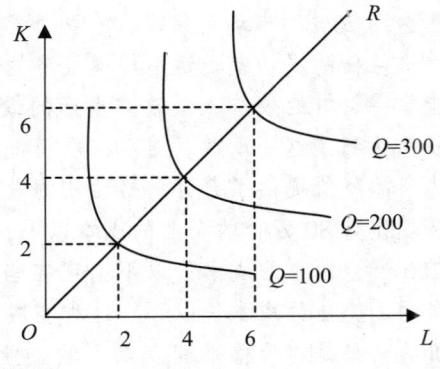

图 4.9 边际报酬不变

在图 4.9 中，当劳动 L 和资本 K 的投入量都为 2 个单位时，产出为 100 个单位，当劳动 L 和资本 K 都增加 1 倍为 4 个单位时，产量也增长一倍为 200 个单位。

3. 边际报酬递减

规模报酬递减是指在技术水平不变的情况下，当两种生产要素按同样的比例增加，导致产出水平却以较小比例增加的情况。产量增加的比例小于规模（要素）增加的比例。如图 4.10 所示。

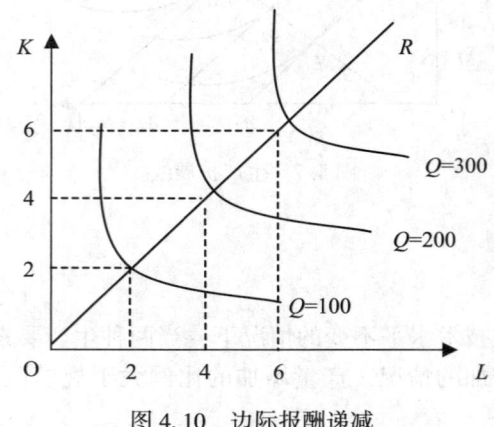

图 4.10　边际报酬递减

在图 4.10 中，当劳动 L 和资本 K 的投入量都为 2 个单位时，产出为 100 个单位，但当资本和劳动的投入量都增加 1 倍为 4 个单位时，生产出的产量却小于 200 的单位。

相关链接 4-3

格兰仕的成功

面临着越来越广阔的市场，每个企业都有两种战略选择：一是多产业、小规模，低市场占有率；二是少产业，大规模，高市场占有率。格兰仕选择后者。格兰仕的微波炉在国内已达到 70% 的市场占有率，在国外已达到 35% 的市场占有率。

格兰仕的成功就是运用规模经济的理论，即某种产品的生产，只有达到一定规模时，才能取得较好的效益。微波炉生产的最小经济规模为 100 万台。早在 1996—1997 年，格兰仕就达到了这一规模。随后，规模每上一个台阶，生产成本就下降一个台阶。这就为企业的产品降价提供了条件。格兰仕的做法是，当生产规模达到 100 万台时，将出厂价定在生产规模为 80 万台的企业的成本以下；当规模达到 400 万台时，将出厂价定又调到规模为 200 万台的企业成本价以下；现在当规模达到 1000 万台以上时，又把出厂价降为 500 万台的的企业的成本价以下。这种在成本下降的基础上所进行的降价是一种合理的降价。降价的结果是将价格平衡点以下的企业一次又一次大规模淘汰，使行业的集中度不断提高，使行业的规模经济水平不断提高，由此带动整个行业社会必要劳动时间不断下降，进而带来整个行业的成本不断下降。

成本低，价格必然低，降价最大的受益者是广大消费者。从1993年格兰仕进入微波炉行业到2003年，微波炉的价格由每台3000多元降到了每台300元左右，下降了90%多。这不能不说是格兰仕的功劳，不能不说是格兰仕对中国广大消费者的巨大贡献。

（资料来源：张淑兰．经济学：从理论到实践．北京：化学工业出版社，2004．）

任务二 成本理论

一、各类成本的概念

1. 生产成本与机会成本

（1）生产成本

生产成本又称生产费用，是指生产者在生产过程中所使用的各种生产要素的货币支出。这些成本一般均可以通过会计账目反映出来。

生产要素包括劳动、资本、土地和企业家才能四种基本形式。厂商为获得劳动而支出的费用是工资，为获得资本而支出的费用是利息，为获得土地而支出的费用是地租，为获得企业家才能而支出的费用是正常利润。因此，生产成本是由工资、利息、地租和正常利润四部分组成的。

（2）机会成本

机会成本是指生产者利用一定的资源获得某种收入时所放弃的在其他可能的用途中所能够获得的最大收入。

机会成本不同于实际生产成本，它不是生产某种产品时所实际需要支付的成本，而只是一种观念上的成本或损失，是本来有可能选择的获利机会。

2. 显性成本与隐性成本

（1）显性成本

显性成本是指生产者在生产要素市场上购买或租用所需生产要素的实际支出。例如：某企业雇佣了一定数量的工人，从银行取得了一定数量的贷款，并租用了一定数量的土地，为此，这个企业就需要向工人支付工资，向银行支付利息，向土地出租者支付地租，这些支出构成了该企业生产的显性成本。由于这些成本在账目上一目了然，所以称为显性成本。

（2）隐性成本

隐性成本是指生产者自身拥有的且被用于生产过程的那些生产要素的报酬。包括：企业自有资金的利息，自有土地的地租，自有厂房、设备等固定资产的折旧费，以及企业所有者自己所提供劳务的报酬等。经济学认为，企业从生产要素市场上购买或租用的生产要素应支付报酬。同样道理，对自有的生产要素投入也应获得相应报酬。所不同的是，对自有生产要素报酬的支付不一定体现在会计账目上。企业所有者自己所提供的企业家才能的报酬是一种隐性成本,而企业所雇用的经营管理人员的报酬采用工资的形式,属于显性成本的范畴。

生产成本是显性成本和隐性成本之和。

3. 短期成本和长期成本

经济学将生产者的生产周期分为短期和长期,因此生产成本也分为短期成本与长期成本。

短期是指生产者不能根据产量来调整全部生产要素的时间周期。短期内,生产者只能在既定的生产规模下,根据产量调整原材料、动力、工人等可变的生产要素,而不能调整土地、厂房、大型设备、管理人员等固定的生产要素。生产理论中的边际成本分析就属于短期成本分析。

长期是指生产者能根据产量来调整全部生产要素的时间周期。从长期来看,所有的生产要素都是可以调整的。生产理论中的规模经济问题就属于长期成本分析。

二、短期成本分析

1. 短期成本的构成

短期成本可以分为短期总成本、短期平均成本和短期边际成本。

(1)短期总成本

短期总成本(STC)是指在短期内生产一定量产品所消耗的成本总和,它随产量的上升而上升,是产量的函数。短期总成本(STC)等于固定成本(FC)与可变成本(VC)之和。用公式表示为:

$$短期总成本(STC)=固定成本(FC)+可变成本(VC)$$

固定成本(FC)是指购买固定生产要素的费用支出,它不随产量变动而变动。即使企业停产,也要照常支付。固定成本包括:厂房的租金及折旧、机器设备的折旧费、银行贷款的利息、管理人员的薪金等。在短期内不管企业的产量为多少,这些费用都必须支付,即使产量为零,固定成本也仍然存在。

可变成本(VC)是指购买可变生产要素的费用支出,它随产量的变动而变动。可变成本包括原材料、燃料和工人工资等。在短期内企业可以根据产量的变动不断调整可变要素的投入量,当产量为零时,可变成本为零。

(2)短期平均成本

短期平均成本(SAC)是指在短期内平均生产一单位产品所消耗的全部成本,它等于平均固定成本与平均可变成本之和。用公式表示为:

$$平均成本(SAC)=\frac{总成本}{总产量}=\frac{STC}{Q}$$

平均固定成本(AFC)是指平均生产一单位产品所消耗的固定成本。用公式表示为:

$$AFC = \frac{总固定成本}{产量} = \frac{FC}{Q}$$

平均可变成本(AVC)是指平均生产一单位产品所消耗的可变成本。用公式表示为：

$$AVC = \frac{总可变成本}{产量} = \frac{VC}{Q}$$

因此有：$SAC = \frac{STC}{Q} = AFC + AVC = \frac{FC}{Q} + \frac{VC}{Q}$

（3）短期边际成本

短期边际成本(SMC)是指短期内每增加生产一单位产品所增加的成本。用公式表示为：

$$SMC = \frac{总成本的变动量}{产量的变动量} = \frac{\Delta STC}{\Delta Q}$$

当产量的变动量趋于无穷小时，即 $\Delta Q \to 0$，则

$$SMC = \lim_{\Delta Q \to 0} \frac{\Delta TC(Q)}{\Delta Q} = \frac{dTC(Q)}{dQ}$$

2. 短期成本曲线

假设某企业的短期成本变动情况见表4-3。

表4-3　　　　　　　　　　　　　　企业短期成本表

产量 (Q)	总成本 (STC)	固定成本 (FC)	可变成本 (VC)	边际成本 (SMC)	平均总成本 (SAC)	平均固定成本 (AFC)	平均可变成本 (AVC)
0	120	120	0	—	—	—	0
1	154	120	34	34	154	120	34
2	183	120	63	29	91.5	60	31.5
3	210	120	90	27	70	40	30
4	236	120	116	26	59	30	29
5	265	120	145	29	53	24	29
6	300	120	180	35	50	20	30
7	350	120	230	50	50	17.14	32.86
8	424	120	304	74	53	15	38

据成本表4-3作图4.11，可得到企业的各类短期成本曲线。在图4.11中，横轴 OQ 表示产量，纵轴 OC 表示成本，则可以看出各种成本的变动趋势。

（1）短期总成本、固定成本、可变成本

在图4.11(a)中，固定成本曲线FC是一条水平线，表明在短期内无论产量如何变动，固定成本是不变的。

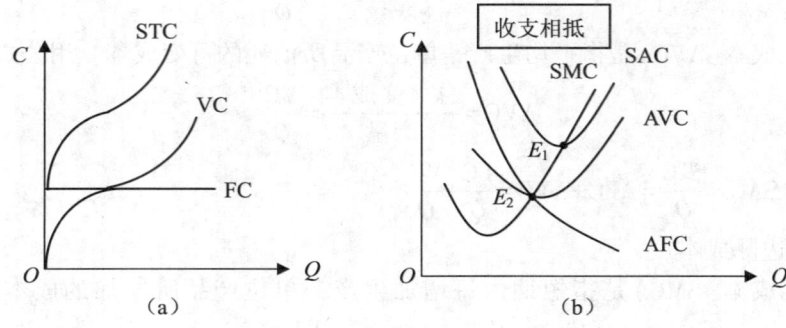

图 4.11　短期成本曲线

可变成本曲线 VC 是从原点出发向右上方倾斜的曲线，表明可变成本随产量的增加而增加，只不过开始时以递减的速度增加，达到一定程度后以递增的速度增加。

总成本曲线 STC 是一条从固定成本曲线与纵轴的交点出发向右上方倾斜的曲线，总成本 STC 曲线的变动规律与可变成本曲线 VC 的变动规律相同，形状相同，先以递减速率增加，后以递增速率增加，在每一个产量点上，与可变成本曲线 VC 的斜率相等，与可变成本曲线 VC 之间的垂直距离等于固定成本 FC。

(2) 短期平均成本、平均固定成本、平均可变成本

在图 4.11(b)中，平均固定成本曲线 AFC 是一条向右下方倾斜的曲线，表明随着产量的增加，分摊到每单位产量上的固定成本不断减少，即平均固定成本趋于下降。

平均可变成本曲线 AVC 是一条"U"形曲线，表明平均可变成本随产量的增加先递减，然后递增。原因是边际收益从递增到递减的规律。

短期平均成本曲线 SAC 的形状和 AVC 相同，也是一条先下降而后上升的"U"形曲线。

(3) 短期边际成本

短期边际成本曲线 SMC 也是一条"U"形曲线，表明边际成本的变动取决于可变成本，因为短期内固定成本不变，所增加的成本只有可变成本，因此短期边际成本曲线与平均可变成本曲线的变动规律相似。

3. 各种成本曲线之间的相互关系

(1) 短期边际成本曲线 SMC 与平均成本曲线 SAC 之间的关系

从图 4.11(b)中可以看出，边际成本曲线 SMC 与平均成本曲线 SAC 相交于平均成本曲线 SAC 的最低点 E_1。相交前，SMC<SAC，相交之后 SMC>SAC。SAC 曲线的最低点 E_1 是企业的收支相抵点。在这一点正好平均收益等于平均成本，超过这一点继续增加产量，平均收益小于平均成本，将导致亏损。

(2) 短期边际成本曲线 SMC 和平均可变成本曲线 AVC 之间的关系

从图 4.11(b)中可以看出，"U"形的平均可变成本曲线 AVC 和边际成本曲线 SMC 相

交于平均可变成本曲线 AVC 的最低点 E_2。相交之前 SMC<AVC，相交之后 SMC>AVC，在交点 SMC=AVC。且不管是上升还是下降，SMC 曲线的变动均快于 AVC 曲线的变动。SMC 曲线先穿过 AVC 曲线的最低点、后穿过 SAC 曲线的最低点。

平均可变成本曲线的最低点 E_2 是企业的停止营业点。这一点正好平均收益等于平均可变成本，超过这一点继续增加产量，平均收益小于平均可变成本，不仅收不回固定成本，连可变成本也不能完成收回，所以产量不能超过这一点。

三、长期成本分析

在长期，企业的生产要素都是可变的，因而没有固定成本，所有的长期成本都是可变成本。所以，企业的长期成本包括长期总成本、长期平均成本、长期边际成本三种。

1. 长期总成本

长期总成本（LTC）是指在长期中生产一定量产品所消耗的成本总和。如图 4.12 所示，LTC 曲线为长期总成本曲线。该曲线从原点出发，向右上方倾斜，表示长期总成本是产量的函数，产量为零，长期总成本为零，随着产量的增加，长期总成本也在增加。只不过先是以递减的速率增加，而后以递增的速率增加。LTC 曲线的形状主要是由规模报酬因素决定的。在开始生产阶段，要素投入量大，而产量小，生产要素没有得到充分利用，这时成本增加的比率大于产量增加的比率，LTC 曲线比较陡峭。当产量增加到一定程度后，生产要素开始得到充分利用，这时成本增加的比率小于产量增加的比率，表现为规模收益递增，LTC 曲线比较平坦。最后由于规模收益递减，成本增加的比率又大于产量增加的比率，LTC 曲线又比较陡峭。可见，长期总成本曲线的形状是由规模收益先递增后递减决定的。

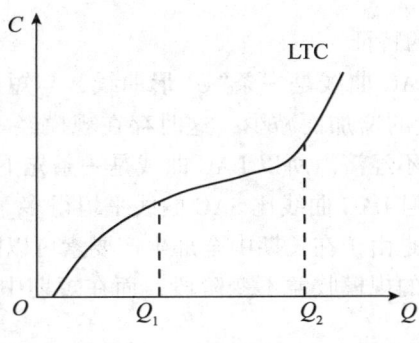

图 4.12 长期总成本曲线

2. 长期平均成本

（1）长期平均成本曲线的形成

长期平均成本（LAC）是指在长期中平均每生产一单位产品所消耗的成本。我们可以根据短期平均成本曲线推导出长期平均成本曲线。

如图 4.13 中 SAC_1，SAC_2，SAC_3 是三条短期平均成本曲线，它们分别代表三个不同的生产规模。长期内，企业可以根据产量大小选择生产规模，其目标是平均成本最低。例如，当产量为 Q_1 时，则企业会选择 SAC_1 代表的生产规模，因为这时平均成本 OC_2 是最低的。若选择 SAC_2 代表的生产规模，企业将付出 OC_3 的成本，显然 $OC_3>OC_2$，同样，如果选择 SAC_3 的生产规模，付出的成本将会更大；当产量为 Q_2 时，则应选择 SAC_2 所代表的生产规模，这时平均成本 OC_1 是最低的。同理，要生产 OQ_3 的产量，企业将会选择 SAC_3 代表的生产规模。

在长期中，企业可以根据它所要达到的产量来调整生产的规模，以便其平均成本最小。既然每个产量水平上平均成本达到了最低，那么，长期平均成本也就达到了最低。所以，长期平均成本曲线 LAC 是无数条短期平均成本曲线 SAC 的包络线，长期平均成本曲线与无数条短期平均成本曲线相切，如图 4.13 所示。

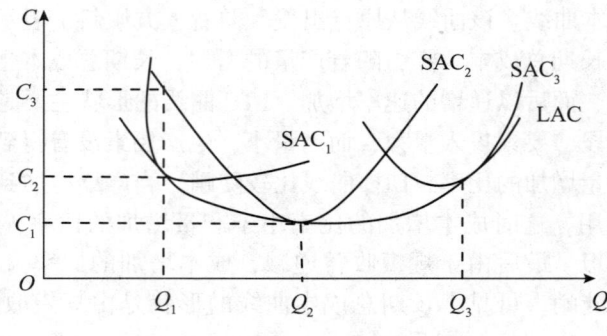

图 4.13　长期平均成本曲线

（2）长期平均成本曲线的特征

从图 4.13 可以看出，LAC 曲线是一条"U"形曲线，与短期平均成本曲线 SAC 相似。这是因为起初 LAC 随着产量的增加而减少，这时存在规模经济；以后，LAC 随着产量的增加而增加，这时存在规模不经济。所以 LAC 曲线是一条先下降而后上升的"U"形曲线。

虽然都是"U"形曲线，但 LAC 曲线比 SAC 曲线平坦得多。这说明 LAC 曲线无论是上升还是下降都比较缓慢。这是由于在长期中全部生产要素可以随时调整，从规模收益递增到规模收益递减有一个较长的规模收益不变阶段，而在短期中，规模收益不变阶段很短，甚至没有。

3. 长期边际成本

长期边际成本（LMC）是指在长期中每增加一单位产品的生产所增加的总成本。LMC 也是随着产量的增加先减少而后增加，因此，LMC 曲线也是一条先下降而后上升的"U"形曲线，但它也比 SMC 曲线要平坦，如图 4.14 中所示。LMC 曲线与 LAC 曲线的关系和 SMC 曲线与 SAC 曲线的关系一样，两者相交于 LAC 曲线的最低点。即当 LMC 小于 LAC

时，LAC 曲线下降；当 LMC 大于 LAC 时，LAC 曲线上升；当 LMC 等于 LAC 时，LAC 曲线处于的最低点。

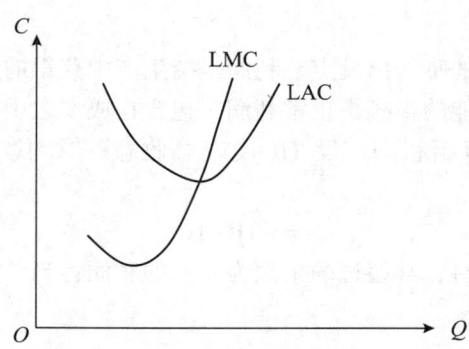

图 4.14　长期边际成本和长期平均成本

任务三　收益理论

一、收益的概念和种类

1. 收益的含义

收益是指企业出售产品或劳务得到的全部收入，即价格与销售量的乘积。收益中既包括了成本，又包括了利润。

2. 收益的分类

收益可分为总收益、平均收益和边际收益。

总收益(TR)：是指企业销售一定量产品或劳务所得到的全部收入。它等于产品价格和销售量的乘积。用公式表示为：

$$TR = P \cdot Q$$

平均收益(AR)：是指企业平均销售每一单位产品得到的收入。

$$AR = \frac{TR}{Q} = P$$

边际收益(MR)：是指企业每增加一单位产品的销售所增加的收入。用公式表示为：

$$MR = \frac{\Delta TR}{\Delta Q}$$

当销售量的变化量趋于无穷小，即 $\Delta Q \to 0$ 时：

$$MR = \lim_{\Delta Q \to 0} \frac{\Delta TR}{\Delta Q} = \frac{dTR(Q)}{dQ}$$

二、利润的概念和种类

1. 利润的概念

利润是企业经济活动的唯一出发点。利润是指生产中获得的总收益与投入的总成本之间的差额。由于企业家才能的报酬是正常利润，包含在成本之中，所以，经济学中的利润是指超过正常利润后的超额利润。设 TR 代表总收益，TC 代表总成本，π 代表利润，则有

$$\pi = TR - TC$$

当总收益大于总成本时，其超过的余额为厂商的利润；当总收益小于总成本时，其不足的余额为厂商的亏损。

2. 利润的种类

①经济利润：是指企业的总收益和总成本之间的差额。厂商所追求的最大利润，指的就是最大的经济利润。经济利润也被称为超额利润。

②正常利润：是指厂商对自己所提供的企业家才能的报酬的支付。它是隐性成本的一个组成部分。

③会计利润：是指企业的总收益减去企业的显性成本（会计成本）的差额。

三者之间的关系可以用下式表示：

经济利润＝总收益－总成本
　　　　＝总收益－（显性成本＋隐性成本）
　　　　＝总收益－显性成本－隐性成本
　　　　＝会计利润－隐性成本
　　　　＝会计利润－正常利润
　　　　＝超额利润

当会计利润等于正常利润时，经济利润等于零，厂商不盈不亏；
当会计利润大于正常利润时，经济利润为正，厂商获得超额利润；
当会计利润小于正常利润时，经济利润为负，厂商是亏损的。

三、利润最大化原则

厂商从事经济活动的目的，在于追求利润最大化。在经济分析中，企业决策的原则，也就是利润最大化的原则是边际收益等于边际成本，即 MR＝MC。

为什么边际收益等于边际成本时能实现利润最大化呢？

如果 MR＞MC，意味着企业每多增加一单位产量所增加的收益大于生产这一单位产量所增加的成本。这时，企业仍然有利可图，于是企业会继续增加产量，以实现最大利润目标。

如果 MR＜MC，意味着企业每多增加一单位产量所增加的收益小于生产这一单位产量所增加的成本。这时，增加产量不仅不能增加利润，反而会亏损，这时企业必然会减少

产量。

因此，无论是边际收益大于边际成本还是边际收益小于边际成本，企业都要调整其产量，这就说明企业没有实现利润最大化。只有在边际收益等于边际成本时，企业才不会调整产量，表明企业已把该赚的利润赚到了，即实现了利润最大化。所以，利润最大化的条件就是 MR=MC。企业应根据这一原则来确定自己的产量。

相关链接 4-4

为什么大商场平时不延长营业时间？

"五一""十一"黄金周及春节期间，许多大型商场和超市都延长营业时间，为什么平时不延长营业时间呢？

延长单位营业时间而增加的成本就是边际成本，假如延长 1 小时增加的成本是 1 万元（水、电费，加班工资等），那么在延长的 1 小时里卖出商品而增加的收益大于 1 万元，表明该商场每多延长 1 小时营业时间所增加的收益大于延长 1 小时所增加的成本。这时，对该商场来说延长营业时间会使利润增加。因此，作为一个精明的经营者他肯定将营业时间延长，把该赚的钱赚到手。相反，如果他延长 1 小时增加的成本是 1 万元，增加的收益不足 1 万元，在不考虑其他因素的情况下，就应该取消延时的决定，因为延长 1 小时营业的成本大于收益，从而造成亏损。

在"五一""十一"黄金周及春节期间，人们有更多的闲暇时间去旅游购物，使商场的收益增加，而平时工作紧张、家务繁忙的人们没有更多的时间和精力去购物，就是延长营业时间也不会有更多的人光顾，增加的销售额不足以弥补延长营业时间所增加的成本。这就是为什么在节假日延长营业时间，而平时不延长营业时间的经济学道理。

（资料来源：张淑兰，李文和．西方经济学教程．北京：化学工业出版社，2004.）

☞ 项目小结

①生产函数是表示在一定时期内，在技术水平不变的情况下，生产中所使用的各种生产要素的数量与所能生产的最大产量之间的关系。

②短期是指企业不能根据它所要达到的产量来调整全部生产要素的时期。长期是指企业可以根据其产量目标调整全部生产要素的时期。

③在资本量不变的情况下，随着劳动投入量的不断增加，总产量、平均产量、边际产量都是先递增，当增加到一定程度后递减。边际产量曲线与平均产量曲线相交于平均产量曲线的最高点。相交之前，边际产量大于平均产量，平均产量是递增的；相交之后，边际产量小于平均产量，平均产量是递减的；相交时，边际产量等于平均产量，平均产量达到最大。当边际产量增加时，总产量是递增的；当边际产量减少时，总产量是递减的；当边际产量为零时，总产量达到最大；当边际产量为负数时，总产量就会绝对减少。

④边际收益递减规律也称边际报酬递减规律。它的基本内容是：在技术水平和其他生产条件不变的情况下，当把一种可变的生产要素投入到一种或几种不变的生产要素中时，最初这种生产要素的增加会使产量增加，但当它的增加超过一定限度时，增加的产量将会

递减，最终还会使产量绝对减少。

⑤等产量曲线是表示两种生产要素的不同数量组合可以带来相等产量的一条曲线。

⑥等成本曲线也叫企业预算线，它是一条表明在生产者的成本与生产要素价格既定的条件下，生产者所能购买到的两种生产要素数量的最大组合的线。

⑦两种生产要素增加所引起的产量或收益变动的情况可以分为规模收益递增、规模收益不变和规模收益递减三个阶段。

⑧生产成本又称生产费用，是厂商在生产中所使用的各种生产要素的货币支出。生产要素包括劳动、资本、土地和企业家才能四种基本形式。

⑨短期成本可以分为总成本、固定成本、可变成本、平均固定成本、平均可变成本、平均成本和边际成本。长期成本可以分为长期总成本、长期平均成本、长期边际成本三种。

⑩收益是指企业出售产品所得到的收入。收益可分为总收益、平均收益和边际收益。总收益是指企业销售一定量产品的全部收入。平均收益是指企业平均出售每一单位产品得到的收入。边际收益是指企业每增加销售一单位产品所增加的收入。

⑪利润最大化原则是指无论是边际收益大于边际成本还是小于边际成本，企业都要调整其产量，这就说明企业没有实现利润最大化。只有在边际收益等于边际成本时，企业才不会调整产量，表明厂商已把该赚的利润赚到了，即实现了利润最大化。

复习思考题

一、单项选择题：

1. 下列说法中错误的是(　　)。

A. 只要总产量减少，边际产量一定是负数

B. 只要边际产量减少，总产量也一定减少

C. 随着某种生产要素投入的增加，边际产量和平均产量增加到一定程度后将趋于下降，其中边际产量的下降一定先于平均产量的下降

D. 边际产量一定在平均产量曲线的最高点与之相交

2. 当边际产量大于平均产量时(　　)。

A. 平均产量递增　　　　　　　　B. 平均产量递减

C. 平均产量不变　　　　　　　　D. 平均产量为零

3. 在规模报酬不变阶段，若劳动的使用量增加 10%，资本的使用量不变，则(　　)。

A. 产出增加 10%　　　　　　　　B. 产出减少 10%

C. 产出的增加大于 10%　　　　　D. 产出的增加小于 10%

4. 边际报酬递减规律成立的前提条件是(　　)

A. 生产技术既定

B. 按比例同时增加各种生产要素

C. 连续增加某种生产要素的同时保持其他生产要素不变

D. A 和 C

5. 对于生产函数 $Q = f(L, K)$ 成本方程 $C = P_L L + P_K K$ 来说，在最优生产组合点上，(　　)。

A. 等产量线和等成本线相切　　　B. $MRTS_{LK}=P_L/P_K$
C. $MP_L/P_L=MP_K/P_K$　　　　D. 以上说法都对

6. 使用自有资本也应计算利息收入，这种利息从成本角度看是(　　)。
A. 固定成本　　B. 隐性成本　　C. 会计成本　　D. 生产成本

7. 假定某机器原来生产 A 产品，利润收入为 200 元，现在改生产 B 产品，所花的人工、材料费为 1000 元，则生产 B 产品的机会成本是(　　)。
A. 200 元　　B. 1200 元　　C. 1000 元　　D. 无法确定

8. 产量为 9 单位时，总成本为 95 元，产量增加到 10 单位时，平均成本为 10 元，则可知边际成本为(　　)。
A. 5 元　　B. 10 元　　C. 15 元　　D. 85 元

9. 等成本线围绕着它与纵轴的交点逆时针移动表明(　　)。
A. 生产要素 Y 的价格上升了　　B. 生产要素 X 的价格上升了
C. 生产要素 X 的价格下降了　　D. 生产要素 Y 的价格下降了

10. 厂商利润最大化原则是(　　)。
A. 边际收益等于边际成本　　B. 平均成本等于平均收益
C. 价格等于平均成本　　　　D. 收益等于价格

二、分析题：

1. 填空：

资本投入量	劳动投入量	总产量	平均产量	边际产量
10	1	6		
10	3	26		
10	6	62		
10	7	72		

2. 总产量与边际产量、平均产量与边际产量之间存在什么关系？如何根据这种关系确定一种生产要素的合理投入区间？

3. 设某企业商品总产量函数为 $TP_L=72L+15L^2-L^3$
求：(1) 当 $L=7$ 时，边际产量 MP_L 是多少？
(2) 当 L 的投入量为多大时，总产量 TP_L 将开始递减？

4. 在计算机集成块的生产过程中，劳动的边际产量为每小时 50 块，此时劳动资本的边际技术替代率为 1/4。资本的边际产量为多少？

5. 某企业使用劳动 L 和资本 K 进行生产，长期生产函数为 $Q=20L+65K-0.5L^2-0.5K^2$，每期总成本 $TC=2200$ 元，要素价格 $P_L=20$ 元，$P_K=50$ 元。求企业最大产量以及 L 和 K 的投入量。

6. 假设某厂商需求如下：$Q=5000-50P$。其中，Q 为产量，P 为价格。厂商的平均成本函数为：$AC = \dfrac{6000}{Q} + 20$。

求：使厂商利润最大化的价格与产量分别是多少？最大化的利润是多少？

☞ **案例分析**

案例1：王永庆的成功之路

台塑集团老板王永庆被称为"主宰台湾的第一大企业家"，"华人经营之神"。作为全球最杰出的企业家之一的王永庆，在国际上可谓家喻户晓。1954年3月，他以50万美元的自有资金起步，在台湾登记设立"台湾塑料工业股份有限公司"，在不足五十年时间内，创造了惊人的"台塑"神话，从而成为台湾极具影响力的人物，被誉为"中国经营之神"。

王永庆的事业是从台塑生产塑胶粒PVC开始的。在王永庆之前，台塑月产塑胶粉仅100吨，在台湾仅销售20吨，成本高，价格降不下来，市场被日本抢去。王永庆接手后，尽管100吨还卖不出去，但仍要实现平均成本最低的适度规模，实现低成本和低价格。

1960年台塑达到月产1200吨，实现世界水平的平均成本最低，加上廉价的原料和劳动力，同时努力降低销售成本，加强内部管理，与国外合作等措施获得成功。

马胜利的失利

1984年，马胜利竞争上岗，担任石家庄造纸厂厂长，凭借出色的经营管理才干，将一个亏损企业变成赢利企业。他在当时采取的很多改革举措为人称道。作为有成就的企业家，名声迅速远扬，成为当时企业改革和企业经营中的明星级人物。生产经营上的初步成功和媒体的大肆宣扬使马胜利的胃口和目标越来越大，后来竟在一年之内先后承包全国9个省市的36个造纸企业（27家为亏损）。

由于经营管理水平并没有得到与企业规模相适应的提高，管理上的混乱越来越严重，以致后来在诸多方面出现了管理失控。企业规模大了，但合格的产品生产规模并没有相应的扩大。企业的平均成本迅速上升。最后，企业走向全面亏损，包括马胜利起家的石家庄造纸厂也不能幸免。马胜利在1994年最终退出经营管理的舞台。

问题：请问企业怎样才能实现规模经济？

案例2：大企业的低价

在现实经济中，有许多大大小小的企业生机勃勃地存活在市场经济的沃土里，而且每一天都有无数个小企业像雨后春笋一样诞生。但是小企业并不是适合于任何行业和任何门类的。在市场中大企业具有绝对的价格优势。比如，湖南有一家"老百姓大药房"，开业的时候对外宣称，5000多种药品的价格，将比原来国家核定的零售价降低45%，有的降价竟达到60%以上。一般的小药店能和他们比吗？同样的，在很多大型超市里，它们的商品价格的确很低，它们出售的商品甚至比其他一些商家的进货价格还要低。

问题：小企业在价格上为什么竞争不过大企业呢？请加以解释。

☞ **实训项目**

实训项目一：边际收益递减规律

背景资料：
边际收益递减规律是指在技术水平不变的情况下，连续地把一种同质的生产要素投入到一种或几种数量不变的生产要素中去，最初这种要素投入会带来边际产量的递增，但当可变要素投入增加到一定限度时，边际产量开始递减。

实训题目：
列举 2~3 个例子说明什么是边际收益递减规律。

实训项目二：边际产量

背景资料：
乔治的咖啡店供应各种咖啡饮料、糕点和三明治。增加一名工人的边际产量可以定义为在一个给定期间该工人所能服务的客人的数量。乔治已经雇佣了一名工人，正考虑再雇佣两个。

实训题目：
分组讨论为什么第二和第三个工人的边际产量可能比第一个工人更高。为什么增加工人最终会导致边际产量减少？

实训项目三：会计利润和经济利润

背景资料：
张太太是一名家庭主妇。几年前，她以每斤 50 元的价格买了一些毛线，现在由于物价上涨，这些毛线在市场上可以 100 元每斤售出。张太太打算用这些毛线织成毛衣，卖给她的朋友。她估计每件毛衣大概需要 2 斤毛线和 40 个工时，每个工时 10 元。如果每件衣服可以卖 550 元钱。

实训题目：
张太太是否可以通过编织和售卖毛衣赚得会计利润？又能否可以赚得经济利润？

项目五　市场分析

☞ **学习目标**

1. 掌握各种市场结构及其特征；
2. 理解不同市场结构中产量和价格的确定；
3. 掌握不同市场结构均衡的条件；
4. 理解企业停产的条件。

☞ **创设情境**

去年(2003)临近春节，我有机会对某村农贸市场的春联销售进行了调查，该农贸市场主要供应周围7个村5000余农户的日用品需求。贴春联是中国民间的一大传统，春节临近，春联市场红红火火，而在农村，此种风味更浓。

在该春联市场中，需求者有5000多农户，供给者为70多家零售商，市场中存在许多买者和卖者；供应商的进货渠道大致相同，且产品的差异性很小，产品具有高度同质性（春联所用纸张、制作工艺相同，区别仅在于春联所书写内容的不同）；供给者进入退出没有限制；农民购买春联时的习惯是逐个询价，最终决定购买，信息充分；供应商的零售价格水平相近，提价基本上销售量为零，降价会引起利润损失。原来，我国有着丰富文化内涵的春联，其销售市场结构竟是一个高度近似的完全竞争市场。

供应商在销售产品的过程中，都不愿意单方面降价。春联是农村过年的必需品，购买春联的支出在购买年货的支中只占很小的比例，因此其需求弹性较小。某些供应商为增加销售量，扩大利润而采取的低于同行价格的竞争方法，反而会使消费者认为其所经营的产品存在瑕疵（例如，上年库存，产品质量存在问题等），反而不愿买。

该农村集贸市场条件简陋，春联商品习惯性席地摆放，大部分供应商都将春联放入透明的塑料袋中以防尘保持产品质量。而少部分供应商则更愿意损失少部分产品暴露于阳光下、寒风中，以此展示产品。因此就产生了产品之间的鲜明对照。暴露在阳光下的春联更鲜艳，更能吸引消费者目光、刺激购买欲望，在同等价格下，该供应商销量必定高于其他同行。由此可见，在价格竞争达到极限时，价格外的营销竞争对企业利润的贡献不可小视。

在商品种类上，例如"金鸡满架"一类小条幅，批发价为0.03元/副，零售价为0.3元/副；小号春联批发价为0.36元/副，零售价为0.50元/副。因小条幅在春联中最为便宜且为春联中的必需品，统一价格保持五六年不变，因此消费者不对此讨价还价。小条幅春联共7类，消费者平均购买量为3到4类，总利润可达1.08元，并且人工成本较低。

而小号春联相对价格较高,在春联支出中占比重较大,讨价还价较易发生;由此,价格降低和浪费的时间成本会造成较大利润损失,对小号春联需求量较大的顾客也不过购买7到8副,总利润至多1.12元。因此,我们不难明白浙江的小小纽扣风靡全国、使一大批人致富的原因;也提醒我们,在落后地区发展劳动密集、技术水平低、生产成本低的小商品生产不失为一种快速而行之有效的致富方法。

春联市场是一个特殊的市场,时间性很强,仅在年前存在10天左右,供应商只有一次批发购进货物的机会。供应商对于该年购入货物的数量主要基于上年销售量和对新进入者的预期分析。如果供应商总体预期正确,则该春联市场总体商品供应量与需求量大致相同,则价格相对稳定。一旦出现供应商总体预期偏差,价格机制就会发挥巨大的作用,将会出现暴利或者亏损。

(资料来源:杨晓东.农村春联市场:完全竞争的缩影.经济学消息报,2004.9.9.)

任何一种商品都有一个市场,有多少种商品,就有多少个市场。如汽车市场、电视机市场、手机市场、电脑市场、农产品市场等。有些市场有实在的空间场所,而另一些市场是由电话或计算机连接起来的,还有一种市场是在互联网上展开的。那么这些市场性质是不是都是一样的呢?案例中提到的市场是一种什么类型的市场结构?它有什么特点?

一、市场与市场结构

1. 市场的概念

市场(Market),是指从事某一种商品买卖的交易场所或交易活动。与市场这一概念紧密联系的另一个概念是行业。行业(Industry),是为同一市场提供商品的所有厂商的总和,如汽车行业、电子产品行业、农产品行业等。

2. 市场结构

市场结构,是指市场的组织形式和构成方式,它会影响厂商的行为和活动。经济学是根据市场的竞争和垄断程度来划分市场结构的。竞争是指每个买方和卖方与市场的规模相比微乎其微,因而他们各自没有能力影响市场价格。垄断是指某个企业可以影响出售商品的市场价格,就是说该企业有市场势力。

那么,如何判断市场的垄断与竞争程度?主要从四个要素判断:

①市场上厂商的数目。厂商数量越多,则竞争程度越激烈;反之,垄断的程度越高。

②厂商所生产的产品的差别程度。产品差别是指同一种产品在质量、品牌、形式、包装等方面的差异。产品差异越大,垄断程度越高。产品之间的差异越小甚至雷同,相互之间替代品越多,竞争程度就越强。

③单个厂商对市场价格的控制程度。单个厂商能用自己的力量在不同程度上决定产品价格的,垄断程度越高;反之,如果产品的价格由市场供求关系决定,竞争的程度就激烈。

④厂商进入或退出一个行业的难易程度；一个行业的进入门槛越高，进入障碍越多，企业就越难进入，从而垄断程度越高；反之，竞争程度越强。

根据上面的划分标准，经济学将市场结构划分为完全竞争市场和不完全竞争市场，而不完全竞争市场又包括了垄断竞争市场、寡头垄断市场和完全垄断市场，见表5-1。

表5-1　　　　　　　　　　　　四种市场结构类型的区别

市场类型	厂商数量	产品差异	厂商对价格的控制	进出行业的难易	接近哪种商品市场
完全竞争市场	很多	几乎没有	没有	很容易	一些农产品
垄断竞争市场	较多	有很小的差异	厂商对价格有很小的影响力	较容易	一些轻工产品、零售业
寡头垄断市场	很少，只有几个	有差异	有较大的影响力	比较困难	钢铁、汽车、石油
完全垄断市场	只有一个	只有一种产品，没有替代品	价格受厂商的控制	很困难，不可能	公用事业：水电

任务一　完全竞争市场

一、完全竞争市场的含义及特征

完全竞争市场又称纯粹竞争市场，是指只有竞争没有垄断的市场结构，或者说竞争不受任何阻碍或干扰的市场结构。

实现完全竞争市场的特征主要有四个：

（1）无数的卖者和买者

市场上有无数的卖者和买者，每个生产者和消费者的规模都很小，所占的市场份额都极小，都无法通过自己的行为来影响市场价格和供求关系，每个生产者都是既定市场价格的被动接受者。

（2）产品是同质的

厂商生产的商品是完全无差异的，各种商品之间具有完全的替代性。对于消费者来说，无论购买哪一家的产品都是一样的。

（3）自由进入和退出

任何厂商进入或退出一个行业没有任何障碍，所有的资源都可以在各行业之间自由流动。

（4）完全信息

市场信息是完全畅通的，厂商与消费者双方都可以获得做经济决策时所需要的完备的市场供求信息，双方不存在相互的欺骗。消费者知道每个厂商的产品价格和产量，厂商知道生产函数和所有投入与产出的价格。

上述条件是非常苛刻的，所以在现实中，完全竞争市场是非常罕见的，农产品市场比较接近于完全竞争。

二、完全竞争市场的需求曲线和收益曲线

1. 完全竞争市场的需求曲线

完全竞争市场的需求曲线分为行业的需求曲线和单个企业的需求曲线。对于整个行业来说，需求曲线是一条向右下方倾斜的曲线，供给曲线是一条向右上方倾斜的曲线，需求和供给共同决定了整个行业产品的市场价格。如图 5.1(a) 所示；而对于单个企业来说，只能被动接受既定的市场价格，单个厂商是不能通过调整销售量来影响价格的。所以，对于单个企业来说，需求曲线是一条从既定市场价格出发，需求弹性无穷大的平行线。如图 5.1(b) 所示。

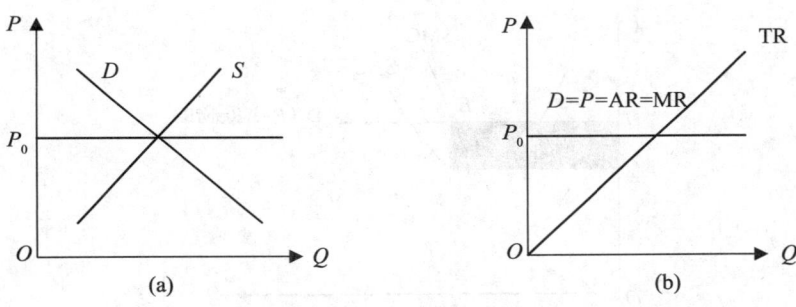

图 5.1 完全竞争市场的需求曲线与单个企业需求曲线

2. 完全竞争市场的收益曲线

在完全竞争市场上，厂商的总收益是价格与销售量的乘积，即总收益 $TR(Q)=P \cdot Q$。总收益是销售量的函数，随着销售量的增加，总收益不断增加。所以，总收益曲线是一条从原点出发，斜率为产品价格的直线。如图 5.1(b) 中的 TR 曲线。

平均收益是总收益与销售量之比，即 $AR(Q)=\dfrac{TR(Q)}{Q}=\dfrac{P \cdot Q}{Q}=P$。

边际收益 $MR(Q)=\dfrac{\Delta TR(Q)}{\Delta Q}=\dfrac{P \cdot \Delta Q}{\Delta Q}=P$，而 $AR=P$，因此 $MR=AR=P$。

由于完全竞争市场的厂商需求曲线是一条由既定价格出发的水平线，因此完全竞争厂商的平均收益 AR 曲线、边际收益 MR 曲线和需求曲线 D 三者重叠。如图 5.1(b) 所示。

需要注意的是，在各种类型的市场上，平均收益与价格都是相等的，即 $AR=P$。因为

每单位产品的售价就是其平均收益。但只有在完全竞争市场上，对个别厂商来说，平均收益、边际收益与价格才相等，即 AR=MR=P，因为只有在完全竞争市场上，个别企业销售量的增加才不影响价格。边际收益曲线可以由需求曲线来表示，是完全竞争市场的一个重要特点。

三、完全竞争厂商的短期均衡

完全竞争条件下，厂商短期均衡及利润最大化的条件是：边际收益=边际成本（MR=MC）。

但是，厂商实现利润最大化，但并不意味着厂商肯定盈利。厂商究竟是盈利还是亏损，只能比较在均衡产量下的市场价格与平均成本的大小。如果市场价格大于平均成本，厂商便有盈利；如果市场价格小于平均成本，厂商便会亏损。

①当市场价格 P=AR>AC 时，厂商获得超额利润。如图 5.2 所示。

在图 5.2 中，市场价格为 ON，对于个别厂商来说，需求曲线 D 是从 N 出发的一条平行线，这条需求曲线同时也是平均收益曲线 AR 和边际收益曲线 MR。SMC 为短期边际成本曲线，SAC 为短期平均成本曲线。

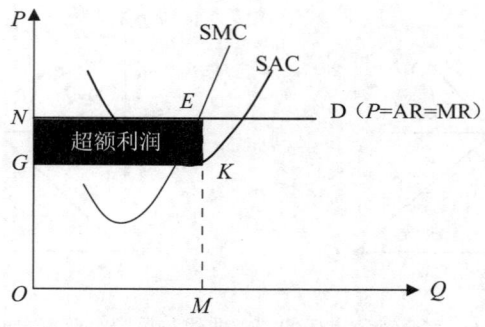

图 5.2 完全竞争厂商的短期均衡

企业为了实现利润最大化就要使 MR=SMC。因此，边际收益曲线 MR 与边际成本曲线 SMC 的交点 E 就是厂商实现利润最大化的均衡点。均衡价格为 ON，均衡产量为 OM。这时，企业的总收益 TR=P·Q，而价格 P 为 ON，产量 Q 为 OM，因此总收益为图中的矩形 OMEN 的面积；总成本 TC=AC·Q，而产量为 OM，平均成本为 OG，所以总成本为图中的 OMKG 的面积。从图中可以看出，总收益大于总成本，即 OMEN>OMKG，所以存在超额利润，超额利润就是图中的 GKEN 代表的面积。

②当市场价格 P=AR=AC 时，厂商超额利润为零，但厂商获得正常利润。此时厂商处于收支相抵点。如图 5.3 所示。

在图 5.3 中，企业实现短期均衡时，AR=AC，此时，均衡价格为 OG，均衡产量为 OM，厂商的总收益刚好等于总成本，厂商利润为零。TR=P·Q=OG·OM，TC=AC·Q=OG·OM，TR=TC，利润 π 为零。在这一点上，厂商既无利润，也无亏损，但是仍然有正常利润。交点 E 被称为收支相抵点。

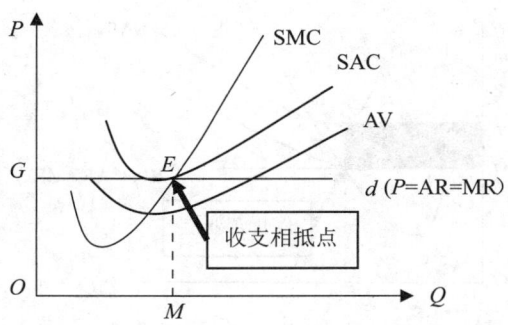

图 5.3　完全竞争厂商的短期均衡

③当 $P=AR<AC$，$AR>AVC$，厂商亏损，但仍继续生产，如图 5.4 所示。

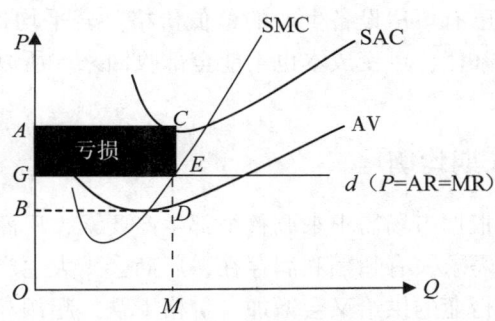

图 5.4　完全竞争厂商的短期均衡

在图 5.4 中，企业实现短期均衡（E 点）时，均衡价格为 OG，均衡产量为 OM。企业的总收益 $TR=P\cdot Q$，而价格 P 为 OG，产量 Q 为 OM，因此总收益为图中的矩形 $OMEG$ 的面积；总成本 $TC=AC\cdot Q$，而产量为 OM，平均成本为 OA，所以总成本为图中的 $OMCA$ 的面积。从图中可以看出，总收益小于总成本，即 $OMEG<OMCA$，厂商亏损，亏损额为 $GECA$ 的面积。

厂商在亏损时，是否继续生产取决于平均可变成本 AVC 的情况。如果 $AR>AVC$，厂商就会进行生产。因为短期内固定投入是不变的，无论是否生产都要支付，所以只要收益可以弥补可变成本，厂商就要进行生产。因为继续生产不仅能用全部收益弥补全部可变成本，还可以弥补一部分固定成本。

④当 $P=AR=AVC$ 时，厂商亏损，停止营业，如图 5.5 所示。

在图 5.5 中，企业实现短期均衡（E 点）时，均衡价格为 OG，均衡产量为 OM。企业的总收益 $TR=P\cdot Q$，而价格 P 为 OG，产量 Q 为 OM，因此总收益为图中的矩形 $OMEG$ 的面积；总成本 $TC=AC\cdot Q$，而产量为 OM，平均成本为 OA，所以总成本为图中的 $OMCA$ 的面积。从图中可以看出，总收益小于总成本，即 $OMEG<OMCA$，厂商亏损，亏损额为

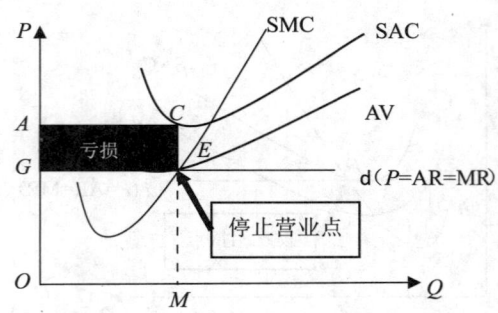

图 5.5 完全竞争厂商的短期均衡

GECA 的面积。这时，厂商所获得的收益只能够弥补全部的可变成本，但无法弥补固定成本。

因此，这是厂商利用已有厂房设备生产的最低价格。若平均价格更低，还进行生产，不仅固定成本得不到丝毫补偿，可变成本也不能全部收回来。所以，E 点为厂商的停止营业点。

四、完全竞争厂商的长期均衡

在长期中，厂商可以根据市场需求来调整全部生产要素，厂商也可以自由进入或退出该行业。当出现供给小于需求，有超额利润存在，厂商会扩大生产，其他行业的企业也会进入这一行业。于是，该行业的供给又会增加，价格下跌，超额利润消失；反之，如果出现供给大于需求，有亏损存在，厂商会缩小生产或退出该行业。于是，整个行业的供给减少，价格上涨，亏损消失；如果既无超额利润又无亏损，企业产量不再调整，于是就实现了长期均衡，完全竞争厂商实现长期均衡时，依旧要遵循 MR=MC(LMC) 的原则。完全竞争厂商的长期均衡只有一种状态：所有厂商都达到零利润均衡，都只获得正常利润，如图 5.6 所示。

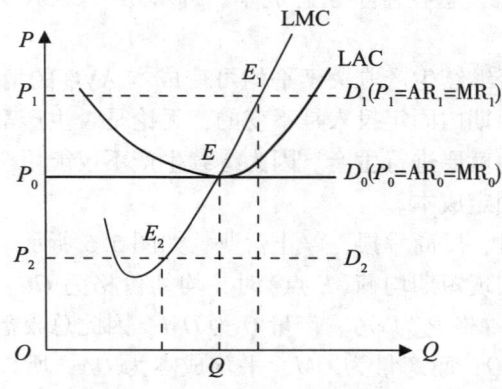

图 5.6 完全竞争厂商的长期均衡

在图 5.6 中，当市场上厂商的需求曲线为 D_1 时，根据 MR＝LMC 的原则，厂商在 E_1 点实现均衡，此时总收益大于总成本，该行业能够获得利润，所以将会有新的厂商加入，这将导致行业总供给增加，市场价格将会下降，当市场价格下降到 P_0，单个厂商的利润为零，该行业将不会有新的厂商加入，市场实现长期均衡；如果市场价格下降到 P_2，厂商的需求曲线为 D_2，E_2 为市场均衡点，此时总收益小于总成本，厂商亏损，所以将会有部分厂商推出该行业，行业总供给下降，市场价格上升，当市场价格上升到 P_0，单个厂商的利润为零，将不会有厂商推出，市场实现长期均衡。

所以，只有 D_0 需求曲线和 LMC 相切的 E 点才是完全竞争市场的长期均衡点。均衡条件为：

$$P = MR = AR = LMC = LAC$$

五、对完全竞争市场的评价

在完全竞争条件下，价格可以充分发挥其"看不见的手"的作用，调节整个经济的运行。通过这种调节实现了：①社会的供给与需求相等，从而资源得到了最优配置，生产者的生产不会有不足或过剩，消费者的需求也得到了满足；②在长期均衡时所达到的平均成本处于最低点，这说明通过完全竞争与资源的自由流动，使生产要素的效率得到了最有效的发挥；③平均成本最低决定了产品的价格也是最低的，这对消费者是有利的。

完全竞争市场也有其缺点，这就在于：①产品无差别，这样，消费者的多种需求无法得到满足；②完全竞争市场上生产者的规模都很小，这样，他们就没有能力去实现重大的科学技术突破，从而不利于技术发展；③在实际中完全竞争的情况是很少的，而且，一般来说，竞争最终也必然引起垄断。

任务二　完全垄断市场

一、完全垄断市场的含义及特征

1. 完全垄断市场的含义

完全垄断市场是指整个行业的市场完全处于一家厂商控制的市场结构。完全垄断市场是一种与完全竞争市场相对立的极端形式的市场类型。

2. 完全垄断市场的特征

①市场上只有唯一的一个厂商生产和销售商品。厂商可以控制和操纵市场价格。
②商品不存在任何相近的替代品。
③其他任何厂商进入该市场极为困难，或者根本不可能。

3. 完全垄断市场形成的原因

（1）政府特许

有些时候，如果市场上只存在单个销售者，公众反而能得到更好的服务。出于社会公共福利和社会经济效率需要的原因，政府对供电、供水、供气、公共交通等公用事业特许一家企业进行独断经营。

（2）资源（技术）垄断

独家厂商控制了生产某种商品的全部资源或基本资源的供给，或者控制了生产产品的专利技术而形成垄断。这种垄断排除了其他厂商生产同种商品的可能性。例如：从1893年到20世纪40年代，美国铝业公司成为美国铝业的唯一供应商，是因为它控制了整个美国的矾土矿——制铝所需要的一种自然材料。从19世纪80年代起，南非的德比尔斯公司就通过买光几乎全世界的钻石矿或已挖出而未加工的钻石的方式，几乎垄断了钻石制成品市场。

相关链接 5-1

人类基因二成被专利垄断

据伦敦《卫报》报道，最新调查结果表明，近20%的人类基因已经获得美国专利授权，专利持有人多为大学和私营生物技术公司。这意味着今后基因技术的科研和应用将面临专利壁垒。

基因工程和太空探索是20世纪人类两大重要科技进步，20世纪八九十年代随着人类基因工程研究的发展，出现了基因专利。1978年，涉及生长激素基因的第一件基因专利获得授权。随后，基因专利的争夺达到了白热化程度。

据介绍，基因专利的持有人多为私营公司，占有率达63%，另有28%属于高等院校。不少人认为，基因专利将成为推动医药创新进程的动力，并促使那些本无意在医药领域大量投资的企业积极参与同行业竞争。但是也有人认为，这种基因专利垄断可能导致个别公司向研究之外的方向畸形发展，牟取商业利益。而且不少反对者还认为，基因专利会导致很多有能力研究相关技术的公司或个人被挡在基因专利大门之外，非但不能促进医药创新，反而会起阻碍作用。

（3）规模经济

由于规模经济，当一家厂商能够比其他厂商以更低的单位成本生产时，就存在着自然垄断。因为在没有政府介入的情况下，现存厂商往往利用自身优势，采取压低商品价格的办法留住顾客，只赚取微小的利润。这样，其他厂商就无法进入。例如：小城镇中仅有的加油站、电影院、牙医等的垄断。

二、完全垄断市场的需求曲线

1. 完全垄断市场（厂商）的需求曲线

在完全垄断市场上，由于只有一家厂商，消费者对垄断者产品的需求，就是对整个市场产品的需求，所以，垄断者所面临的需求曲线就是整个市场的需求曲线。完全垄断市场

(厂商)面临的需求曲线是一条向右下方倾斜的需求曲线,如图 5.7 中曲线 D 所示,它表明完全垄断的厂商是市场价格的决定者,它可以通过改变销售量来决定价格,即以销售量的减少来提高价格,以销售量的增加来降低价格。例如:春运期间,铁路部门的涨价行为就是以价格影响车票的销售,以此来调整客运及货运量,而铁路部门的利润并没有减少。

2. 完全垄断市场的收益曲线

完全垄断厂商所面临的需求状况直接影响厂商的收益,表 5-2 是某垄断厂商的收益表。

表 5-2　　　　　　　　　　　某垄断厂商的收益表

销售量 Q	价格 P	总收益 $TR=PQ$	平均收益 $AR=TR/Q$	边际收益 $MR=\Delta TR/\Delta Q$
0	11	0	—	—
1	10	10	10	10
2	9	18	9	8
3	8	24	8	6
4	7	28	7	4
5	6	30	6	2
6	5	30	5	0
7	4	28	4	−2

根据表 5-2,可以绘制出完全垄断市场上的收益曲线,如图 5.7 所示。

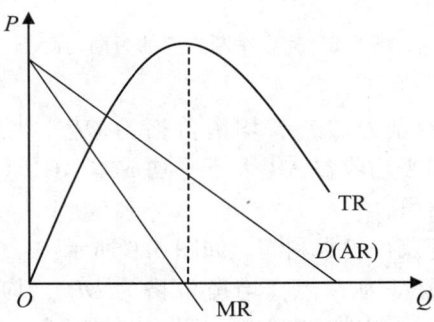

图 5.7　完全垄断厂商的收益曲线

从图 5.7 可以看出完全垄断厂商的收益曲线具有如下特征:

①平均收益曲线 AR 与需求曲线 D 重合，是一条向右下方倾斜的曲线。在完全垄断市场上，每一单位产品的售价就是它的平均收益，因此，销售价格仍等于平均收益，即 AP=P。

②边际收益曲线 MR 向右下方倾斜，它不再与需求曲线 D 重合，而是位于需求曲线下方。而且，随着产量的增加，边际收益曲线与需求曲线的距离越来越大，表示边际收益比价格下降得更快，平均收益大于边际收益。

③总收益 TR 呈倒"U"形，先增加后减少，当 MR>0，TR 增加；MR<0 总收益减少；MR=0，总收益达到最大。

三、完全垄断厂商的短期均衡

完全垄断市场上厂商可以通过对产量和价格的控制来实现利润最大化，但也不能为所欲为，要受市场需求状况的限制。

在完全垄断市场上，厂商仍依据 MR=MC 的原则来决定产量，产量决定后，短期内难以进行调整。这就会出现供大于求或供小于求，或供求相等的状况。供大于求时，会有亏损；供小于求时会有超额利润；供等于求时则只有正常利润。

在短期均衡时，垄断厂商是盈利还是亏损，主要取决于市场价格与平均成本的比较。若市场价格高于平均成本，则有盈余；若市场价格低于平均成本，则会出现亏损。

①如果 $P=AR>AC$，厂商获得超额利润，如图 5.8 所示。

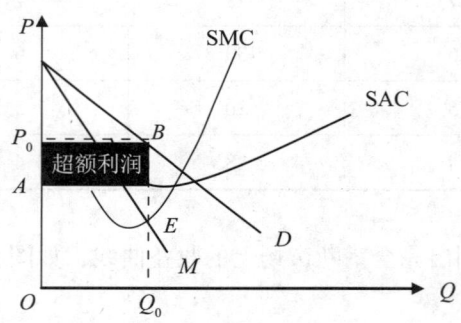

图 5.8 完全垄断厂商的短期均衡

在图 5.8 中，市场均衡点为 E 点，均衡价格为 OP_0，均衡产量为 OQ_0，平均收益 OP_0，平均成本为 OA。此时平均收益 AR 大于平均成本 AC，厂商获得超额利润，超额利润就是图中的阴影部分的面积。

②若 $P=AR=AC$，厂商获得正常利润。如图 5.9 所示：

在图 5.9 中，市场均衡点为 E 点，均衡价格为 OP_0，均衡产量为 OQ_0，平均收益 OP_0，平均成本为 OP_0。此时平均收益 AR 等于平均成本 AC，总收益等于总成本，厂商超额利润为零，但仍然获得正常利润。

③当 $P=AR<AC$，$AR>AVC$，厂商亏损，但仍继续生产，如图 5.10 所示。

在图 5.10 中，短期均衡点为 E 点，均衡价格为 OP_0，均衡产量为 OQ_0，平均收益

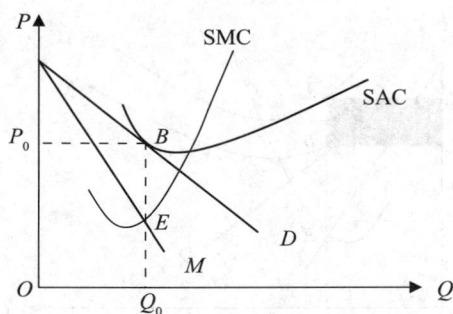

图 5.9 完全垄断厂商的短期均衡

OP_0,平均成本为 OC。此时平均收益 AR 小于平均成本 AC,总收益小于总成本,厂商亏损,亏损额为图中阴影部分面积。与完全竞争厂商相同,在亏损的情况下,如果 AR>AVC,完全垄断厂商就应继续生产,因为此时,生产比不生产好。如果厂商生产,所获得的总收益除了可以弥补全部可变成本外,还可以补偿固定成本的一部分;但是如果不生产,厂商亏损的是全部的固定成本。

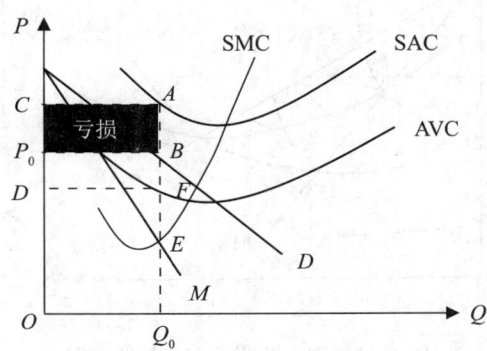

图 5.10 完全垄断厂商的短期均衡

④P = AR = AVC,厂商亏损,停止营业,如图 5.11 所示。

在图 5.11 中,市场均衡点为 E 点,均衡价格为 OP_0,均衡产量为 OQ_0,平均收益 OP_0,平均成本为 OC。此时平均收益 AR 小于平均成本 AC,总收益小于总成本,厂商亏损,亏损额为图中阴影部分面积。此时,AR = AVC,厂商生产与不生产都一样,因为生产所获得的收益也只能弥补可变成本,而无法弥补固定成本。若平均价格更低,还进行生产,不仅固定成本得不到丝毫补偿,可变成本也不能全部收回来。所以,E 点为厂商的停止营业点。

四、完全垄断厂商的长期均衡

在长期中,垄断厂商可以通过调节产量与价格来实现利润最大化。这时,垄断厂商长

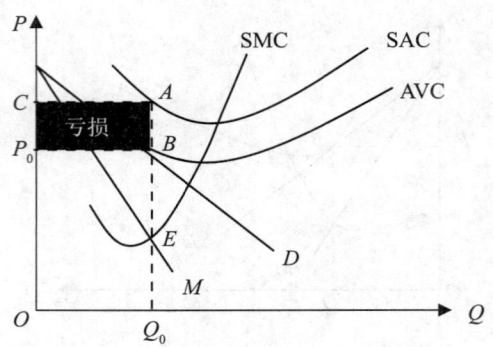

图 5.11 完全垄断厂商的短期均衡

期均衡的条件是边际收益与长期边际成本和短期边际成本都相等，即 MR = LMC = SMC，如图 5.12 所示。

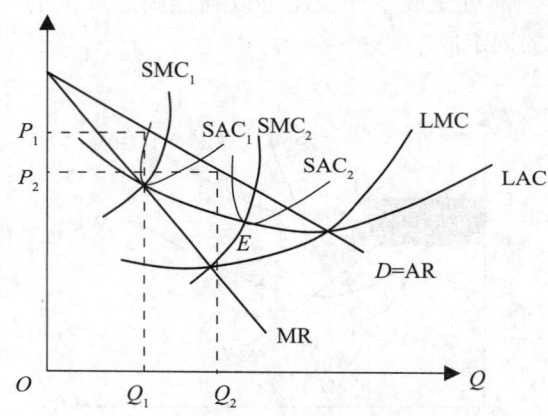

图 5.12 完全垄断厂商的长期均衡

在图 5.12 中，短期平均成本曲线为 SAC_1 时，均衡产量为 SMC_1 与 MR 相交所决定的 OQ_1，均衡价格为 OP_1，平均收益 AR 大于平均成本 AC，厂商获得超额利润。因此，厂商将会继续扩大生产。此时，MR>LMC，厂商没有达到长期均衡；在长期中，厂商要通过调整产量，实现 MR = LMC。假设厂商把生产规模调整为短期平均成本为 SAC_2，这时短期边际成本曲线 SMC_2 与边际收益曲线 MR 相交，厂商实现了短期均衡，而 MR = LMC，厂商也实现了长期均衡，均衡产量为 OQ_2，均衡价格为 OP_2。因此，完全垄断厂商实现长期均衡的条件为：MR = LMC = SMC。此时，AR>LAC，厂商有超额利润。

综上所述，在短期中，垄断厂商无法调整全部生产要素，不一定能够实现利润最大化。但在长期中，厂商通过调整全部生产要素，可以实现利润最大化，这时就存在垄断利润。

五、完全垄断厂商的价格歧视

价格歧视是指垄断厂商在同一时间对同样的商品向不同的消费者收取不同的价格。垄断厂商可以依靠自己的完全垄断地位来实现价格歧视，获取超额利润。

1. 实行价格歧视的条件

①市场存在着不完善性或分割性。

当市场不存在竞争，信息不畅通，或者由于种种原因能被分割，即两个或两个以上的购买团体能被区分开。也就是说，一个市场中的消费者不了解其他市场的价格时，垄断者就可以利用这一点实行价格歧视。在实行价格歧视时，不同购买集团之间不能有转卖行为。比如航空公司对于旅游公司和公务人员索取不同的票价来增加收入。但要做到这一点，必须能够正确区分旅游人员和公务人员。相对而言，汽车和家用电器等制造业的产品由于转卖比较容易因而很难实行价格歧视，而劳务等不易转卖的商品则比较容易实行价格歧视。

②不同市场对同种产品的需求弹性是不同的。

不同的购买集团对产品的需求价格弹性必须不同，并且为厂商所知，即厂商了解购买集团对产品的不同的需求程度。垄断厂商可以针对需求弹性不同的市场制定不同的价格，可以对需求弹性小的市场实行高价格，对需求弹性大的生产实行较低价格，以获得垄断利润。

③厂商有制定价格的权利。

2. 价格歧视的类型

根据价格差别的程度，可以将价格歧视分为三种类型：

（1）一级价格歧视

一级价格歧视，又称完全价格歧视，是指完全垄断厂商在销售其产品时，每个产品均以不同的价格出售，以获得最大可能的收入。在这种情况下，消费者剩余全部转变为垄断厂商的超额利润。例如，国外私人医生对富人和穷人收取不同的价格。

（2）二级价格歧视

二级价格歧视是指垄断厂商对某个特定消费者，按其购买数量的不同制定不同的价格，以获得较大收益的一种方法。在这种情况下，垄断厂商可以将部分消费者剩余转变为超额利润。如规定买五送一，买十送三；市话费前三分钟两角，超过部分一分钟一角；电价中的阶梯电价方案等。

（3）三级价格歧视

三级价格歧视是指垄断厂商对同样的产品在不同的市场实行不同的价格。在需求弹性小的市场采取高价战略，在需求弹性大的市场采取低价战略。例如，航空公司针对公务人员和旅游人员实行不同的飞机票折扣方案；电力公司对工业用电收费低，对居民用电收费高；通信公司规定夜间通话费率低于白天通话费率等。

> **相关链接 5-2**

麦当劳连锁店的折扣券

麦当劳连锁店一直采取向消费者发放折扣券的促销策略。他们对来麦当劳就餐顾客发放麦当劳产品的宣传品，并在宣传品上印制折扣券。为什么麦当劳不直接将产品的价格降低呢？

回答是折扣券使麦当劳公司实行了三级差别价格。麦当劳公司知道并不是所有的顾客都愿意花时间将折扣券剪下来保存，并在下次就餐时带来。此外，剪折扣券意愿与顾客对物品支付意愿和他们对价格的敏感相关。富裕而繁忙的高收入阶层到麦当劳用餐弹性低，对折扣券的价格优惠不敏感，不可能花时间剪下折扣券并保存随时带在身上，以备下次就餐时用。而且折扣券所省下的钱他也不在乎。但低收入的家庭到麦当劳用餐弹性高，他们更可能剪下折扣券，因为他的支付意愿低，对折扣券的价格优惠比较敏感。

麦当劳连锁店通过只对这些剪下折扣券的顾客收取较低价格，吸引了一部分低收入家庭麦当劳用餐，成功地实行了价格歧视采取了三级差别价格，并从中多赚了钱。如果直接地将产品价格降低，不带折扣券的高收入阶层的高意愿消费而多得的收入就会流失。

六、对完全垄断市场的评价

许多经济学家根据完全垄断市场和完全竞争市场的比较分析，认为完全垄断对经济是不利的。

（1）造成生产资源的浪费

完全垄断与完全竞争相比，平均成本与价格高，而产量低。在完全竞争条件下厂商长期均衡时，利润为零，生产资源得到最优配置。但在完全垄断条件下厂商长期均衡时，厂商仍然会有超额利润，生产资源未能得到最优配置。

（2）社会福利损失

垄断厂商实行价格歧视，即差别定价，消费者所付的价格越高，消费者剩余就越少，减少的消费者剩余就是社会福利的损失。

（3）加剧社会收入分配的不平等

垄断者凭借其垄断地位获得超额利润，这些收入都集中到少数垄断厂商的手里面，加剧了社会收入分配的不平等。

（4）阻碍技术进步

垄断厂商一般有多少产品都能销售出去，所谓皇帝的女儿不愁嫁，所以一般缺乏创新精神，对自身发展缺少危机感，因而会阻碍技术进步。

虽然，完全垄断有很多缺点，但也有许多经济学家认为对完全垄断也要作具体分析。首先，有些完全垄断，尤其是政府对某些公用事业的垄断，并不以追求垄断利润为目的。这些公用事业往往投资大，投资周期长而利润率低，但它又是经济发展和人民生活所必需的。由政府进行完全垄断，会给全社会带来好处；其实，垄断厂商因为能够获得垄断利润，具有更雄厚的资金与人力，更有能力进行新的研究，促进技术进步。然而也应该指出，由政府完全垄断这些公用事业，往往也会由于官僚主义而引起效率低下。

🔗 相关链接 5-3

中国电信的垄断及其走向竞争

我国各大城市的电信业务过去一直是由邮电部独家垄断经营的。那时，家庭用户申请安装电话非常困难，从填表申请到上门拉线安装，其间耗时半年、一年是再平常不过的事，家庭用户还得交上数千元的初装费。在今天看来，这数千元的初装费的交纳是多么的不可思议。申请用户还必须到邮电系统经营的营业场所购买电话机，然后凭着特定营业场所的购机发票才能得到装机的"恩赐"。那些营业场所的电话机品种稀少，式样陈旧，价格不菲，用户往往在电话开通后，再去别的商场随心所欲地选购自己喜爱的电话机。还有，用户如果到时不给电话安装人员送上几包甚至一条香烟，电话的开通也会成为问题。电信业务的完全垄断式经营不仅使电信服务不能令人满意，而且也造成了电信供给的严重不足。新中国成立后40年内，我国每200人占有的电话连一部都不到。那时居民住宅区里，居民排长队依次打电话是一道特殊景观。多少商机在这种等待通话中消失了，多少个人隐私在这种众耳倾听中公开了。

在社会舆论的强大压力和政府的干预、介入下，1994年，作为中国电信公司竞争对手的中国联通公司成立，这标志着我国电信从垄断开始走向竞争。后来，基础电信领域有中国电信、中国移动、中国联通、中国铁通、中国网通、中国吉通等公司相互竞争。为了进一步削弱中国电信的明显竞争优势，形成更有效的竞争格局，2002年5月，中国电信分拆方案出台：南方20个省市的电信公司组成"中国电信集团公司"，北方10个省市的电信公司和网通、吉通重组为"中国网通集团公司"。这样的分拆重组后，原中国电信与移动、联通、铁通之间的实力差距得以大大缩小，从而竞争能够更加充分。

基础电信由垄断走向竞争的过程中，服务质量不断提高，服务价格明显下降，服务供给量快速增长。

任务三　垄断竞争市场

一、垄断竞争市场的含义及特征

垄断竞争市场是指一种既有垄断又有竞争，既不是完全竞争又不是完全垄断的市场结构。垄断竞争市场的特征包括：

①市场上有很多的生产者和购买者，每一个厂商生产规模都比较小，每个厂商都认为自己的决策不会对市场产生影响，也不会引起竞争对手的反映；

②行业中厂商生产的产品是有差别的，而这些产品之间又存在着相互替代性；

③厂商进入市场的障碍较小，生产要素可以比较容易流动；

④买卖双方都比较容易获得信息。

市场上许多产品都是有差别的,因此,垄断竞争是一种普遍现象。在现实中,垄断竞争市场普遍存在于服务业和零售业中,如服装、餐饮、电影院、药店等。

二、垄断竞争厂商的需求曲线

在垄断竞争市场上,厂商面临着两条需求曲线,如图 5.13 所示。

第一条需求曲线(d 曲线)称为厂商自己期望的需求曲线。表示当一个厂商改变自己产品的价格,而该行业其他竞争者并不随之改变其价格的情况下,该厂商的价格与销售量之间的关系。这条曲线比较平坦,表示需求价格弹性较大,即价格稍有变动,则需求量就会大幅度变动。如图 5.13 中的 OQ_1。

第二条需求曲线(D 曲线)称为实际的需求曲线,表示厂商改变自己的价格,同行业其他厂商随之改变自己的价格时的需求曲线。

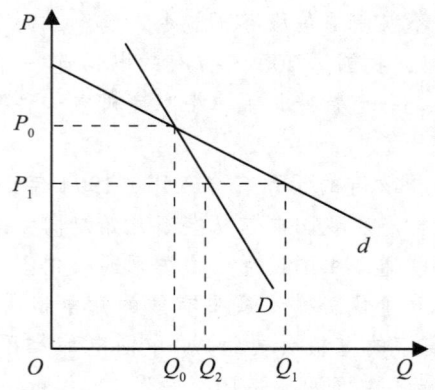

图 5.13 垄断竞争厂商的需求曲线

在图 5.13 中,假定原先的价格水平为 OP_0,销售量为 OQ_0。现在厂商想通过降低价格提高销售量,于是将价格由 OP_0 下降为 OP_1,假设其他竞争厂商不降低,则该厂商的销售量将增加到 OQ_1,d 曲线就是这是厂商自己期望的需求曲线;但是,实际上,其他厂商可能会跟着降价,因此该厂商需求量的增加量就不是 OQ_1,而是 OQ_2,这时的 D 曲线称为实际的需求曲线。

三、垄断竞争厂商的短期均衡

我们知道,不管什么类型的市场结构,厂商利润最大化的条件都是 $MR=MC$。在短期内,垄断竞争厂商不能调整全部生产要素,新厂商也来不及加入该行业,垄断竞争厂商对自己生产的差别产品具有垄断性。因此,垄断竞争市场上厂商的短期均衡与完全垄断市场上的短期均衡相似,如图 5.14 所示。

在图 5.14 中,厂商实现短期均衡的点为 E 点,均衡价格为 OP_0,均衡产量为 OQ_0,与完全垄断市场不同的是,此时,垄断竞争厂商的两条需求曲线,D 曲线和 d 曲线也相交于价格为 P_0,产量为 Q_0 的点。

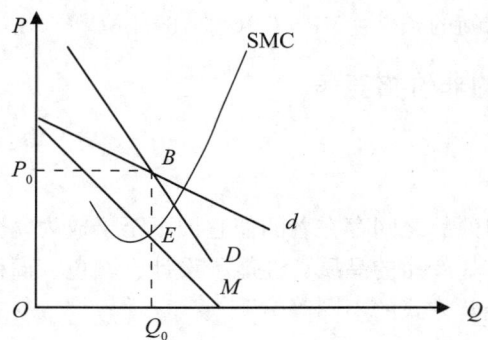

图 5.14 垄断竞争厂商的短期均衡

因此，垄断竞争短期均衡的条件是两条需求曲线的交点和 MR＝SMC 的交点决定的是同一产量。

垄断竞争厂商实现短期均衡时，可能有超额利润、盈亏平衡或亏损。如果 $P=AR>AC$，厂商获得超额利润；$P=AR=AC$，则厂商获得正常利润；$P=AR<AC$，厂商亏损。此时，厂商是否继续生产仍要取决于平均可变成本 AVC 的情况，如果 $P=AR>AVC$，则厂商会继续生产，但是当 $P=AR<AVC$ 时，厂商就会停止生产。

四、垄断竞争厂商的长期均衡

在垄断竞争市场上，长期中厂商既可以调整自己的产量，其他厂商也可以加入或退出该行业。这就意味着，有利润时，会有新的厂商加入生产，亏损时，会有厂商推出生产，所以，垄断竞争厂商在长期均衡时，利润为零，如图 5.15 所示。

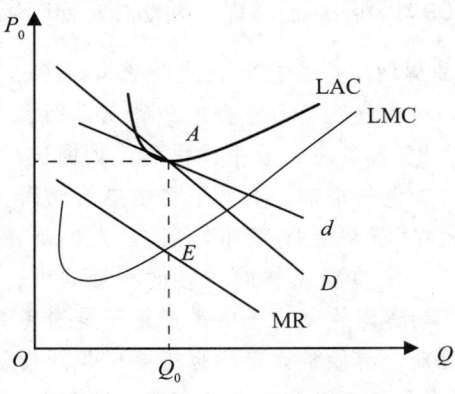

图 5.15 垄断竞争厂商的长期均衡

在图 5.15 中，厂商实现长期均衡 MR＝LMC 的点为 E 点，均衡产量为 OQ_0，均衡价格为 OP_0，平均成本 AC 为 OP_0，此时，总收益等于总成本，都是 OQ_0AP_0 的面积，厂商的超额利润为零，但仍获得正常利润。

垄断竞争厂商长期均衡的条件：MR＝LMC，AR＝LAC。

五、垄断竞争市场上的非价格竞争

1. 产品差别

产品差别是指使类似商品之间存在着的使它们不至于成为完全替代品的因素。这些差别可能来自于产品本身，如产品的品质、性能、设计、颜色、商标不同，也可能与销售条件有关，如销售地点、经营方式的不同等。

2. 产品变异

产品差别可以获得一定程度的垄断力量，但不可能实现完全垄断。为了使这种垄断地位能够长久保持，厂商必须创新，研究出与替代品完全不同的商品以实现垄断利润。这就是所谓的产品变异。

3. 广告

产生广告这种推销形式的直接原因在于产品存在差别。我们不能想象在完全竞争市场上能够用广告扩大产品的销售量。因为在完全竞争市场上各个同行业厂商提供的是完全同质的产品，它们之间没有丝毫的不同之处，而垄断竞争市场则不然，企业处心积虑生产出有差别的产品，同时又希望有着不同偏好的消费者了解并购买这些产品，沟通双方的媒介之一就是广告。

相关链接 5-4

乳业：2009 年网络广告激增，婴幼儿奶粉市场竞争加剧

2009 年，乳制品行业品牌网络广告投放同比上涨 42.7%，仍占据食品饮料网络广告投放的头把交椅；婴幼儿奶粉取代乳制品综合成为乳制品行业品牌网络广告投放第一名，投放规模同比大幅上涨 123.8%。其中，蒙牛、伊利、贝因美成为乳制品网络广告投放前三名。具体来说，乳制品广告量的增加，有两个很主要的原因：一是乳制品企业品牌的塑造，这主要表现在上半年，在"三聚氰胺事件"后，国内乳制品企业的品牌美誉度降至冰点，乳制品企业需要利用广告来重塑品牌的美誉度和影响力；二是为新时期发展打下基础，下半年以来，乳制品市场逐渐恢复，不管是产销还是消费者的信心都有所增加，乳制品的发展进入到一个新的时期，继续扩大市场也需要广告的投入，带来更大的知名度。还有一个重要的原因，在"三聚氰胺事件"中，有一部分乳制品品牌并没有受到影响，为了在现有的市场格局下抢夺更多的市场份额，投放广告是最为直接的方式，并且这也收到了很好的效果，比如，贝因美、飞鹤、多美滋等的市场份额都出现较大的提升。从婴幼儿奶粉广告投放量来看，婴幼儿奶粉无疑成为乳制品市场竞争最为激烈的一块领域。广告投放量增加，另一方面说明众企业都看好这一块市场，另一方面又说明市场竞争正在加剧。

2009年以来，不管是多美滋、美赞臣这样的进口品牌，还是贝因美、伊利、飞鹤等国产品牌，都纷纷加大了婴幼儿奶粉市场的投入。

（资料来源：中国经济网，2009年12月14日。）

六、对垄断竞争市场的评价

垄断竞争市场的经济效率介于完全竞争市场和完全垄断市场之间，在垄断竞争厂商处于长期均衡时，市场价格高于厂商的边际成本，高于平均成本最低点。这就决定了垄断竞争市场的经济效率低于完全竞争市场。但从程度上来看，垄断竞争又比完全垄断市场有效率。垄断竞争市场对消费者而言，利弊并存。有利之处是：①由于垄断竞争市场的产品是有差别的。因而可以满足多样化的市场需求，充分满足消费者的消费个性；②由于产品的差别包含了品牌、售后服务等，所以企业会不断地提高某品牌的质量，改善售后服务，从而又有利于消费者。不利之处在于产品价格高于边际成本，与完全竞争市场相比，消费者会被迫多支付市场价格。

垄断竞争市场对于生产者来说，也是利弊共存，有利之处在于：垄断竞争的市场条件有利于技术进步，在垄断竞争的市场中，既存在对技术创新的保护，如专利等，又存在着同类产品的竞争，具有较大的外在压力，所以，垄断竞争市场被认为是最有利于技术进步的市场结构。但在垄断竞争市场条件下，由于长期中不可能在平均成本最低点上实现最大利润，因而其资源利用存在着一定的浪费。

任务四　寡头垄断市场

一、寡头垄断市场的定义及特征

寡头垄断市场是指少数几家大厂商垄断了某一行业的市场，控制了该行业的供给。例如，我国钢铁业、电信业、汽车制造业、家电业等行业都属于寡头垄断市场。

寡头垄断市场的特征如下：

(1)厂商数量很少

寡头垄断市场上厂商只有几家，每个厂商规模都很大，都占有相当大的市场份额，因此每个厂商对整个行业的价格与产量的决定都有举足轻重的影响。

(2)寡头厂商之间存在相互依存性

几个寡头之间存在相互依存性，因为当有寡头厂商改变价格或者产量时，其他厂商必然会受到影响，因此，厂商作出产量与价格决策时，不仅要考虑自己的成本收益，还要考虑其他厂商的反应。

(3)进出寡头行业困难

寡头垄断市场在石油、钢铁、汽车等行业中普遍存在。由于规模、资金、信誉、市场、专利、法律等原因使其他厂商很难进入，以及投入巨大的缘故，寡头退出困难。

(4)产品既可以是同质，也可能存在差别

寡头垄断厂商生产的产品可以是同质的，也可以是有差别。根据产品的差别程度，寡头垄断市场的寡头又分为纯粹寡头和差别寡头，纯粹寡头是指生产无差别产品的寡头。差别寡头是指生产有差别产品的寡头。

二、寡头垄断市场上产量的决定

各寡头之间有可能存在相互之间的勾结，也有可能不存在勾结。在这两种情况下，产量的决定方式是有差别的。

当各寡头之间存在勾结时，产量由各寡头之间协商确定，而协商确定的结果有利于谁，则取决于实力的大小。这种协商可能是对产量的限定，也可能是对销售市场的瓜分，即不规定具体产量的限制，而是规定各寡头的具体范围。当然，这种勾结往往是暂时的，当各寡头的实力发生变化之后，就会要求重新确定产量或瓜分市场，从而引起激烈的竞争。

在不存在勾结的情况下，各寡头根据其他寡头的产量决策来调整自己的产量，以达到利润最大化。对于这一点，要根据不同的假设条件进行分析。经济学家曾作了许多不同的假设，并得出了不同的答案。

三、寡头垄断市场上的价格决定

1. 价格领袖制

价格领袖制又称价格领先制，是指一个行业的价格通常由某一寡头率先制定，其余寡头追随其后确定各自价格。领先定价者往往既不是自封的，也不是共同推选的，而是自然形成的。这种自然形成的领先定价者或者可以看作是价格领袖，一般有三种情况：

（1）支配型价格领袖

领先确定价格的厂商是本行业中实力最大的、具有支配地位的厂商。它在市场上占有份额最大，因此对价格的决定举足轻重。它根据自己利润最大化的原则确定产品价格及其变动，其余规模较小的寡头则根据这种价格来确定自己的价格以及产量。

（2）效率型价格领袖

在这种情况下领先确定价格的厂商是本行业中成本最低，效率最高的厂商。它对价格的确定也使其他厂商不得不随之变动。

（3）晴雨表型价格领袖

这种厂商并不一定在本行业中规模最大，也不一定效率最高，但它在掌握市场行情变化或其他信息方面明显优于其他厂商。这家厂商价格的变动实际上是首先传递了某种信息，因此，它的价格在该行业中具有晴雨表的作用，其他厂商会参照这家厂商的价格变动而变动自己的价格。

2. 卡特尔

卡特尔（Cartel）是生产同类产品的厂商，在划分销售市场、规定商品产量、确定商品价格等方面签订协定而成立的同盟。通过建立卡特尔，几家寡头企业，协调行动，共同确定价格，就有可能像垄断企业一样，使整个行业的利润达到最大。但由于卡特尔各成员之间的矛盾，有时达成的协议也很难兑现，或引起卡特尔解体。在不存在公开勾结的卡特尔的情况下，各寡头还能通过暗中的串通来确定价格。

3. 成本加成法

寡头垄断厂商的定价方法通常是成本加成法。就是在核定成本的基础上，加上一个百分比或预期利润额来确定价格。这是按利润最大化原则事先确定利润目标的定价，它能为市场所接受，是因为垄断组织控制着生产和市场销售的最大份额。

四、对寡头垄断市场的评价

寡头垄断在经济中是十分重要的。一般认为，它具有两个明显的优点：①可以实现规模经济，从而降低成本，提高经济效益；②有利于促进科学技术进步。对寡头垄断的批评就是各寡头之间的勾结往往会抬高价格，损害消费者利益和社会经济福利。

☞ **项目小结**

①完全竞争市场是指一种竞争不受任何阻碍和干扰的市场结构。在完全竞争市场上，短期均衡的条件是边际收益等于边际成本，即 $MR=MC$；在完全竞争市场上，长期均衡的条件是：$MR=AR=LMC=LAC$。

②完全垄断市场是指整个行业的市场完全处于只有一家厂商控制的市场结构。完全垄断市场短期均衡的条件是：$MR=MC$。在长期中，垄断厂商可以通过调节产量与价格来实现利润最大化。这时，厂商均衡的条件是边际收益与长期边际成本和短期边际成本都相等，即 $MR=LMC=SMC$。

③垄断竞争市场是指一种既有垄断又有竞争，既不是完全竞争又不是完全垄断的市场结构。垄断竞争市场上的短期均衡就与完全垄断市场上的短期均衡完全相同，也就是 $MR=MC$，厂商在垄断竞争市场上实现了短期均衡时，也可能有超额利润、盈亏平衡或亏损。长期均衡的条件是：$MR=MC$，$AR=LAC$。

④寡头垄断市场是指少数几家大厂商垄断了某一行业的市场，控制了该行业的供给。寡头垄断市场上的价格决定方式有价格领袖制、卡特尔和成本加成法。

🎓 **复习思考题**

一、单项选择题：

1. 下列哪一个行业最接近于完全竞争市场(　　)。
   A. 飞机　　　　B. 卷烟　　　　C. 农产品　　　　D. 汽车
2. 在完全竞争市场上，一个企业的需求曲线是(　　)。
   A. 向右下方倾斜的曲线　　　　B. 与横轴平行的线
   C. 与横轴垂直的线　　　　D. 以上均不对
3. 完全竞争条件下，厂商获得最大利润的条件是(　　)。
   A. 边际收益大于边际成本的差额达到最大值

B. 边际收益等于边际成本

C. 价格高于平均成本的差额达到最大值

D. 以上都不对

4. 在完全竞争市场长期均衡时，企业的超额利润（　　）。

  A. 大于零 B. 等于零 C. 小于零 D. 不确定

5. 已知某企业生产的商品价格为 10 元，平均成本为 11 元，平均可变成本为 8 元，则该企业在短期内（　　）。

  A. 停止生产且亏损 B. 继续生产且存在利润

  C. 继续生产但亏损 D. 停止生产且不亏损

6. 消费者剩余最小，其采取的是（　　）。

  A. 一级价格歧视 B. 二级价格歧视

  C. 三级价格歧视 D. 无差别价格

7. 最需要进行广告宣传的市场结构是（　　）。

  A. 完全竞争市场 B. 完全垄断市场

  C. 寡头垄断市场 D. 垄断竞争市场

8. 产品差异是指（　　）。

  A. 长虹牌彩电与熊猫牌彩电的差别 B. 彩电与收录机的差别

  C. 河南小麦和河北小麦的差别 D. 汽车与石油的差别

9. 厂商在垄断竞争市场上实现了短期均衡时，可能有（　　）。

  A. 超额利润 B. 盈亏平衡

  C. 亏损 D. 超额利润、盈亏平衡或亏损

10. 厂商关系最密切的市场结构是（　　）。

  A. 完全竞争市场 B. 完全垄断市场

  C. 垄断竞争市场 D. 寡头垄断市场

二、分析题：

1. 请列表说明四种市场结构的特征，并分别举例解释。

2. 完全竞争行业中某厂商的成本函数为 $STC = Q^3 - 5Q^2 + 20Q + 50$，成本以美元计算，假设产品价格为 45 美元。

（1）求利润最大时的产量及利润总额？

（2）如果市场需求发生变化，由此决定的新的价格为 25.5 美元，在新的价格下，厂商是否会发生亏损？如果亏损，亏损多少？

（3）该厂商在什么情况下停止营业？

3. 已知某完全垄断行业的需求函数为 $P = 17 - 4Q$，成本函数为 $TC = 5Q + 2Q^2$。

（1）计算该企业利润最大化的价格、产量和利润。

（2）如果政府实行价格管制，按边际成本定价与按平均成本定价，价格分别是多少？该企业是否亏损？

☞ **案例分析**

案例1：保暖内衣的冷与热

1996年，酷爱发明的俞兆林先生发明了导湿保暖复合绒，并将这一发明利用在内衣上，从此服饰领域多了"保暖内衣"这一新概念。"保暖内衣"这个服装领域的新宠物，一时间成为了人们谈论冬季保暖话题的流行词。1999年更是成为市场追捧的对象，各种保暖内衣市场可谓是炙手可热、尽占春色。于是乎，这一新生行业由1999年只有几十家的基础上，在2000年猛增至500家，总销量1999年的不足700万套，2000年度上升至3000多万套，甚至是鱼龙混杂、泥沙俱下。同时，伴随激烈竞争而推出的各种行销手段更是层出不穷。有报道说："南极人"送袜、"南极棉"送被、"白熊"保暖内衣卖最低价，"俞兆林"买两套送一套、买一套送单件、买单件送手套，等等；各种广告宣传更是充斥大街小巷、报端电视。而当行业内厂商正激战正酣，市场上消费者、行业管理人士的反映又怎样呢？根据市场调查发现，尽管价格较1999年已有明显下降，但2000年度市场反映仍十分冷淡，1999年度那种排长队提货的情景没有了，而产品专卖区更是十分萧条，有营业员说，与1999年的火爆场面相比，这里常常是数十分钟无人光顾。而市场上种类繁多的保暖品牌更是引起市场管理者的重视，据最新的质量检查结果表明，市场上打出的所谓的新材料、新技术、新工艺、多功能的内衣，其实大多存在技术含量低、重概念轻质量、盲目仿造等问题。

问题：
(1)本案例中，作为保暖内衣的生产厂商有哪些行为具有垄断竞争厂商的行为特征？
(2)在保暖内衣市场上，一方面厂商想薄利多销，一方面却表现为市场萎缩，为什么？
(3)应怎样来评价产品差别？行业管理对于垄断竞争市场重不重要？

案例2："钻石恒久远，一颗永流传"

产生于一种关键资源所有权垄断的典型例子是南非的钻石公司德比尔。德比尔控制了世界钻石生产的80%左右。虽然这家企业的市场份额不是100%，但它也大到足以对世界钻石价格产生重大影响的程度。

问题：德比尔公司有很大的市场份额，垄断地位突出，为何还要花费巨资进行广告宣传？

☞ **实训项目**

实训项目一：农产品广告

背景资料：
据统计，我们每个人每天通过各种方式接触到的广告超过1000条，在海量的广告中你有没有看到农民推销小麦、大米的广告？

实训题目：

通过网络等方式，了解我国农产品销售的情况，举出几个典型广告宣传事例，并能运用所学知识给予解释。

实训项目二：微软垄断之争

背景资料：

计算机软件巨头微软公司享誉全球，可是多年来，针对微软的反垄断诉讼也此起彼伏。微软垄断案的审理持续了多年，微软公司、美国司法部、欧盟都据理力争。

实训题目：

查阅微软公司的产生发展过程资料，结合垄断的特征说明你对该企业的垄断行为的看法。

实训项目三：数码产品市场

背景资料：

"数码影像"概念进入人们的视野也就是近些年的事。据统计，到目前已有30多家国内外厂商正在分食这块"新出炉的大蛋糕"。他们中既有来自传统照相机制造行业的佳能、尼康等霸主，也有冲洗服务巨头柯达与富士，还有的来自IT制造业的惠普、爱普生等巨头。另外，国内一些知名厂商如联想、方正、清华紫光等也都相继推出自己的数码产品。一时间，数码概念满天飞，数码影像产品层出不穷，各厂商在自己的数码影像战略方面不遗余力。

实训题目：

数码产品市场属何种市场，制定出你的经营策略以获取更大的市场份额。

项目六　生产要素分析

☞ **学习目标**

　　1. 掌握生产要素需求的性质；
　　2. 掌握工资、利息、地租、利润的决定；
　　3. 理解完全竞争厂商使用生产要素的原则。

☞ **创设情境**

年收入过亿的姚明和年收入 10 万元的"抄表工"

　　"收入真高啊！""真是日进斗金呢！"前不久，有机构公布了体育明星的收入排名，姚明以过亿的年收入高居榜首。人们对姚明的高收入感叹，或许含着一丝羡慕，或许有年轻人梦想将来也像姚明那样发展，但很少有人对此感到不平衡，更听不到谁说："他凭什么赚那么多，我才赚这么少？"

　　另一则有关收入的信息却引发许多不满。审计部门发现，在山东一家高度垄断的电力企业，其抄表工年收入可达 10 万元。是"抄表工"技术要求高，具有不可替代性？还是此类人才短缺，供不应求？调查显示，原因不在于此，而是企业以垄断地位获取高额利润，有底气给员工这样发钱。在这家企业，即使从事最简单的抄表、收发等工作，收入也不低。"还不是因为垄断！""咱也不用费劲学什么，想办法进入垄断企业就万事大吉了。"有人抱怨，有人调侃。

　　上亿收入和 10 万年薪相差许多，前者并未带来有关收入差距的议论，后者却产生如此多质疑，值得思考。

　　收入存在差距是市场经济的正常现象。特别是工资性收入，一定程度上是劳动力价格的体现。那种包含着更高的技术含量、更复杂的劳动工种，往往会在劳动力市场上拥有较高的价格，就好比医生、律师不论在哪个国家，收入都不会太低。市场供求也会使某一些紧缺职位的收入非常高，就好比姚明肯定要获得高报酬，好比近几年东南沿海一带年薪 20 万招聘高级技工。这类收入差距，通常没人觉得不妥，倒是会引导劳动力注重学习知识、钻研技术，自觉地向社会急需的岗位靠拢。

　　人们感到不公平的往往是另一种差距，那就是不合理的制度安排造成的差距。"抄表工"和高级技工同样拥有高薪。普通劳动者可以通过学技能，使自己也成为有望获得高薪的高级技工。垄断企业却有着高高的门槛，劳动者个人抄表抄得再好再快再准，如果不能进入"只此一家别无分店"的垄断企业，也只能望洋兴叹。

经过多年发展,我国劳动力市场化程度已经达到一个较高的水平。不过,还是有部分领域存在两种用人机制、两种收入体系并行的情况,并因此产生不合理的收入差距。有的行业限制竞争,带来利润奇高、收入奇高。有的事业单位编制内人员不停涨工资,编制外人员干得再好也得不到高收入。有的企业,只与一少部分员工签订劳动合同,大量员工采用劳务输出形式,虽然从事同样的工作,劳务工收入却和正式工差出一大截。前些年,企业员工和事业单位员工两种养老体系,更导致企业退休人员养老金明显偏低。

对有的差距,人们心服口服、有的却难以容忍。这提醒相关政策制定者,干预收入差距,不能简单地着眼于把高收入降下来或者把低收入提上去,而是要更加关注制度的一致性和公平性,消除收入差距中的分配不公因素,以谋求经济的可持续发展和社会和谐。

(资料来源:人民日报,2007年12月24日。)

你是如何看待案例中收入差距的?

生产离不开生产要素的投入,而生产要素组合产生的收入如何分配呢?这就是分配理论所要解决的生产要素价格的决定问题。案例中涉及要素分配的多方面的问题,例如工资、收入分配的公平性等,本章将对这些问题进行讨论。

任务一 工资

一、工资

1. 工资的含义

工资是劳动力提供劳务所获得的报酬,或者是劳动这种生产要素的价格。

2. 工资的种类

可以从不同的角度将工资分为不同的种类:

①从计算方式分,可以分为按劳动时间计算的计时工资和按劳动成果计算的计件工资。

②从支付手段来分,可以分为以货币支付的货币工资和以实物支付的实物工资。

③从购买力来分,可以分为按货币单位衡量的名义工资(或称货币工资)与按实际购买力来衡量的实际工资。

在工资理论中我们主要研究工资的决定与变动。

二、完全竞争市场上工资的决定

在完全竞争的劳动市场上,工资是由劳动的供求关系决定的。

1. 劳动的需求曲线

企业对劳动的需求取决于多种因素,但劳动的需求主要还是取决于劳动的边际生产力。劳动的边际生产力是指在其他条件不变的情况下，增加一单位劳动所增加的产量。劳动的边际生产力是递减的。企业在购买劳动时要使劳动的边际成本（即工资）等于劳动的边际产品。如果劳动的边际产品大于工资，劳动的需求就会增加，如果劳动的边际产品小于工资，劳动的需求就会减少。因此，劳动的需求曲线是一条向右下方倾斜的曲线，表明劳动的需求量与工资呈反方向变动。如图6.1所示，其中横轴 L 表示劳动的数量，纵轴 W 表示劳动的价格，D 就是劳动的需求曲线。

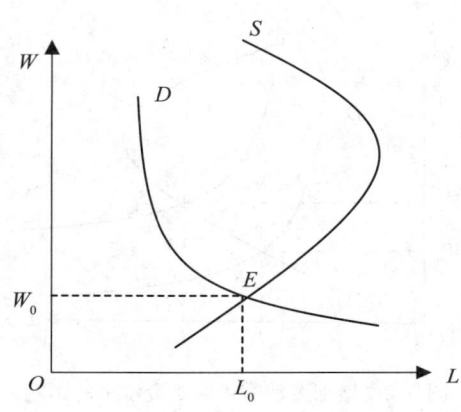

图6.1 劳动价格的决定

2. 劳动的供给曲线

劳动的供给曲线称为"向后弯曲的供给曲线"。当工资较低时，随着工资的上升，消费者为了得到较高的工资而减少闲暇，增加劳动供给的数量，在这个阶段，劳动供给曲线向右上方倾斜；但是，工资上涨对劳动供给的吸引力有限，当工资涨到使劳动共应量最大的点之后，劳动供给量不但不增加，反而要减少，这样在最大点之后劳动供给曲线将向后弯曲。如图6.1所示，其中 S 曲线就是劳动的供给曲线。

3. 工资的决定

在完全竞争条件下，劳动的工资水平是由劳动的需求和供给共同决定的，只有劳动的需求价格和劳动的供给价格相一致时，也就是劳动的边际生产力或边际产品与劳动的边际成本相一致时，才形成了劳动的均衡价格——工资水平，如图6.1所示。劳动的需求曲线 D 与劳动的供给曲线 S 相交于 E，这就决定了工资水平为 W_0，需求量和供给量都是 L_0。

三、不完全竞争市场上工资的决定

现实中的劳动市场是一种不完全竞争的市场。不完全竞争是指劳动市场上存在着不同程度的垄断。这种垄断有两种情况，一种是劳动者对劳动的垄断，即劳动者组成工会，垄断了劳动的供给；一种是厂商对劳动购买的垄断。我们主要分析工会的存在对工资水平的影响。

1. 工会对工资水平的影响

工会影响工资的方式主要有三种：

（1）增加劳动的需求

在劳动供给不变的条件下，通过增加对劳动的需求的方法来提高工资，不但会使工资增加，而且可以增加就业，如图 6.2 所示。

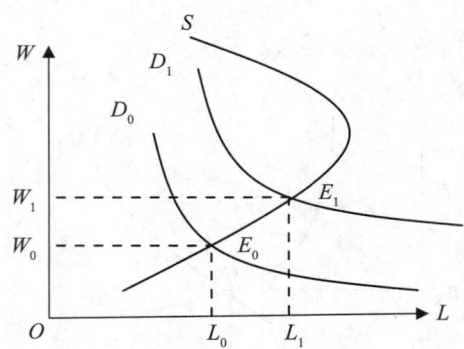

图 6.2 增加劳动需求对工资水平的影响

在图 6.2 中，劳动的需求曲线原来为 D_0，与 S 相交于决定均衡点 E_0，决定了工资水平为 W_0，就业水平为 L_0。劳动的需求增加后，劳动的需求曲线由 D_0 移动到 D_1，这时 D_1 与 S 相交于 E_1，决定了工资水平为 W_1，就业水平为 L_1。$W_1>W_0$，说明工资上升了；$L_1>L_0$，说明就业水平提高了。

工会增加企业对劳动需求的最主要方法的是通过增加市场对产品的需求，因为劳动需求是由产品需求派生而来的。增加对产品的需求就是要通过议会或其他活动来增加出口，限制进口，实行贸易保护政策等。

（2）减少劳动的供给

在劳动需求不变的条件下，通过减少劳动的供给同样也可以提高工资，但这种情况会使就业减少，如图 6.3 所示。

在图 6.3 中，劳动的供给曲线原来为 S_0，与 D 相交于 E_0，决定了工资水平为 W_0，就业水平为 L_0，劳动的供给减少后，劳动的供给曲线由 S_0 移动到 S_1，这时 S_1 与 D 相交于 E_1，决定了工资水平为 W_1，就业水平为 L_1，$W_1>W_0$，说明工资水平上升了；$L_1<L_0$，说明就业水平下降了。

工会减少劳动供给的方法主要有：限制非工会会员受雇，迫使政府通过强制退休、禁止使用童工、限制移民、减少工作时间的法律等。

（3）最低工资法

工会迫使政府通过立法规定最低工资。最低工资法是规定企业支付给工人的工资不能低于某个水平（最低工资）的法律。这样，在劳动的供给大于需求时也可以使工资维持在一定的水平上，如图 6.4 所示。

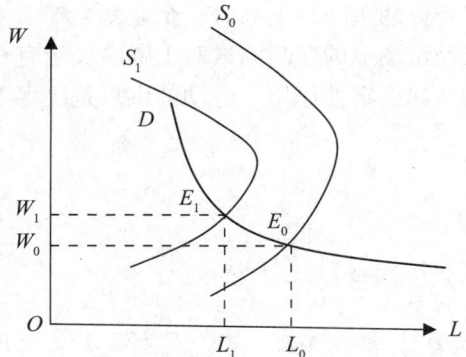 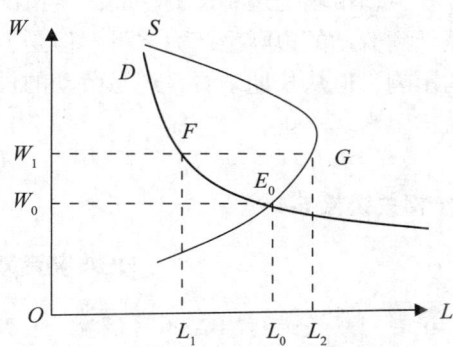

图 6.3 减少劳动供给对工资水平的影响　　图 6.4 最低工资法对工资水平的影响

在图 6.4 中，劳动的需求曲线 D 与供给曲线 S 相交于 E_0，决定了工资水平为 W_0，就业水平为 L_0。最低工资法规定的最低工资为 W_1，$W_1 > W_0$。这样能使工资维持在较高的水平。但在这种工资水平时，劳动的需求量为 L_1，劳动的供给量为 L_2，$L_1 < L_2$，有可能出现失业。

工会提高工资的斗争能否成功，在很大程度上还要取决于整个经济形势的好坏，劳资双方的力量对比，政府干预的程度与倾向性，工会的斗争方式与艺术，社会对工会的同情和支持程度，等等。工会只有善于利用各方面的有利条件，才能在争取提高工资的斗争中取得胜利。

2. 影响不完全竞争市场上劳动工资水平的其他因素

从劳动的需求来看，要受到三种因素的影响：

（1）产品的需求弹性

劳动的需求是一种派生需求，取决于对产品的需求。如果产品的需求弹性大，则工资增加所引起的产品价格上升，会使产品需求量大幅度减少，生产者收益减少，从而工资无法增加。如果产品需求弹性小，则工资增加较为容易。

（2）劳动在总成本中所占的比例

如果劳动在总成本中占的比例大，则工资增加引起总成本增加得多，工资的增加就有限。如果劳动在总成本中所占比例小，工资增加对总成本影响不大，则工资增加较为容易。

（3）劳动的可替代性

如果劳动不易被其他生产要素代替，则提高工资容易。如果劳动可以较容易地被其他生产要素代替，则工资提高就有限。

从劳动的供给来看，也要受到三种因素的影响：

①工会所控制的工人的多少。

②工人的流动性大小。

③工会基金的多少。

在劳动市场上还有厂商垄断因素情况下，当企业的垄断程度高时，企业就会竭力把工资压低到劳动的边际生产力之下。但是，尽管劳动市场上的垄断因素对工资的决定有相当大的影响，但从长期来看，还是劳动的供求状况在起决定性作用。劳动的供求是决定工资的关键因素。

相关链接 6-1

NBA 劳资双方签下六年新合同

记者刘毅报道：NBA 不用停赛了！NBA 劳资双方谈判达成一致，双方签下了一份为期六年的新劳资合同，这就意味着新赛季 NBA 停赛危机烟消云散。NBA 总裁斯特恩和球员工会主席亨特今晨一起飞往圣安东尼奥，在第六场总决赛开始之前共同宣布了这一消息。

斯特恩如释重负地说："能够避免停赛，我们大家都感到欣慰。此次协议的达成为联盟和球员之间创造了一个强大的伙伴关系，这对整个联盟的健康发展非常关键。"NBA 联盟同球员工会签署的上期合同将于今年（2007）6 月 30 日到期。从 2 月底开始，双方关于新合同的谈判一直在紧锣密鼓地进行，但由于在某些细节上存在较为严重的分歧，谈判一度面临破裂，使下赛季的 NBA 面临像 1999 年那样停罢的威胁。劳资双方最近经历了连续四天的艰苦谈判之后，终于就困扰双方已久的分歧问题达成一致，全世界的 NBA 球迷们不用再担心下赛季"缩水"了。

（资料来源：李仁君. 微观经济学. 北京：清华大学出版社，2007.）

任务二 利息

一、利息

利息是资本这种生产要素的价格。资本家提供于资本，得到了利息。利息与工资计算的方式不同，它不是用货币的绝对量来表示，而是用利息率来表示。利息率是利息在每一单位时间内（如一年内）在货币资本中所占的比率，简称利率。

二、利率的决定

利息率取决于对资本的需求与供给。资本的需求主要取决于企业投资的需求，因此，可以用投资需求来代表资本的需求。资本的供给主要是储蓄，因此，可以用储蓄来代表资本的供给。这样就可以用投资与储蓄来说明利息率的决定。

企业借入资本进行投资，是为了实现利润最大化，这样投资就取决于利润率与利息率之间的差额。在企业利润率既定的条件下，利息率越低，则企业的纯利润就越大，企业也就越愿意投资。反之，利息率越高，纯利润就越小，企业也就越不愿意投资。这样，利息率就与投资呈反方向变动，从而资本的需求曲线就是一条向右下方倾斜的曲线。如图 6.5

中的 D 曲线。

人们进行储蓄，放弃现期消费是为了获得利息。利息率越高，人们越愿意增加储蓄，利息率越低，人们就越要减少储蓄。这样，利息率与储蓄呈同方向变动，从而资本的供给曲线就是一条向右上方倾斜的曲线，如图 6.5 中的 S 曲线。

利息率是由资本的需求与供给双方共同决定的。利率的决定可以用图 6.5 来说明。

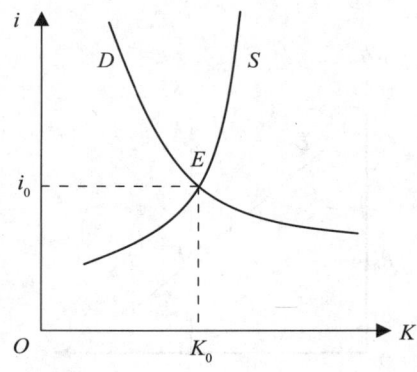

图 6.5 利率的决定

在图 6.5 中，横轴 K 代表资本量，纵轴 i 代表利息率，D 为资本的需求曲线，S 为资本的供给曲线，这两条曲线相交于 E，决定了利息率水平为 i_0，资本量为 K_0。

还可以用可贷资金的需求与供给来说明利息率的决定。可贷资金的需求包括企业的投资需求、个人的消费需求与政府支出的需求，可贷资金的供给包括个人与企业的储蓄，以及中央银行发行的货币。可贷资金的需求与利息率呈反方向变动，可贷资金的供给与利息率呈同方向变动。可贷资金的需求与供给决定利息率的原理和投资与储蓄决定利息率相同。

任务三　地租

一、地租

地租是土地这种生产要素的价格。土地可以泛指生产中使用的自然资源，地租也可以理解为使用这些自然资源的租金。

地租的产生原因有两个：首先，土地本身具有生产力；其次，土地作为一种自然资源具有数量有限、位置不变，以及不能再生的特点。

地租的产生与归属是两个不同的问题。地租产生于以上两个原因，无论在什么社会中都存在地租。但不同社会中，地租的归属不同。在公有制社会里，地租归土地的所有者所有。在公有制社会里，地租归国家所有。在社会团体所有制的社会里，地租归拥有土地的社会团体所有。

二、地租的决定

地租由土地的需求与供给决定。土地的需求取决于土地的边际生产力,而土地的边际生产力是递减的。所以,土地的需求曲线是一条向右下方倾斜的曲线。但土地的供给是固定的,因为在每个地区,可以利用的土地总有一定的限度。这样,土地的供给曲线就是一条与横轴垂直的线。地租的决定可以用图 6.6 来说明。

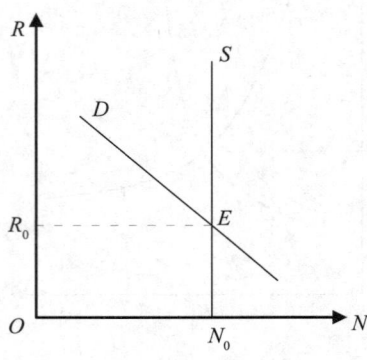

图 6.6 地租的决定

在图 6.6 中,横轴 N 代表土地量,纵轴 R 代表地租,垂线 S 为土地的供给曲线,表示土地的供给量固定为 N_0,D 为土地的需求曲线,D 与 S 相交于 E,决定了地租为 R_0。随着经济的发展,对土地的需求不断增加,这样,地租就有不断上升的趋势。

三、准地租和经济租

从对地租的分析中还引申出了两个重要的经济概念:准地租与经济租。

1. 准地租

准地租又称准租金或准租,是指固定资产在短期内所得到的收入,因其性质类似于地租,而被马歇尔称为准地租。在短期内,固定资产是不变的,与土地的供给相似。不论这种固定资产是否取得收入,都不会影响其供给。只要产品的销售价格能够补偿平均可变成本,就可以利用这些固定资产进行生产。在这种情况下,产品价格超过其平均可变成本的余额,代表固定资产的收入。这种收入是由于产品价格超过弥补其可变平均成本的余额而产生的,其性质类似于地租。

这里要注意的是,准地租只在短期内存在。在长期内固定资产也是可变的,固定资产的收入就是折旧费及其利息收入。这样,也就不存在准地租了。

2. 经济租

如果生产要素的所有者所得到的实际收入高于他们所希望得到的收入,则超过的这部分收入就被称为经济租。这种经济租类似消费者剩余,所以也称为生产者剩余。

准地租与经济租是不一样的，准地租仅在短期内存在，而经济租在长期中也存在。

任务四　利润

利润是企业家才能这种生产要素的报酬。一般把利润分为正常利润与超额利润。

一、正常利润

正常利润是企业家才能的价格，是企业家才能这种生产要素的收入，它包括在成本之中，其性质与工资相类似，也是由企业家才能的需求与供给所决定的。

企业对企业家才能的需求是很大的，因为企业家才能是决定生产好坏的关键因素，使劳动、资本与土地结合在一起生产出更多产品的决定性因素是企业家才能。而企业家才能的供给又是很少的，培养企业家才能所耗费的成本也是很高的。企业家才能的需求与供给的特点，决定了企业家才能的收入（正常利润）必然是很高的。可以说，正常利润是一种特殊的工资，其特殊性就在于其数额远远高于一般劳动所得到的工资。

二、超额利润

超额利润是指超过正常利润的那部分利润，又称为纯粹利润或经济利润。在完全竞争的条件下，不会有这种利润产生。只有在不完全竞争条件下，才会产生这种利润。完全竞争市场涉及创新和风险，不完全竞争就是存在着垄断。因此，我们就从这三个角度来分析超额利润的产生与性质。

1. 创新的超额利润

创新是指企业家对生产要素实行新的组合。它包括五种情况：第一，引入一种新产品；第二，采用一种新的生产方法；第三，开辟一个新市场；第四，获得一种原料的新来源；第五，采用一种新的企业组织形式。这五种形式的创新都可以产生超额利润。

创新是社会进步的动力，因此，由创新所获得的超额利润是合理的，是社会进步必须付出的代价，也是社会对创新者的奖励。

2. 承担风险的超额利润

风险是从事某项事业时失败的可能性。由于未来具有不确定性，人们对未来的预测有可能发生错误，风险的存在就是普遍的。在生产中，由于供求关系发生难以预料的变动，由于自然灾害、政治动乱，以及其他偶然事件的影响，也存在着风险，而且并不是所有的风险都可以用保险的方法加以弥补。这样，从事具有风险的生产就应该以超额利润的形式得到补偿。

3. 垄断的超额利润

由垄断而产生的超额利润，又称为垄断利润。垄断的形式可以分为两种：卖方垄断与买方垄断。

卖方垄断也称垄断或专卖，指对某种产品出售权的垄断。垄断者可以抬高销售价格以损害消费者的利益而获得超额利润。在厂商理论中分析的垄断竞争的短期均衡、完全垄断的短期与长期均衡，以及寡头垄断下的超额利润，就是这种情况。

买方垄断也称专买，指对某种产品或生产要素购买权的垄断。在这种情况下，垄断者可以压低收购价格，以损害生产者或生产要素供给者的利益而获得超额利润。

☞ **项目小结**

①工资是劳动力所提供的劳务的报酬，也是劳动这种生产要素的价格。在完全竞争的劳动市场上，工资是由劳动的供求关系决定的。在不完全竞争市场上，工会会影响工资水平的决定。

②利息是资本这种生产要素的价格。利息率是利息在每一单位时间内（如一年内）在货币资本中所占的比率。利息率是由资本的需求与供给双方共同决定的。

③地租是土地这种生产要素的价格，可以理解为使用这些自然资源的租金。地租由土地的需求与供给决定。

④利润是企业家才能这种生产要素的报酬。企业家不仅从事企业生产经营中的管理工作，而且要进行创新和承担风险。一般把利润分为正常利润与超额利润。

🎓 **复习思考题**

一、单项选择题：

1. 厂商对生产要素的需求是一种（　　）。
    A. 派生需求　　　B. 联合需求　　　C. 最终需求　　　D. 直接需求
2. 随着工资水平的提高，（　　）。
    A. 劳动的供给量会一直增加
    B. 劳动的供给量变化无定数
    C. 劳动的供给量先增加，但工资提高到一定水平后，劳动的供给不仅不会增加反而会减少
    D. 劳动的供给量增加到一定程度后就不会增加也不会减少了
3. 科技进步的加快，导致人们越来越倾向于采用资本密集型的经营方式，这将导致（　　）。
    A. 劳动的供给增加　　　　　　B. 劳动的供给减少
    C. 劳动的需求增加　　　　　　D. 劳动的需求减少
4. 使地租不断上升的原因是（　　）。
    A. 土地的供给与需求共同增加　　　B. 土地的供给不断减少，而需求不变
    C. 土地的需求日益增加，而供给不变　D. 土地的供给与需求共同减少
5. 土地的供给曲线是一条（　　）。
    A. 向右上方倾斜的线　　　　　B. 与数量轴平行的线
    C. 与数量轴垂直的线　　　　　D. 向右下方倾斜的线
6. 劳动的供给增加将（　　）。

A. 增加劳动的边际产量值，并增加工资　B. 减少劳动的边际产量值，并减少工资
C. 增加劳动的边际产量值，并减少工资　D. 减少劳动的边际产量值，并增加工资

7. 鱼的需求减少（　　）。

A. 减少了渔民的边际产量值，减少了他们的工资，并减少了捕鱼行业的就业
B. 增加了渔民的边际产量值，增加了他们的工资，并增加了捕鱼行业的就业
C. 减少了渔民的边际产量值，减少了他们的工资，并增加了捕鱼行业的就业
D. 增加了渔民的边际产量值，增加了他们的工资，并减少了捕鱼行业的就业

8. 渔民供给的减少对捕鱼行业所用的资本市场有什么影响？（　　）

A. 渔船的需求增加，渔船的租金率提高
B. 渔船的需求减少，渔船的租金率下降
C. 渔船的需求增加，渔船的租金率下降
D. 渔船的需求减少，渔船的租金率提高

9. 根据教育的人力资本论，教育（　　）。

A. 增加了人力资本和工人的工资
B. 只有助于企业把工人分为高能力工人与低能力工人
C. 对工人的人力资本没有影响
D. 可以使任何一个工人成为超级明星

10. 以下哪一种关于漂亮工人与不漂亮工人收入的说法是正确的？（　　）

A. 漂亮的人往往赚得少，因为人们会认为漂亮的人浅薄，而且自我欣赏，从而生产率低
B. 漂亮的人往往赚得少，因为漂亮的人通常人力资本少
C. 漂亮的人往往赚得多，因为他们实际上可以有高边际产量值
D. 漂亮的人往往赚得多，因为他们通常有更多的人力资本

二、应用题：

1. 劳动供给曲线为什么向后弯曲？
2. 如何理解工资的决定？工会是如何影响工资水平的？
3. 如果一个国家的人口由于移民进入而突然增加，工资会发生什么变动？土地和资本所有者所赚到的租金和利息有什么变动？
4. 假设某一特定劳动服务的市场是完全竞争的，劳动的供求函数为：$L_s = 800W$，这里 L_s 为劳动供给的小时数，劳动的需求函数为 $L_d = 24000 - 1600W$。试问：当劳动的供求达到均衡时，均衡的工资（W）和均衡劳动小时各是多少？

☞ **案例分析**

案例1：漂亮的收益

美国经济学家丹尼尔·哈莫米斯与杰文·比德尔在1994年第4期《美国经济评论》上发表了一份调查报告。根据这份调查报告，漂亮的人的收入比长相一般的人高5%左右，长相一般的人又比丑陋一点的人收入高5%～10%。为什么漂亮的人收入高？

经济学家认为，人的收入差别取决于人的个体差异，即能力、勤奋程度和机遇的不同。漂亮程度正是这种差别的表现。

个人能力包括先天的禀赋和后天培养的能力，长相与人在体育、文艺、科学方面的天才一样是一种先天的禀赋。漂亮属于天生能力的一个方面，它可以使漂亮的人从事其他人难以从事的职业(比如当演员或模特)。漂亮的人少，供给有限，自然市场价格高，收入高。

漂亮不仅仅是脸蛋和身材，还包括一个人的气质。在调查中，漂亮由调查者打分，实际是包括外形与内在气质的一种综合。这种气质是人内在修养与文化的表现。因此，在漂亮程度上得分高的人实际往往是文化高、受教育高的人。两个长相接近的人，也会由于受教育不同表现出来的漂亮程度不同。所以，漂亮是反映人受教育水平的标志之一，而受教育是个人能力的来源，受教育多，文化高，收入水平高就是正常的。

漂亮也可以反映人的勤奋和努力程度。一个工作勤奋。勇于上进的人，自然会打扮得体，举止文雅，有一种朝气。这些都会提高一个人的漂亮得分。漂亮在某种程度上反映了人的勤奋，与收入相关也就不奇怪了。

最后，漂亮的人机遇更多。有些工作，只有漂亮的人才能从事，漂亮往往是许多高收入工作的条件之一。就是在所有的人都能从事的工作中，漂亮的人也更有利。漂亮的人从事推销更易于被客户接受，当老师会更受到学生热爱，当医生会使病人觉得可亲，所以，在劳动市场上，漂亮的人机遇更多，雇主总爱优先雇用漂亮的人。有些人把漂亮的人机遇更多，更易于受雇称为一种歧视，这也不无道理。但有哪一条法律能禁止这种歧视？这是一种无法克服的社会习俗。

漂亮的人的收入高于一般人。两个各方面条件大致相同的人，由于漂亮程度不同而得到的收入不同。这种由漂亮引起的收入差别，即漂亮的人比长相一般的人多得到的收入称为"漂亮贴水"。

收入分配不平等是合理的，但有一定限度，如果收入分配差距过大，甚至出现贫富两极分化，既有损于社会公正的目的，又会成为社会动乱的隐患。因此，各国政府都在一定程度上采用收入再分配政策以纠正收入分配中较为严重的不平等问题。

(资料来源：梁小民. 微观经济学纵横谈. 北京：生活·读书·新知三联书店，2000.)

问题：该案例运用了哪些经济学观点？请分析文艺明星的过高收入，并说明是否合理。

案例2：一位技艺高超的厨师能获得多少经济租金

如果生产要素的所有者得到的实际收入高于他们所希望得到的收入，则超过的这部分收入就称为经济租金。这种经济租金类似于消费者剩余，所以又称为生产者剩余。

某地区拥有100家餐厅，其中99家聘用的是技艺平平、年薪为3万元的厨师。剩下的第100家餐厅聘请的是一位技艺高超的厨师。因为他的剩余，用餐者愿意多支付50%的价格。99家聘用普通厨师的餐馆拥有相同的年收入，为30万元，确保每家都能获得正常利润。如果那位技艺高超的厨师在餐饮行业的就业选择与普通厨师相同，那么均衡时其雇主应当支付给他多少报酬?他们的经济租金是多少?其雇主获得的经济利润是多少?

因为用餐者愿意为技艺高超的厨师多支付50%的价格,所以其雇主将获得45万元的年收入而非30万元。在长期内,竞争将使技艺高超的厨师每年获得18万元的总收入——普通厨师获得的3万元加上其作为技艺高超的厨师所带来的15万元的额外收入。由于技艺高超的厨师所持的保留价格等于他在餐饮行业之外所能获得的收入——根据假设,3万元/年,与普通厨师相同——因此,他的经济租金是15万元/年。其雇主获得的经济租金等于0。

既然那位技艺高超的厨师在餐饮行业之外的机会成本并不优于普通厨师,那为什么还要支付给他如此高的报酬呢?假设其雇主只支付给他6万元,而双方也觉得这是一笔不错的薪酬——因为是普通厨师的两倍。那么雇主每年能获得12万元的经济利润——因为他的年收入比其他普通餐馆增加了15万元,而成本却只增加了3万元。

但是,这样的经济利润使其他餐馆的所有者看到了机会,他们将会出更高的价格挖走这位技艺高超的厨师。如果一家竞争餐馆的所有者愿以7万元的年薪聘请该厨师,那么他将一年获得1万元的净收益,其雇主将获得11万元的经济利润,而不再是原来的零利润。另外,技艺高超的厨师是餐馆获得正常经济利润的唯一原因,那么,只要经济利润存在,对厨师的竞价就会继续。某个其他餐馆的所有者将会出价8万元,另一个将出价9万元,如此,等等。只有当技艺高超的厨师获得的年薪使经济利润不存在时,竞价才会结束,均衡才会实现。当然,上述竞价过程有一个前提条件:那位厨师之所以技艺高超是因为天赋异禀。相反地,如果他的技艺是在一所技艺学校训练的结果,那么随着时间的流逝,他的优势地位将逐渐消失,因为其他厨师也可以通过相似的训练赶上甚至超过他。

问题:
(1)什么是经济租金和经济利润?
(2)技艺高超的厨师为什么能获得经济租金?

☞ **实训项目**

实训项目一:生儿育女:中国多数农民的储蓄形式

背景资料:

与许多发展中国家一样,中国农民愿意生育较多的子女,计划生育难以推行。农民的理由非常简单:养儿防老———语道破中国农民的储蓄形式,待将来自己丧失了劳动能力的时候,由子女来赡养,这实质上是通过养育子女形成劳动力来进行储蓄。为了表述的方便,以下我们简称为"人力储蓄"。

农民为什么要通过养育子女来进行储蓄,而不通过购买金融资产进行储蓄?中国农村特有的经济条件,是农民选择这种储蓄形式的主要原因:

(1)收入不足。由于中国人多地少,农民所有的资源有限,其产品在满足当前消费之后所剩无几,未来养老的货币收入对多数农民暂时还是梦想。

(2)劳动剩余产品无法全部转换成货币。在现有经济环境下,各家各户生产的相对少量的剩余低质农产品或者价值太低没有出售的意义,或者运费太高超过了剩余产品的价值，或者因为生产的太分散，没有商人去收购各不相同的少量农产品。总而言之，我国农民有较多的低质剩余产品无法转换为货币收入。

（3）养育子女是剩余产品的最佳出路。一方面，农民的子女对卫生条件、生活质量和教育都要求不高；另一方面，农民又能够提供养育子女所需的足够食物。此外，子女在一定年龄后还能在农忙时提供部分田间劳动。最后，子女长大后还能依据传统道德规范向家庭提供收入。所以，多养子女既是低质剩余产品的利用，也是对未来家庭收入的投资；既解决了当前的困境，也解决了未来的忧虑，一举两得。

（4）中国的法律和传统道德要求子女赡养老人。中国农民将抚养子女作为一种储蓄形式的关键是中国的这种社会传统，如果没有这种传统，子女长大后可以离开家庭不赡养老人，那么，这种抚养子女也就不再是一种储蓄形式了。

（资料来源：宋建军. 农民储蓄的另类解释. 经济学消息报. 2002-6-21.）

实训题目：

通过对农村储蓄的调查，写一篇关于目前在我国农村能否再通过养育子女形成劳动力来进行储蓄的小论文，字数1500字左右。

实训项目二：为什么城市中心的房价会比偏远地区高

背景资料：

我国房价地区之间的差异很大，同一地区内部的差异也可能会很大。甲住在某城市比较繁华的路段，他买的房子是120多平方米，每平方米的价格是1万元，总共花费100多万元，当然这里小区的位置不错，环境幽雅，虽说是比较繁华的地方，但空气还是很不错；小区相关配套设施比较齐全，小区内有幼儿园、小学、初中和高中，还有医院、商场、银行、邮局、游泳池、运动场等；小区附近也有很多医院、学校、银行、商场等；住户一走出小区，就有通往市区的公共汽车和地铁等交通工具；政府在这里投入了很多的公共设施基础建设；这里的治安状况也很好；信息方面也很畅通等。乙在比较偏远的同一个区买了一套房子，有100多平方米，每平方米的价格是4500元，总共花费45万元左右。相对来说，乙的房价比甲的房价少得多，相关的配套设施也没有甲的完善，而且离市区也比较远。

实训题目：

结合你所在的城市所见所闻，写一篇关于该城市的住房价格的调查报告，字数1500字左右。

实训项目三：最低工资的利弊

背景资料：

1998年3月，克林顿总统提议在两年内将最低工资提高1.00美元，使其达到6.15美元。自从1938年制定25美分联邦最低工资开始，经济学家们就一直对最低工资法的利益与成本存在争论。联邦最低工资法起初只覆盖了全部劳动力的43%，主要是那些在涉及洲际间商业活动的大型厂商里工作的工人。多年以来，最低工资不断提高，覆盖范围也一再扩大，到1998年，最低工资法覆盖了全部劳动力的86%，（仍然没有涵盖的群体包括从事家庭服务的劳动者和在小零售企业、小餐馆里工作的人）。

在克林顿提议增加最低工资的那段时间，大约有1200万工人每小时工资在5.15美元和6.15美元之间，因此他们可能受到工资增加的影响。这个群体包括许多非熟练或年轻工人，他们大多数在服务业和零售业中从事临时性的工作。最低工资立法的鼓吹者认为适当地实施最低工资能够增加最贫困工人的收入，而对整个就业影响不大，甚至没有影响。最低工资立法的批评者认为高于市场出清水平的最低工资会促使雇主相应减少工人雇佣量或者削减非工作报酬，造成很多负面影响。

而首当其冲遭受解雇的工人是来自非熟练工人团体中的底层，即教育水平低、技能最差、健康有问题的人，他们正是政府希望保护和援助的对象，但结果却是他们首先受到伤害。

其他的负面影响主要表现为：首先，就业量的下降不仅表现为就业人数的下降，还可表现为就业工人工作时间的下降，所以会有相当一部分非熟练工人处于半失业状态；其次，当政府要求企业提高货币工资时，企业可以采取相应减少别的福利待遇的对策，使真实的工资上升幅度小于货币的上升幅度，甚至完全抵消。首先受到削减的福利可能会是非熟练工人，尤其是临时工人的福利政策；再次，在那些受到最低工资法管制的行业找不到工作的人会转向管制范围之外的行业，从而压低这些行业的工资水平，雇主可以在挑选工人时采取更挑剔苛刻的态度，并按照自己的偏好实行歧视性雇佣政策，如性别歧视、种族歧视、年龄歧视等，所以，那些具有大多数雇主不喜欢的特征（如性别、肤色等）的工人变成了牺牲者。

自20世纪70年代以来，美国已经公布了40多项考查最低工资变化对就业影响的研究报告。虽然少数已经发现最低工资对就业有较小的积极影响，但大部分已经发现或者没有影响或者有消极的影响，特别是在年轻工人中。最低工资提高不可能总是对总的就业产生预期的消极影响，一个原因就是雇主常常针对工资的提高做出种种反应，如用临时工作代替专职工作，以更称职的享受最低工资的工人（如大学生）代替不大称职的工人（如中学辍学的学生），以及调整工作的一些非工作因素以降低成本或提高生产力。

最低工资的提高也增加了上学的机会成本。例如，一项研究发现最低工资的提高会鼓励16~19岁的一些年轻人辍学去寻找工作，尽管许多人没有找到工作。同时，已经离开学校的那些人会因为最低工资的提高而很可能成为失业者。因此，最低工资的提高可能会对入学人数产生较大影响。

如果政府不再修改最低工资标准，那么随着生活水平的提高和物价的上涨，最低工资标准将逐渐变得形同虚设。如果政府考虑重新规定这一标准，并将其定在市场均衡水平之上，也会碰到许多阻力。一些经济学家甚至指出，最低收入家庭之所以贫困，不是因为家庭成员从事低工资工作，而是他们根本找不到工作或长期处于半失业状态，因而很难得到最低工资法的保护和帮助。

实训题目：
（1）请对最低工资法案的利弊进行分析；
（2）根据存在的问题，请给政府提供一个较好的解决弊端的实施方案。

项目七　市场失灵与政府干预

☞ 学习目标
1. 掌握市场失灵及其相关概念；
2. 理解政府干预措施；
3. 理解政府失灵论。

☞ 创设情境

易出现监管"逆向选择"保险信息化存诸多阻碍

近年来，国内保险信息化发展增强了行业风险管理能力，提高了监管工作效率，推动了整个行业持续快速发展，但相对于保险业信息技术的迅速发展，我国保险信息化监管仍然相对滞后。浙江保监局于近日就在一份内部学术调研报告中称，国内保险信息化发展与发达国家相比存在着较大的差距，这也给保险监管带来了一些新的挑战。

在这份调研报告中，浙江保监局称，当前我国保险监管信息化体系基本成形，但与发达国家相比存在着较大的差距，主要表现在以下方面：

首先，信息化监管法律、法规建设滞后。

其次，我国虽然已经建立了"三网一库"信息化基础平台，积累了一定的信息资源，但现有监管信息系统的发展缺乏统一规划，系统建设各自为政，技术手段和监管指标缺乏统一标准，无法有效地实现系统的集成和共享。

再次，不少基层监管机构为满足个性化监管需要，自行设定一些报表要求保险公司手工报送，数据采集口径缺乏统一规范，导致信息采集的重复化和低效率。

最后，目前我国保险信息披露监控技术系统还比较落后，基本停留在经验基础之上，对重复信息、虚假信息、混淆信息等的甄别缺乏有效的技术手段。

浙江保监局称，这些问题使得保险信息化监管遭遇相关约束，致使监管者和被监管者之间存在着信息壁垒，进而影响到整个保险市场的正常运行，首当其冲的就是加大了监管成本。因为在信息不对称条件下，信息化约束提高了监管信息获取成本，易导致许多寻租行为和投机行为，造成社会福利的损失。

另外，还容易出现监管的"逆向选择"。监管者在信息不透明下往往依靠经验加以判断，监管政策的科学性和有效性无法得到保证，长期下来易形成"劣币驱逐良币"现象，导致市场机制失灵，"救火式"的被动监管局面将长期存在。同时，信息化约束使得监管机构无法深入有效地挖掘监管信息，并以此来分析、预警和预测各类风险，准确把握保险市场变化趋势，制定符合未来发展态势的决策。资料中涉及的问题其实就是经济中所说的市场失灵的表现之一。

（资料来源：2010年，第一财经日报。）

为什么人们追求进步的行为却带来了如此严重的后果呢？案例中涉及的问题其实就是经济中所说的市场失灵的表现之一。

任务一 市场失灵

在传统的西方经济学中，在市场这只"看不见的手"调节下，整个经济的确能和谐而稳定地发展，使资源得到最优配置。但市场并不是万能的，它在调节经济的同时，也会引起许多问题。如污染，对人们的身体健康有害，然而要减少污染，并不是人们说一句话就能解决了的，必须添置大量的防污染设备和检测仪器，需要增加经营成本。经营成本的增加则意味着利润的减少，私人企业为了追求利润最大化的目标，怎肯轻易增加经营成本？故而你污染，我也污染。以致大家都呼吸着使人短命的空气，饮用着受到污染的水。再比如，从历史的角度来看，大家都能认识到国防对每个人的重要性，可是，世界上却没有哪个国家的国防经费是靠着百姓自愿筹集的。政府就必须强制老百姓纳税，以支援国防建设。这就防止了"搭便车"的问题，即一部分人出资建设国防，却使另一些不愿出钱的人无形之中受益。而这恰好是市场经济所无法解决的，我们称为"市场失灵"。

所谓的市场失灵，也称市场缺乏效率，是指市场机制不能正常发挥作用，从而资源配置不能达到最优状态，市场失灵的原因包括公共物品、外部性、垄断和信息不对称等原因。

一、公共物品与市场失灵

1. 公共物品与私人物品

（1）私人物品

在现实经济中，大部分物品与劳务都是私人物品。私人物品是由个人消费的物品。它的特征是消费的排他性和竞争性。私人物品的排他性和竞争性决定了每个人只有通过购买才能消费某种物品，也就是消费者只有通过市场交易向生产者购买才能消费这种物品。有市场交易行为就有价格。当消费者和生产者对价格都满意时，交易才会发生。在这种价格时，消费者愿意购买，生产者愿意生产，价格调节使供求平衡，这就是市场机制配置资源的有效性。

（2）公共物品

公共物品是集体共同消费的物品。国防、公共交通和天气预报等都是典型的公共物品。相对于私人物品，公共物品具有"非排他性"和"非竞争性"的特征。"非排他性"是指不能轻而易举地排斥某人消费某种物品。"非竞争性"是指一个人消费某种物品不会减少其他人的消费，消费者之间并不存在竞争。

公共物品根据性质可以分为纯公共物品和准公共物品两种。纯公共物品就是同时满足非竞争性和非排他性两个特征的产品，它只能由政府依靠税收组织生产，包括国防、航空研究、气象预报、灯塔等；准公共物品是只具备一个特征（或者非竞争，或者非排他性）的产品。例如，公立学校、公立医院、文化设施、自来水和煤气、邮政等。

2. "搭便车"问题

公共物品的非排他性和非竞争性决定了人们不用购买仍然可以消费。这种不用购买就可以消费的行为称为"搭便车"。公共物品可以"搭便车"，消费者要消费不必花钱购买，这样，公共物品就没有交易，没有市场价格，生产者不愿意生产。

如果仅仅依靠市场调节，由于公共物品没有交易和相应的交易价格，就没人生产，或生产远远不足。但公共物品是一个社会发展必不可少的，这样，市场调节就无法提供足够的公共物品。公共物品的供小于求是资源配置失误。这种失误是由于仅仅依靠市场机制引起的。这就是市场失灵。

相关链接 7-1

"搭便车"现象

假定有一个村子，修一条通往村外的大路对村民的交通有利，既能使村民行走方便，又可以有利于他们的经济活动。但每一个村民均不想自己来承担这个任务，因为一旦有人出资修这条路，其他人将不付成本地从中获得好处。修路人当然也能够从中获益，但与他的付出相比，好处不大。这样，每个村民均希望其他人来修路，从中"搭便车"。结果是，长期以来村子里没有一条大路通往外面。

因此，公共物品的"搭便车"问题需要政府来解决，也就是政府要履行"守夜人"的职责。

（资料来源：http://mooc.chaoxing.com/nodedetailcontroller/visitnodedetail? knowledgeId＝2733199；7-2：www.shangxueba.com>）

二、外部性与市场失灵

外部性又称外部效应，是指某种经济活动给予这项活动无关的主体带来的影响。外部性分为正外部性和负外部性。

当某项经济活动给予这项活动无关的主体带来好处时，这就产生了正外部性；反之，负外部性是指一项经济活动给予这项活动无关的主体带来的不利影响。

外部性的存在之所以会造成市场失灵，是因为其产生的私人收益与社会收益不对等、私人成本与社会成本不对等造成的。所谓私人收益，是指一项私人活动给实施这项活动的私人所带来的净收益；社会收益则是这项活动给实施个体和社会中的所有其他人所带来的净收益之和。当一项活动的私人收益大于社会收益时，我们就会观察到这项活动的过度供给，此时存在负的外部性，例如，河流上游的生产工厂排放污水影响到下游养鱼；某人欣赏音乐的声音过大影响到其他人的休息。反之则会产生供给不足，此时存在正的外部效应。例如，一企业在某地办厂给附近居民带来了地价上升的好处；居住在富贵人家花园边上的人可以免费欣赏美景。

无论是正负外部性都会引起市场失灵。

相关链接 7-2

20世纪初的一天，列车在绿草如茵的英格兰大地上飞驰。车上坐着英国经济学家庇古。他边欣赏着风光，边对同伴说：列车在田间经过，机车喷出的火花（当时是蒸汽机车）飞到麦穗上，给农民造成了损失，但铁路公司并不用向农民赔偿。这正是市场经济的无能为力之处，称为"市场失灵"。

约70年之后，1971年，美国经济学家斯蒂格勒和阿尔钦同游日本。他们在高速列车（这时已是电气机车）上想起了庇古当年的感慨，就问列车员，铁路附近的农田是否受到列车的损害而减产。列车员说，恰恰相反，飞速驶过的列车把吃稻谷的飞鸟吓走了，农民反而受益。当然铁路公司也不能向农民收"赶鸟费"。这同样是市场经济无能为力的，也称为"市场失灵"。

同样一件事情在不同的时代与地点结果不同。两代经济学家的感慨也不同。但从经济学的角度看，火车通过农田无论结果如何，其实说明了同一件事：不管外部经济或不经济，从社会的角度看都会导致资源配置的错误，即造成市场失灵。

三、垄断与市场失灵

垄断是对市场的控制。垄断会引起市场失灵。我们可以比较竞争与垄断情况下社会福利的损失来说明市场失灵。

在竞争情况下，价格由供求决定，当价格调节使供求相等时，用消费者剩余和生产者剩余之和表示的社会福利达到最大。消费者剩余是消费者愿意支付的价格与实际支付的价格之差，生产者剩余是生产者生产某种产品的成本与实际得到的价格之差。总剩余是消费者剩余与生产者剩余之和。在竞争条件下，市场均衡时，消费者剩余与生产者剩余达到最大，即社会福利最大，表明价格调节实现了资源配置的最优化。

当有垄断时，垄断者利用对市场的控制把价格提高到均衡价格以上。这就引起消费者剩余和生产者剩余的损失，从而资源配置没有实现最优。在经济中，竞争会引起垄断，垄断引起资源配置失误，这是经常出现的现象。换言之，在存在垄断的情况下，经济不能通过价格调节而实现资源配置最优化。

四、信息不对称与市场失灵

信息不对称是指参与经济活动的交易双方对交易对象的信息掌握和了解存在差异。掌握信息比较充分的人员，往往处于比较有利的地位，而信息贫乏的人员，则处于比较不利的地位，双方地位不平等。例如，投保人和保险公司，贷款人和银行，公司董事会和普通散户，经理和董事，旅游地的珠宝店和游客，等等。有些市场，买方掌握的信息较多，如保险市场；还有一些市场，卖方掌握的信息较多，如旧车市场、奶粉市场、旅游市场等。

信息不对称会造成两种结果：逆向选择和道德风险。

1. 逆向选择

逆向选择发生在交易之前。交易前，买卖双方对于商品的信息不对称，一般卖方信息多于买方，如果有的卖方产品是假冒伪劣产品，质量好的产品被挤出市场，这种现象称为逆向选择。在存在逆向选择的条件下，"看不见的手"无法将质量好的产品卖给真正的需求者，即市场运行的结果是低质量商品驱逐高质量的商品，劣胜优汰，从而使市场上商品的质量持续下降，导致市场失灵。

相关链接 7-3

婚恋市场的逆向选择

我们经常看到一对男女朋友，男的不如女的漂亮，为什么呢？这也是由于信息不对称造成的逆向选择的结果。

假设，某优秀的男生甲和另一男生乙共同追求美丽的女生。男生乙自知在相貌、品学和经济实力等方面均不如男生甲，所以追求攻势格外的猛烈，而优秀男生甲虽然也非常喜欢美丽的女生，但碍于面子，也由于自恃实力雄厚，追求美丽的女生内敛含蓄不温不火。美丽的女生实际上喜欢甲要胜过乙。但女孩子的自尊心作怪，再加上信息不对称——她不知道甲是不是喜欢她，所以会显得很矜持。

最后的结果是不如甲的乙追到了美丽的女生，而美丽的女生带着遗憾，心里想着甲却成为别人的新娘。这就是由于信息不对称而造成的"逆向选择"，也称作"劣币驱逐良币"。

（资料来源：http://blog.sina.com.cn/）

2. 道德风险

交易后，买卖双方履行合约时，双方对于对方行为的信息不对称，签约一方会采取自身效用最大化的欺诈、偷懒等自私行为，这就是道德风险。道德风险的存在减低了预防措施，从而使损失发生的概率上升，降低了市场的运行效率。

相关链接 7-4

大学生自行车保险中的道德风险

2001 年度诺贝尔经济学奖得主斯蒂格里茨（Stiglitz）在研究保险市场时发现，美国一所大学学生自行车被盗比率约为 10%，几位颇有经营理念的大学生据此搞了一个自行车保险，保费为标的物的 15%。按照常理，这些搞保险的学生应有 5% 左右的利润。但实际结果却并非如此，原因是该自行车保险运作后，自行车被盗率迅速超过了 15%。问题出在哪儿？

关键在于自行车投保后，有些学生的安全防范措施明显减少了。

任务二　政府干预

市场失灵的存在引出了政府干预的必要性。政府的作用并不是代替市场机制，而是补充市场调节的不足，解决市场机制所解决不了的问题。

一、政府干预公共物品问题

经济中的纯公共物品，如国防、航空研究、气象预报、灯塔等要由政府来提供。这就是由政府向公民征收税收，作为提供这些公共物品的资金。这些公共物品为任何一个经济所需要，但又不是私人或市场所能提供的。提供这些公共物品是政府在市场经济中的基本职能之一。有些公共物品可以变为私人物品，通过市场方式提供，这时政府就要把这种物品的供给交给市场。在这些公共物品上，政府所做的事就是通过拍卖把这些事业的经营权转让给私人企业，让他们按市场原则去经营。

二、政府干预外部性问题

1. 正外部性与政府干预

对于具有正外部性的企业，政府可以采取发放津贴的办法，使企业的私人利益与社会利益相等或接近。无论何种情况，只要政府采取措施使社会成本和社会利益相等，则资源配置便可实现最优状态。

2. 负外部性与政府干预

政府解决负外部性可以使用立法等行政手段，也可以采用经济等市场手段。例如，解决污染的问题，如果政府采用立法手段，可以通过制定环境保护法等这样的法律，指定某个政府部门作为执法机构，规定一定的排放标准，强制执行，对违规者进行从罚款到追究法律责任的处罚；经济手段是征收污染税，因此也称为庇护税。这种税收是向生产者征收，这就把污染的社会成本变成了私人成本。生产污染产品的企业成本增加，会减少直至停止生产，或者自己治理污染。政府也可以用这种税收来治理污染或保护环境。

三、政府干预垄断问题

垄断包括自然垄断和立法垄断，政府对垄断的干预主要用以下三种方法：
（1）价格管制

价格管制是政府控制垄断者产品的价格。这种方法主要用于自然垄断行业。其原则有三种：一是边际成本定价，即垄断企业按产品的边际成本确定价格。二是平均成本定价，即垄断企业按产品的平均成本定价。三是确定一个合理的资本回报率，按成本加这种回报率定价。此外，政府为了防止企业定价过高，也可以采用价格上限的政策，即规定一个企业产品价格不能超过的某个最高价,在此之下由企业自行定价。

(2)制定反垄断法

政府可以通过立法的形式来反对垄断。目前,反对垄断势力的法律主要是反托拉斯立法。美国曾经颁布了一系列反对垄断的法律,例如,1890年的《谢尔曼法》、1914年颁布的《克莱顿法》、1936年颁布的《罗伯逊-帕特曼法》、1950年颁布的《塞勒-凯弗维尔法》等,这些法律通称为反托拉斯法。

相关链接 7-5

可口可乐公司并购违反了反垄断法

2008年9月3日,中国汇源果汁集团有限公司公告称可口可乐公司已与汇源果汁三大股东中国汇源果汁控股有限公司、达能及华平基金旗下GourmetGrace签署接受要约,以每股12.2港元的价格,现金收购后者合计持有的汇源果汁大约66%股份及全部未行使可转换债券及期权。2008年12月5日,商务部立案受理并购案。

2009年3月18日,商务部正式发布《关于对可口可乐收购汇源反垄断审查公告》,公告称,鉴于可口可乐对汇源果汁的收购可能妨碍或者限制竞争,影响中国果汁行业的健康发展,作出禁止收购的决定。

这是反垄断法自2008年8月1日实施以来,商务部已经受理的40多起反垄断申报中首个没有通过反垄断审查的案例。

(资料来源:http://www.docin.com)

(3)国有化

国有化就是对垄断性的企业实行国有,由政府经营。

四、政府干预信息不对称问题

1. 信息公开

政府重视和充分发挥行业协会、消费者协会、国家质量标准组织、信用评级机构的作用,对新闻媒体和其他各类信息服务组织进行有效的监督评价,保证信息正确传递,这样消费者能够在一定程度上了解商品质量信息,提高质量知情者的比例。

2. 质量监控

国家质量监督部门对产品质量的监督检验,产品质量进行评价、考核和鉴定,以促进企业加强质量管理,执行质量标准,保证产品质量。同时对于造假、欺诈等行为通过法律手段严厉惩罚,保证消费者的权益,遏制类似"奶粉事件"、"广告欺诈"的发生。

3. 价格决策听证

政府价格主管部门在制定(调整)实行政府指导价或者政府定价的重要商品和服务价

格前，组织社会有关方面，对制定价格的必要性、可行性进行充分论证。对政府规制机构来说，价格听证会提供了一种收集信息和谈判仲裁的方式；听证过程涉及市场参与者与规制者之间以及市场参与者本身之间的信息交换；在听证中，规制机构在立法机关授权所限定的范围内，在公用事业企业及其用户的竞争性利益之间做决定。

这些方法各有利弊，实行起来也不容易，所以经济学界和政界对应不应该用政府的方式来反垄断，以及如何反垄断这些问题上始终存在着分歧。

任务三　政府失灵论

在市场失灵的情况下需要政府进行干预。那么，是不是有了政府的这种干预，市场经济就完善了呢？美国经济学家布坎南提出的公共选择理论，这个理论证明了政府干预也不一定能解决市场失灵问题，因为政府也会失灵。政府失灵是指用政府取代市场并不能保证消除市场失灵，实现资源配置最优化。

一、公共选择理论

公共选择理论用经济学方法分析政治领域中的决策行为。这种理论把决定政策的政治领域看作是和物品市场一样的市场。在这个市场上，政策的供给者是政府官员和政治家，需求者是选民，选民手中的选票相当于消费者的货币。某种政策的产生是政治市场上均衡的结果。民主制度下，官员能否获选或连任取决于选举。如果选民完全了解每一种政策对自己利益的影响，并以此为依据来进行投票，官员就只要按选民的意志来办事才能获选或连任。这时，官员的个人利益与选民的社会利益一致，官员即使从自己个人利益出发，所制定的每一项政策也是符合社会利益的。这时就不存在政府失灵问题。但在现实中，这种情况并不存在。

首先，选民是理性和无知的。这是因为，选民要能对政策做出判断，必须具有完备的信息，这种信息包括政策运行的理论，政策效应分析及其他相关信息。要获得这种信息必须付出极大的代价，比如要学习各种专业理论，阅读各种报刊，收集并分析相关信息。但政策对自己的影响总是有限的。一项对自己有利的政策，不会只对自己有利，而是对许多人有利，自己分享到的好处极为有限。

其次，政府与选民之间信息是不对称的。政府官员拥有的信息多，选民拥有的信息少，官员就可以利用自己的信息优势，使政策有利于自己。

最后，现代社会的民主并不是选民直接表达自己意愿的直接民主，而是由议员代表他们表达自己意愿的间接民主。社会分为不同的利益集团，选民分属于不同利益集体，没有完全相同的利益。不同的议员代表不同的利益集团，无法做出有利于整个社会的决策。

因此，由于以上原因，政治过程得出的均衡，即做出的决策，并不一定符合整个社会利益。这时政府就会失灵。

二、官僚主义行为模型

我们可以用官僚主义行为模型来说明政府失灵。根据市场失灵理论，政府要提供公共物品，尤其是纯公共物品只能由政府提供。那么，由政府提供这些公共物品能不能实现资源配置的最优化呢？根据市场经济原则，当一种物品的边际成本与边际收益相等时，就实现了资源配置最优。假定一个政府为了保卫国防，提供反导弹系统。当这个社会提供5套反导弹系统时，边际成本与边际收益相等。所以，5套反导弹系统能实现资源配置最优。但国防部官员从自己的利益出发，希望提供6套，甚至更多的反导弹系统。因为反导弹系统越多，他们得到的国防拨款越多，支配的钱和人越多，权力也就越大，符合他们的个人利益最大化。

但他们这种愿望能不能实现呢？这就要看作出这个决策的政治过程了。在这个决策过程中，选民是无足轻重的，因为他们对于国家需要多少反导弹系统根本不了解，也没有兴趣去了解，或者说也没有了解这件事所需要的信息与能力。国防部官员提出的反导弹系统数量要经过议会批准关键在议会议员的态度。议员是以少数服从多数道德原则来决定这一提案能否通过的。在讨论这一提案时，国防部官员与议员之间信息是不对称的。国防部官员可以利用自己拥有的信息来让议员相信，5套反导弹系统不够，起码要6套才行。议员并没有这方面信息，也易于被国防部官员说服。同时，议员中有代表军工集团利益的，他们出于自己的利益考虑会坚决支持国防部的提案。尽管会有其他利益集团议员的反对。但军工集团的议员可以与这些议员进行交易，这次他们支持增加反导弹系统，下次他们支持其他利益集团。通过这种谈判过程，大多数议员会同意这个方案。根据实际需要有5套反导弹系统就实现了边际成本与边际收益相等，但政治过程决定了购买6套反导弹系统。这第6套反导弹系统的边际成本大于边际收益，因为有5套与6套反导弹系统，国家的安全程度相同，第6套反导弹系统的边际收益几乎为零。这就是资源没有得到最优配置，产生了政府失灵。

市场存在失灵，纠正市场失灵的政府干预也引起失灵。在现实中，能由市场解决的尽量由市场解决，市场解决不了的，只有求助于政府，这样做的目的无非是尽量减少政府的失灵而已。

☞ **项目小结**

1. 市场失灵是指在有些情况下仅仅依靠价格调节并不能实现资源配置最优化。具体表现为公共产品问题、外部性和垄断等问题。

2. 市场失灵的存在引出了政府干预的必要性。政府的作用并不是代替市场机制，而是补充市场调节的不足，解决市场机制所解决不了的问题。

3. 美国经济学家布坎南提出的公共选择理论证明了，政府干预也不一定能解决市场失灵问题，因为政府也会失灵。

🎓 **复习思考题**

一、单项选择题：

1. 市场失灵是指（　　）。

A. 在私人部门和公共部门之间资源配置不均

B. 不能产生任何有用成果的市场过程

C. 以市场为基础的对资源的低效率配置

D. 收入分配不平等

2. 下列不属于市场失灵的因素是(　　)。

A. 垄断　　　B. 公共物品　　　C. 信息完全　　　D. 外部性

3. 人们接受流感疫苗的接种不但自己免受流感的折磨，而且大大减少流感的传染，也有利于他人健康。这属于(　　)。

A. 规模正效应　　B. 规模负效应　　C. 外部正效应　　D. 外部负效应

4. 居民个人乱扔生活垃圾对社会产生的效应属于(　　)。

A. 消费的外部正效应　　　　　B. 消费的外部负效应

C. 生产的外部正效应　　　　　D. 生产的外部负效应

5. 为了使负外部性内在化，适当的公共政策的反应将是(　　)。

A. 禁止所有引起负外部性的物品的生产

B. 政府控制引起外部性的物品的生产

C. 补贴这种物品

D. 对这种物品征税

6. 为了使正外部性内在化，适当的公共政策的反应应该是(　　)。

A. 禁止引起外部性的物品　　　B. 政府生产物品直至增加单位的价值为零

C. 补贴这些物品　　　　　　　D. 对物品征税

7. 如果一个人消费一种物品减少了其他人对该物品的使用，可以说这种物品是(　　)。

A. 公有资源　　　　　　　　　B. 由自然垄断生产的物品

C. 竞争性的　　　　　　　　　D. 排他性的

8. 私人市场难以提供公共物品是由于(　　)。

A. 公共物品不具有排他性　　　B. 公共物品不具有竞争性

C. 消费者可以"免费搭便车"　　D. 以上三种情况都是

二、分析题：

1. 什么是市场失灵？市场失灵产生于哪些问题？

2. 政府对垄断的消除主要有哪些方法？

3. 试运用外部效应理论分析环境保护问题。

☞ 案例分析

案例1：灯塔的故事

17世纪初期，作为隶属英国的政府机构，领港公会建造了两座灯塔。虽然领港公会有特权建设灯塔，并向使用灯塔的船只征收费用，但公会却不愿意在灯塔上投资。在1610年至1675年之间，领港公会一个新的灯塔也没有建造。在同一时期内，私人投资建了10个灯塔。私营投资者必须向政府申请特权，准许他们向船只收费。灯塔建成后，过路钱由海关的公务员根据船的大小及航程上经过的灯塔多少收费，对应不同航程的灯塔费用印在小册子上。这些私营的灯塔是向政府租用地权而建造的，租约期满后，就多由政府

143

收回让领港公会经营。到了1820年，英国私营的灯塔只剩22个，而由领港公会经营的有24个。但在这总共46个灯塔中，34个是私人建造的。1820年之后，领港公会开始收购私营的灯塔。1836年，政府通过法例，领港公会将私营灯塔逐步全部收购。1842年之后，英国再没有私营的灯塔。英国政府在当时解释要收购私营灯塔的原因，不是因为收费有困难，而是政府认为私营收费太高。

问题：灯塔提供服务的特殊性是什么？究竟该由谁来建设灯塔？又该由谁管理灯塔？

案例2：距离产生美

举世皆知，蒙娜丽莎的清丽无人能及，世界各地专程前来巴黎瞻仰她容貌的人们甚至踏坏卢浮宫的门槛，但是，蒙娜丽莎的美，只能在距离油画两三米外才能显现，如果贴近来看，只是一幅皱巴巴、杂乱不堪的油彩；雄居五岳之首的泰山，那磅礴的气势也要从山外来看，真进了山中，那石，那树，和别的山川没什么根本的不同；埃菲尔铁塔，从远处看蔚为壮观、气势磅礴，可走近了看，不过是一堆锈迹斑斑的钢条加铆钉。为什么？距离产生美。

政府与市场，同样需要距离。如麦迪逊所言："如果人都是天使，就不需要任何政府了。如果是天使统治人，就不需要对政府有任何外来的或内在的控制了。"完成治理的基本功，做到对市场的不妨害，是一个政府在经济事务管理的最低纲领（对一些政府来说，或许是最高目标）；这也是市场对政府的核心的、正当的、理性的要求。尤其在权力自上授予、对上负责的情况下，过于热心的参与往往是执政目标的暧昧所致。当地方政府在新的政治格局中获得了更大的权力时，这种区域竞赛似有进一步蔓延升温的迹象。当市场上的竞赛主体只是一些集合的、模糊的身影时，竞赛的魅力就已经失去了。

当前土地市场秩序混乱，在某种程度上是因为政府离市场太近。本轮圈地运动，一些地方政府部门具有不可推卸的责任。一位参加五部委土地联合督察组的官员说，这次检查发现经营性土地"招拍挂"出让还没有做到全覆盖，某省份至今仍有一半的市、县未建立"招拍挂"制度；违法审批、越权审批土地行为仍未得到根本遏制，如个别地方基层政府违反规划，随意将大量农用地转为建设用地，违规扩大土地作为基础设施投资综合补偿范围，违规低价出让土地，擅自批准减免地价和土地有偿使用费；一些市县在招商引资中竞相压低地价，恶性竞争吸引投资者；个别地区经营性用地招标拍卖挂牌不甚规范，仍以协议方式出让土地。市场经济客观要求政府必须将职能定位于制定土地市场规则、维护市场秩序、营造市场环境上，通过法律手段和经济手段等调控市场，减少对市场的直接干预，以保护土地市场稳定、公平、安全运行。要解决这些问题，首先就是要从现在开始逐步规范政府行为，而不是反过来在现在的机制下再去强化政府各部门对市场经济活动的干预。

当然，距离不能变成遥远，否则，美丽也就不存在了。政府与市场保持适当的距离的时候，经济、社会的效率是最高的。政府与市场的距离渐行渐远，弊端开始显露。始于20世纪80年代末至90年代初的那一轮圈地运动，在某种程度上是因为政策法规不够完善、政府宏观调控不够所致。1989年3月人大修改了宪法，补充了"土地使用权可以依法转让"一句，但是没有出台配套措施，没有对土地市场交易出台规范措施，也没有建立宏观调控机制。游戏规则存在漏洞，缺乏宏观调控，使一些炒家看到了发财的良机，只要通过关系获得土地，一转手就可以获取数倍乃至数十倍的暴利，于是，寻租现象愈演愈烈，"圈地运动"轰轰烈烈地开展起来了。在那一轮"圈地运动"中，在一些地区，权钱交易几乎是公开的。手握实权的人和房地产商串通一气，以极低廉的象征性的价格大批圈占土地，然后转手获取暴利。有门路的国内外商人常越过基层办事单位，直接找省、市、县领导批地，发财后一走了之。在游戏规则日趋完善的今天，20世纪的那种疯狂圈地行为将一去不复返，但是，其带来的教训值得我们铭记。

不过，即使我们的政府部门已经懂得了尊重市场，但如果不知道政府的边界在何处，仍有破坏市场规则的危险。这需要我们破除那些似是而非的论点，并将政府的边界写入约束政府的法律。今天，在我国许多美似花园的城市中，人们已经养成了不践踏绿地的习惯；我们的行政部门能否在市场的边界上驻足止步呢？

(资料来源：www.bookschina.com)

问题：在市场经济中，怎样防止政府失灵？政府应如何遵守市场规则？

☞ 实训项目

实训项目一：为什么许多野生动物濒临灭绝，黄牛却没有

背景资料：

在人类历史上，许多野生动物是由于自然环境变化而绝种的，但也有许多野生动物是被人消灭的。当欧洲人第一次到北美大陆时，野牛超过6000万头，但到1900年只剩下400头左右了。老虎、大象等动物都在人类的追杀之下，面临灭绝的危险。

野生动物被灭绝，当然在于它们有商业价值。但绝非有商业价值就要灭亡。黄牛这类有极高商业价值的动物不仅存在，而且还在发展。

实训题目：

同样具有商业价值，为什么不同动物却有着不同的命运？根据所查询相关资料，提出你对这个问题的解决思路。

实训项目二：平价眼镜店挑战行业联盟

背景资料：

市场价380元的眼镜架在眼镜直销超市只卖80元，58元只卖10元！国内首家平价眼镜超市"眼镜直通车"（以下简称"直通车"）日前亮相广州。

"直通车"负责人司徒尚炎解析，市场上眼镜售价高，但实际出厂价却极低。眼镜行业内有一句众所周知的顺口溜："20元的镜架，200元卖给你是讲人情，300元卖给你是讲交情，400元卖给你是行情。""直通车"价格之所以能做到低廉，主要是具有"地利"优势。月租每平方米仅20~50元，这对于"三分眼镜、七分费用"的眼镜零售业来说，至少降低了90%以上的租金费用。

"直通车"价格低廉引起行业强烈反应。1月28日下午，广州市眼镜商会召开全体零售商会议，发出《致全体零售和批发商的一封信》，称"眼镜直通车"大搞价格战，严重扰

乱了市场正常的价格秩序,损害了广大眼镜业经营者的利益。呼吁"广大会员要团结一致,共同抵制这种损人利己的做法。"要求供应商必须断绝向"眼镜直通车"供货。

面对如此局面,"单枪匹马"的"直通车"毫不示弱,向法院起诉广州市眼镜商会对其造成的名誉侵害,并派出几路人马到全国各地联系眼镜制造商,力保"眼镜直通车"货源稳定。

有关人士说,这场纷争清楚地说明,一些行业从商家到厂家到行业商会,已经结成了特殊的利益共同体,导致不合理的垄断价格出现,并最终让消费者吃亏。

(资料来源:文安,刘军.广州平价眼镜超市惹恼同行,开业第二天即遭封杀.新快报,2005.2.20.)

实训题目:

垄断存在着效率的低下,会造成社会福利的损失。根据以上材料,提出你对垄断造成消费者损失的看法以及解决思路。

项目八 国民收入核算与决定

☞ **学习目标**
 1. 掌握国内生产总值的计算方法；
 2. 了解国民经济总量指标及其相互关系；
 3. 能应用基本概念和原理对我国宏观经济进行分析和衡量；
 4. 理解消费函数、储蓄函数等相关概念；
 5. 掌握乘数理论；
 6. 理解 IS-LM 模型和总需求-总供给模型。

☞ **创设情境**

美国著名的经济学家保罗·萨缪尔森曾经说过："GDP 是 20 世纪最伟大的发现之一。"没有 GDP 这个发明，我们就无法进行国与国之间经济实力的比较，贫穷与富裕的比较；我们就无法知道我国的 GDP 总量排在全世界的第六位，低于美国的 9 倍，日本的 5 倍；没有 GDP 我们也无法知道我国人均 GDP 在 2003 年已超过 1000 美元，低于美国和日本的 40 多倍。没有 GDP 这个总量指标我们就无法了解我国的经济增长速度是快还是慢，是需要刺激还是需要控制；因此，GDP 就像一把尺子，一面镜子，是衡量一国经济发展和生活富裕程度的重要指标。

GDP 如此重要，所以我们必须首先搞清楚到底什么是 GDP，美国经济学家曼昆在他的风靡世界的《经济学原理》一书中指出，国内生产总值(GDP)是在某一既定时期一个国家内生产的所有最终物品和劳务的市场价值。曼昆认为，准确理解 GDP 的要点是：①GDP 是按照现行的市场价格计算的；②GDP 包括在市场上合法出售的一切物品和劳务，例如，你购买了音乐会的票，票价就是 GDP 的一部分；③只算最终产品，不包括中间环节；④是一个国家之内的，例如外国人暂时在中国工作，外国人在中国开办企业。他生产的价值是中国 GDP 的一部分。

如果你要判断一个人在经济上是否成功，你首先要看他的收入。高收入的人享有较高的生活水平。同样的逻辑也适用于一国的整体经济。当判断经济富裕还是贫穷时，要看人们口袋里有多少钱。这正是国内生产总值(GDP)的作用。

GDP 同时衡量两件事：经济中所有人的总收入和用于经济中物品与劳务产量的总支出。GDP 既衡量总收入又衡量总支出的秘诀在于这两件事实际上是相同的。对于一个整体经济而言，收入必定等于支出。这是为什么呢？一个经济的收入和支出相同的原因就是一次交易都有两方：买者和卖者。如你雇一个小时工为你做卫生，每小时 10 元，在这种情况下小时工是劳务的卖者，而你是劳务的买者。小时工赚了10元，而你支出了10元。因此，这种交易对经济的收入和支出作出了相同的贡献。无论是用总收入来衡量还是用总支出来衡量，GDP都增加了10元。由此可见，在经济中，每生产一元钱，就会产生一元钱的收入。

（资料来源：www.zyrtvu.com）

GDP是什么？怎样进行衡量？如何计算？

任务一　国民收入核算

一、国内生产总值

1. 国内生产总值的含义

国内生产总值（GDP）是指在一个国家领土内某一时期（通常为一年）内所生产的全部最终产品和劳务的市场价值总和。

正确理解GDP要把握以下几方面：

（1）GDP是一个市场价值概念

GDP计入的最终产品和劳务的价值应该是市场活动导致的价值。市场价值就是所生产出的全部最终产品和劳务的价值都是用货币加以衡量的，即用全部最终产品和劳务的单位价格乘以产量求得的。非市场活动提供的最终产品和劳务因其不用于市场交换，没有价格，就没有计入GDP。例如，农民自给自足的食物、由家庭成员自己完成的家务劳动、抚育孩子等，就没有计入GDP。但如果非市场活动（自己做家务）变成市场交易（雇保姆做家务），就计入GDP了；抚育孩子过去不算GDP，现在孩子日托就要算进GDP。看来社会分工越细，非市场行为就会更多地市场化，这对GDP的贡献是很大的。

从上面的分析可以看出，产量和价格的变动都会引起GDP变动。由于一国生产产品和劳务的品种千差万别，计算价格时要按不同产品和劳务的价格分别计算，然后加总其价值。为简化起见，假设某地区只生产两种产品——服装和面包，市场价值的核算见表8-1。

表8-1　　　　　　　　　　　　市场价值的核算

产品名称	产量（万）	价格（元）	GDP（万元）
服装	20	300	6000
面包	60	70	4200
合计	—	—	10200

（2）GDP衡量的是最终产品的价值

GDP核算时不能计入中间产品的价值，否则就会造成重复计算。中间产品是指生产出来后又被消耗或加工形成其他新产品的产品,一般指生产过程中消耗掉的各种原材料、辅助材料、燃料、动力、低值易耗品和有关的生产性服务等;最终产品是指在本期生产出来而不被消耗加工,可供最终使用的那些产品,具体包括各种消费品、固定资产投资品、出口产品等。下面以服装生产为例说明中间产品和最终产品的区别。

表 8-2 中的服装是最终产品,价值为 300 元,包含棉花、棉纱、布匹等中间产品的价值。为避免重复计算,棉花、棉纱、布匹等中间产品就不能计算在 GDP 中。但在实际经济中,许多产品有时很难界定它是最终产品,还是中间产品,用计算各个生产环节的增加值来代替计算最终产品和劳务的价值就很简单了,它们在价值量上是相等的,表 8-2 中增加值合计的 300 元(即 40+60+90+110=300)。

表 8-2 最终产品价值的核算 单位:元

生产环节	产品价值	中间产品价值	增加值
棉花	40	—	40
纺纱	100	40	60
织布	190	100	90
服装	300	190	110
合计	—	—	300

(3) GDP 是一个地域概念

GDP 是指在一国范围内生产的最终产品和劳务的价值,包括在本国的外国公民提供生产要素生产的最终产品和劳务的价值,但不包括本国公民在国外提供生产要素生产的最终产品和劳务的价值。这是 GDP 区分于后面提到的 GNP 的关键点。

(4) GDP 衡量的是有形产品和无形产品

GDP 计入的最终产品不仅包括有形产品,而且还包括无形产品(劳务),如旅游、服务、卫生、教育等行业提供的劳务,这些劳务同样按其所获得的报酬计入 GDP 中。

(5) GDP 是一定时期内所生产而不是销售的最终产品价值

计算 GDP 时,只计算当期生产的产品和劳务,不能包括以前生产的产品和劳务,即使是当年生产出来的但没销售出去的存货也都要计入进去。如果服装厂生产 100 万元服装,销售 80 万元,剩余 20 万元,100 万元都应计入当年 GDP;如果第二年还是生产 100 万元服装,却销售 120 万元,把去年剩下的 20 万元也卖掉了,那 20 万元剩余不是第二年生产的产品价值就不能计入,计入第二年 GDP 的还应该是当年生产的 100 万元。

(6) GDP 是流量而不是存量

GDP 的核算是在一定时期内(如一年)发生或产生的最终产品和劳务的价值,是流量而不是存量(存量是指某一时点上观测或测量到的变量)。

2. 名义 GDP 和实际 GDP

由 GDP 的概念可知,一国的 GDP 的变动与两个因素有关:一是所生产的产品和劳务的数量的变动;另一个是产品和劳务价格的变动,为弄清 GDP 变动究竟是由产量还是由价格引起的,需要区分名义 GDP 和实际 GDP。

名义 GDP 是用生产产品和劳务的当期价格计算的全部最终产品和劳务的市场价值。实际 GDP 是用统计时确定的某一年(称为基年)的价格计算出来的全部最终产品和劳务的市场价值。可以看出,实际 GDP 的变化已经排除了价格的变化,单纯反映商品和劳务数量所引起的变化。实际 GDP 矫正了名义 GDP 中的通货膨胀效应。

假设一国只生产两种产品:面包和服装,以 1999 年为基年,现在需要核算 2009 年的名义 GDP 和实际 GDP,1999 年和 2009 年最终产品的数量和价格见表 8-3。

表 8-3　　　　　　　　　　　名义 GDP 与实际 GDP

产品名称	1999 年的名义 GDP	2009 年的名义 GDP	2009 年的实际 GDP
服装	10 万单位×90 元=900 万元	20 万单位×200 元=4000 万元	20 万单位×90 元=1800 万元
面包	20 万单位×50 元=1000 万元	40 万单位×70 元=2800 万元	40 万单位×50 元=2000 万元
合计	1900 万元	6800 万元	3800 万元

从表 8-3 中可以看出,从 1999 年到 2009 年,10 年的 GDP 名义上从 1900 万元增加到了 6800 万元,增长了 358%。但这个增长中很多原因是由价格变化因素引起的,不能真正反映实际最终产品的变化情况,要真实反映最终产品数量的变化,就必须用基期 1999 年的不变价格来计算实际 GDP,结果实际只增长到 3800 万元,即扣除物价上涨因素,GDP 只增长 200%,这才真实地反映了这 10 年的国民经济的变化。

通过 2009 年名义 GDP 和实际 GDP 的比较,可以得到当年与基期年份相比价格变动的程度,6800/3800=179%,这说明从 1999 年到 2009 年该国平均价格水平上升了 79%,在这里,179%称为 GDP 折算指数,也就是名义的 GDP 和实际的 GDP 的比率。GDP 折算指数是衡量一国经济在不同时期内(某一年)所生产的最终产品价格总水平变化程度的指标,这个问题有助于学习后面通货膨胀理论。

名义 GDP、实际 GDP 和 GDP 折算指数这三者的关系可表述为:

$$实际 GDP = \frac{名义 GDP}{GDP 折算指数}$$

相关链接 8-1

名人眼中的 GDP

国内生产总值是 20 世纪最伟大的发明之一。与太空中的卫星能够描述整个大陆的天气情况非常相似,国内生产总值能够提供经济状况的完整图像,它能够帮助总统、国会和联邦储备委员会判断经济是在萎缩还是在膨胀,是需要刺激还是需要控制,是处于严重衰退还是处于通胀威胁之中。没有像国内生产总值这样的总量指标,政策制定者就会陷入杂乱无章的数字海洋而不知所措。国内生产总值和有关数据就像灯塔一样,帮助政策制定者引导经济向着主要的经济目标发展。国内生产总值是衡量国家经济状况的最佳指标,它不但可以反映一个国家的经济表现,更可以反映一国的国力与财富。

——萨缪尔森

3. 国内生产总值的核算方法

对于一个国家在一定时期GDP的核算可以从三种不同的角度,分别利用不同来源的资料进行估算。

(1)生产法

生产法又称为新增价值法或部门法。这种方法是从生产的角度出发,把统计期内新创造出来的产品和劳务在市场上的销售价值,按产业部门分类汇总而成。

为了避免重复计算,GDP只把最终产品及其服务的价值计算在其中,因为最终产品及服务的价值已经包含了所有生产过程中所使用的中间产品及服务的价值。所谓中间产品及服务是指在生产过程中所消耗的产品及服务,如服装厂中的棉布是作为中间产品而投入使用的。所谓最终产品及服务是指直接进入最终使用过程的产品及服务,如服装厂的服装就是最终产品。

(2)支出法

支出法又称为最终产品法,是把一个国家统计期间内所生产出来的物品和劳务按购买者支出的金额分类汇总而成。实际上是把经济活动中四大类支出加总而成,即个人消费支出、私人投资支出、政府购买支出和出口,即

国内生产总值(GDP)=个人消费支出(C)+私人投资(I)+政府支出(G)+净出口(NX)。

①个人消费支出(C):个人消费支出是本国居民对最终产品和服务的购买支出,可细分为耐用消费品支出和非耐用消费品支出。它按购买者实际支付的价格计算,将营业税、贸易税等间接税包含在内。但是居民购买的新建住宅要列入固定资产投资项目下的住房投资。

②投资支出(I):投资支出包括购买新资本品的支出(即固定资产投资)和企业存货(或称库存)增加上的支出,用字母I表示。其中固定资产投资包括两部分:商业固定资产投资和住宅投资。另外,投资支出还包括企业中存货增加的支出。有时候并不是企业主动增加存货,而是因为企业不能成功地出售其产品从而使存货增加。但从国民经济统计的角度来看,卖不出去的产品只能作为企业的存货投资处理,这样才能使从生产角度统计的GDP和从支出角度统计的GDP一致。

需要强调:投资是一个流量概念,而与资本这一存量概念是有区别的。投资指的是各种企业单位为了扩大经营规模而新添置厂房、办公用房、机器设备、原材料以及新增工人所需工资基金。

③政府支出(G):政府支出是指政府对商品和服务的购买,包括政府对国内和国外当期生产的产品和服务的购买。例如,政府在国防上的支出、基础设施建设(如修路、建桥等)上的支出,向政府工作人员支付的薪金,等等。

但并非政府支出的每一块钱都计入GDP中。政府支出项目中的"转移支付"(Transfer

Payments)没有计入GDP,包括政府支付给退休人员的退休金,对残疾人士、退伍军人和其他人的补助金,以及政府支付的公债利息。这些转移支付之所以不计入GDP,是因为取得这些收入的人没有提供相应的物品和劳务。计入GDP的政府开支,仅限于"政府购买的商品和劳务"这个项目。

④净出口(NX):净出口指的是出口额减去进口额的差额。出口指的是一个国家的产品和服务输出到国外,由国外的消费者、生产者或政府对这些产品或服务进行购买。进口指的是本国居民、企业或政府对外国生产的产品和服务的购买。当一个国家的出口大于进口时,净出口为正,当一个国家的出口小于进口时,净出口为负。

出口额之所以被加到总支出中,是因为出口是外国购买者对本国当期生产的最终产品和服务的购买,在按生产法统计GDP时我们已经把这部分产品和劳务价值计算进去了,因此现在也要把这部分产品和劳务上的支出统计进去。进口是本国居民、企业和政府对外国生产的产品和服务的购买,这部分支出流向国外,因此当我们用支出法计算GDP时应该把这部分支出减掉,从而保证所有的支出只发生国内生产的产品上,从而能够与通过生产法求得的GDP相一致。

(3)收入法

收入法又称为要素收入法,或者要素支付法。收入法是从要素所有者的角度出发,把生产要素在生产中所得到的各种收入相加。即把劳动所得的工资、土地所得的地租、资本所得的利息和企业家才能所得的利润这四项加总而成。

用收入法计算GDP,共有以下几个项目:

①工资、利息和租金等这些生产要素的报酬。

②非公司业主收入:非公司业主收入,包括医生、律师、店铺主和农场主等业主的收入。

③企业税前利润,包括企业所得税、社会保险税、股东红利及公司未分配利润等。

④企业间接税及企业转移支付。企业间接税是对产品销售征收的税,间接税计入企业生产成本,最终通过提高产品价格转嫁给消费者;企业转移支付是企业对非营利组织的社会慈善捐款和消费者呆账,它虽不是生产要素创造的收入,但也应看作成本通过产品价格转移给消费者。

⑤资本折旧。折旧是用于补偿在生产过程中损耗掉的资本设备的投资,是重置投资。重置投资与净投资(或新投资)之和构成总投资,总投资当然是要计入GDP了。

⑥误差调整。误差调整包括:减去政府对企业的补助津贴,加上政府企业的盈余,再加上或减去企业存货价值调整,最后进行统计误差调整。

把上述六个部分加起来,就得到收入法计算国内生产总值的公式:

国内生产总值(GDP)= 工资+租金+利息+利润+间接税和企业转移支付+折旧+统计误差

用三种方法核算GDP可以互相验证,提高准确性。由于"支出法"资料较易收集,且最终产品和劳务的去向清楚明了,往往以"支出法"核算的结果为准,利用统计误差调整"收入法"和"生产法"的数据。

🔗 相关链接 8-2

我国的 GDP 是如何确定的?

国家统计局每年公布 GDP 数据是怎么得到的呢?据国家统计局专家解释,我国的 GDP 计算需要经过以下几个过程:初步估计过程、初步核实过程和最终核实过程。初步估计过程一般在每年年终和次年年初进行。它得到的年度 GDP 数据只是一个初步数,这个数据有待于获得较充分的资料后进行核实。初步核实过程一般在次年的第二季度进行。初步核实所获得的 GDP 数据更准确些,但因仍缺少 GDP 核算所需要的许多重要资料,因此相应的数据尚需要进一步核实。最终核实过程一般在次年的第四季度进行。这时,GDP 核算所需要的和所能搜集到的各种统计资料、会计结算资料和行政管理资料基本齐备。与前一个步骤相比,它运用了更全面、更细致的资料,所以这个 GDP 数据显得就更准确些。

此外,GDP 数据还需要经过一个历史数据调整过程,即当发现或产生新的资料来源、新的分类法、更准确的核算方法或更合理的核算原则时,要进行历史数据调整,以使每年的 GDP 具有可比性,这是国际惯例。如美国在 1929 年至 1999 年之间就进行过 11 次历史数据调整。

总之,每个时段公布的 GDP 都有其特定阶段的含义和特定的价值,不能因为在不同时间公布的数据不同,而怀疑统计数据存在问题。当然,我国在 GDP 的计算体系上也有一些缺憾,例如,我国长期采用的原产生于前苏联和东欧国家的统计核算体系,从实际情况看,不少地方已经滞后于时代的发展了。

(资料来源:www.zyrtvu.com)

二、国民收入核算中的其他总量指标

1. 国民生产总值

与 GDP 按照国土原则统计范围不同,国民生产总值(GNP)是按照国民原则来计算,即凡是本国国民(包括境内公民及境外具有本国国籍公民)所生产的最终产品价值,不管是否发生在国内,都应计入国民生产总值。国民生产总值同国内生产总值一样都有名义和实际之分。

国民生产总值与国内生产总值的关系可表述为:

$$GDP = GNP - NFP$$

NFP 是国外要素净收入,是指为本国生产要素在世界其他国家获得的收入减去本国付给外国生产要素在本国获得的收入。

NFP 可以是正值,也可以是负值,发达国家或地区国外要素净收入大多是正值。而发展中国家或地区的国外要素净收入大多是负值。

例如,我国 2003 年按当年价格计算的国内生产总值为 135822.8 亿元,国外要素净收入为 -648.8 亿元,因而国民生产总值为 135174.0 亿元。

2. 国民生产净值(NDP)

国民生产净值(NDP)是指一个国家一年内新增加的产值,即在本期国内生产总值中扣除了资本(包括厂房、设备)折旧(简称 D)之后的产值,即

$$NDP = GDP - D$$

从概念上分析,国民生产净值比国民生产总值更易于反映国民收入和社会财富变动的情况,但由于折旧费的计算方法不一,政府的折旧政策也会变动,国民生产总值比国民生产净值更容易确定统计标准,因此,各国实际还是常用国民生产总值而不常用国民生产净值。

3. 国民收入(NI)

国民收入(NI)是指一个国家一年内用于生产的各种生产要素(指劳动、资本、土地、企业家才能等)所得到的全部收入,即工资、利润、利息和地租的总和。国民收入等于国民生产净值减去企业间接税(简称为 IBT)。间接税也称流转税,是按照商品和劳务流转额计算征收的税收,这些税收虽然是由纳税人负责缴纳,但最终是由商品和劳务的购买者即消费者负担,所以称为间接税,包括增值税、消费税和营业税等。

$$NI = 工资 + 地租 + 利润 + 利息 = NDP - IBT$$

4. 个人收入(PI)

国民收入不是个人收入,一方面,国民收入中有三个主要项目是非个人接受的部分,不会成为个人收入,这三个主要项目就是公司未分配利润、公司所得税和社会保险税;另一方面,国民收入没有计入在内但实际又属于个人收入的部分,这里不是指由于提供生产性劳务而获得的其他个人收入,如政府转移支付、利息调整、红利和股息等虽然不属于国民收入(生产要素报酬)却会成为个人收入。

因此,个人收入等于国民收入减去非个人接受的部分,再加上并非由于提供生产性劳务而获得的其他个人收入。即

$$PI = NI - (公司未分配利润 + 公司所得税 + 社会保险税) + (政府转移支付 + 利息调整 + 红利 + 股息)$$

5. 个人可支配收入(PDI)

个人可支配收入(PDI)是指一个国家一年内个人可以支配的全部收入。

个人可支配收入等于个人收入扣除向政府缴纳的各种税收和费用(如个人缴纳的所得税、遗产税和赠与税、房产税等以及交给政府的非商业性费用)的余额。如果个人缴纳的所得税、遗产税和赠与税、房产税等以及交给政府的非商业性费用 T 表示,则

$$PDI = PI - T$$

个人可支配收入被认为是消费开支的最重要的决定性因素,因而,常被用来衡量一国生活水平的变化情况。

它们之间的关系如图 8.1 所示。

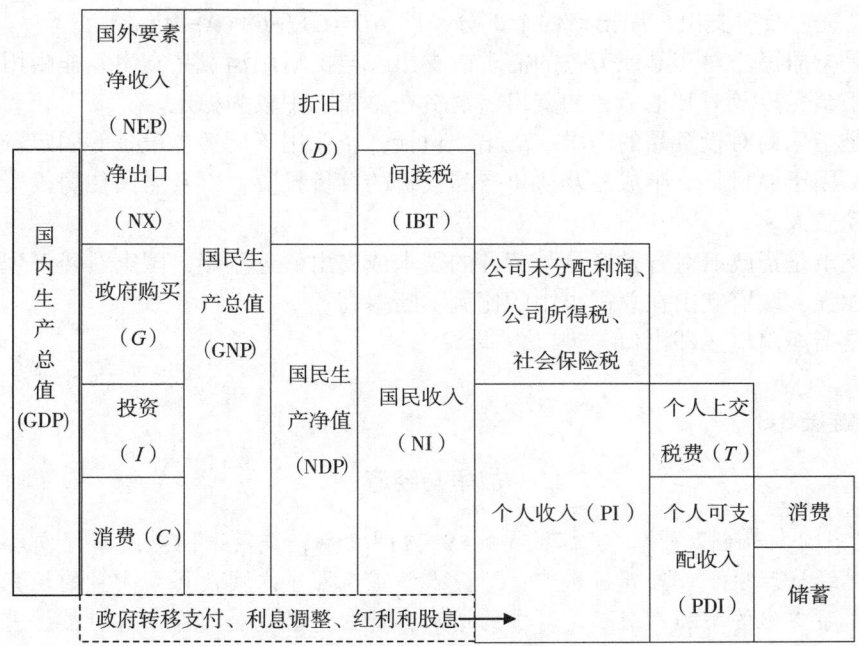

图 8.1　国民收入各总量指标之间的关系

任务二　简单的国民收入决定模型

国民收入一般有两个主要的研究范围,一个是国民收入核算问题;另一个是国民收入决定问题。国民收入决定问题是要说明总需求与总供给如何决定均衡的国民收入水平,以及均衡的国民收入水平是如何变动的,分为简单的国民收入决定模型、IS-LM 模型、总需求和总供给模型。简单的国民收入决定模型也称凯恩斯模型,只研究产品市场中总需求与总供给达到平衡时的国民收入水平。

简单国民收入模型的几点基本假定:第一,技术水平和拥有的资源不变,也就是潜在的国民收入水平不变(即充分就业的国民收入水平不变),不涉及长期的增长问题;第二,资源没有得到充分利用,即总供给可以随着需求而无限扩大,总供给对国民收入不构成约束;第三,价格水平不变,社会总需求变动只会引起产量的变动,不会引起价格的变动;第四,利息率水平既定,也就是说,不考虑利息率变动对国民收入水平的影响;第五,投资水平既定。

凯恩斯认为短期内生产技术和经济资源等都不会变化,因而短期内决定国民收入水平的就是总需求,即从总需求的角度来考察国民收入。

一、总需求与国民收入水平

1. 总需求的构成

总需求(AD)是指整个社会对产品和劳务需求的总和。在现实经济中,总需求包括消费(C)、投资、政府支出与净出口四个部分,即 $AD=C+I+G+(X-M)$。

消费是指居民户对产品或劳务的需求或支出,包括耐用消费品支出、非耐用消费品支出、住房租金,以及对其他劳务的支出。消费在总需求中较为稳定。

投资是指厂商对投资品的需求或支出,包括:企业用于厂房、设备等固定资产投资的固定投资,用于原材料、半成品及待售产品投资的存货投资,以及居民住房投资。投资在经济中波动较大。

政府支出是指政府对各种产品与劳务的需求或支出。近些年,国家对经济生活的宏观调控日益加强,政府支出在总需求中的比例不断提高。

出口是指净出口,即出口与进口之差。

相关链接 8-3

战争与经济

"大炮一响,黄金万两"。震惊世界的"9·11"之后,美英两国对阿富汗发动了军事打击。战争对经济产生了一些积极影响:不少人希望美国军火商能得到大量的坦克和飞机订单,通过军事支出的增加,引起总需求的增加,就业情况也会因许多人应征上前线而得到缓解,美国股市乃至经济借此一扫晦气。

专家分析认为,此次战争对美国经济的影响与越战和海湾战争不同。20 世纪 60 年代末期,联邦政府的巨额国防开支和非国防开支,使本来已很强劲的私营部门总需求进一步增强,并积聚了很大的通货膨胀压力,这种压力在整个 70 年代也未能得到充分缓解。此后一直到 20 世纪 80 年代末期,大部分经济决策的主要任务就是抑制通货膨胀。相反,海湾战争却引发了一次经济衰退,这是"沙漠盾牌行动"初期消费者信心急剧下降所导致的结果。但由于当时军队所需的大部分物资并不是依靠投资在未来实现的,所以并没有产生通货膨胀。

但阿富汗战争同以往迥异。首先,不太可能像海湾战争那样动用大规模地面部队。更重要的是,这场对抗隐蔽敌人的战争将主要通过非常规手段进行,与此相关的国防资源大多是军备库存中所没有的,需要新的开支计划,这对经济中的总需求产生积极的影响。

(资料来源:宏观经济学案例集,http://www.docin.com/)

2. 总需求与均衡国民收入的决定

均衡国民收入就是总需求与总供给达到平衡时的国民收入。当不考虑总供给时,均衡的国民收入就是由总需求决定的,可以用图 8.2 来说明。

在图 8.2 中,横轴 OY 代表国民收入,纵轴 AD 代表总需求,45°线表示总需求等于总供给。AD_0 代表总需求水平,AD_0 是一条与横轴平行的线,表示这里不考虑总需求变动的情况。AD_0 与 45°线相交于 E,决定了均衡的国民收入水平为 Y_0。

3. 总需求变动对国民收入的影响

均衡的国民收入水平是由总需求决定的,总需求的变动必然引起均衡国民收入水平的

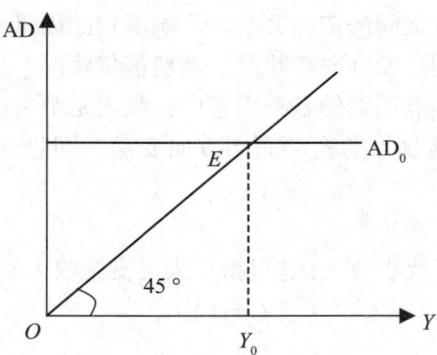

图 8.2 总需求与均衡国民收入的决定

变动。总需求水平的高低,决定了均衡国民收入的大小。总需求的变动会引起均衡国民收入同方向变动,即总需求增加,均衡国民收入增加;总需求减少,均衡国民收入减少,可以用图 8.3 来说明。

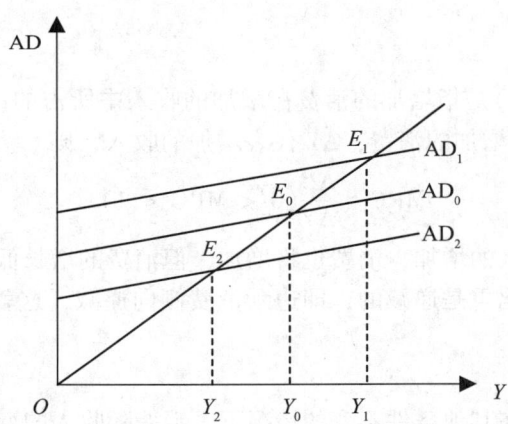

图 8.3 总需求变动对国民收入的影响

在图 8.3 中,总需求曲线向右上方移动,即从 AD_0 移动到 AD_1,表示总需求增加;总需求曲线向右下方移动,即从 AD_0 移动到 AD_2,表示总需求减少。当总需求为 AD_0 时,国民收入为 Y_0。当总需求为 AD_1 时,国民收入为 Y_1。$Y_1 > Y_0$,说明总需求由 AD_0 增加到 AD_1,均衡国民收入由 Y_0 增加到 Y_1。当总需求为 AD_2 时,国民收入为 Y_2。$Y_2 < Y_0$,说明总需求由 AD_0 减少到 AD_2,均衡国民收入由 Y_0 减少到 Y_2。

二、消费函数与储蓄函数

1. 消费函数

(1)影响消费函数的因素

消费函数是消费与收入之间的依存关系。影响消费的因素有很多,如收入水平、价格水平、个人偏好、未来预期、家庭财产状况、消费信贷状况、消费者年龄构成、风俗习惯等。凯恩斯理论认为,在影响消费的各种因素中,收入是消费的唯一的决定因素,在其他条件不变的情况下,消费随收入的变动而同方向变动,即收入增加,消费增加;收入减少,消费减少。

(2) 消费函数的表达式

如果以 C 代表消费, Y 代表收入(这里指个人可支配收入),则消费函数为:
$$C = f(Y)$$

(3) 平均消费倾向

消费与收入之间的关系,可以用消费倾向来表示。消费倾向包括平均消费倾向和边际消费倾向。平均消费倾向(APC)是指消费在收入中所占的比例。如果以 APC 代表平均消费倾向,则
$$APC = \frac{C}{Y} \quad (APC > 0)$$

由于人们在任何情况下都不可能不消费,因此,平均消费倾向总是大于零的正数,即 APC>0。

(4) 边际消费倾向

边际消费倾向(MPC)是指增加的消费在增加的收入中所占的比例。如果以 MPC 代表边际消费倾向,ΔC 代表增加的消费,ΔY 代表增加的收入,则
$$MPC = \frac{\Delta C}{\Delta Y} \quad (0 < MPC < 1)$$

一般来说,随着收入的增加,消费也将增加,但消费的增长低于收入的增长,消费增量在收入增量中所占的比重是递减的,即边际消费倾向递减,这就是凯恩斯著名的"边际消费倾向递减规律"。

(5) 线性消费函数

由上述分析可知,在其他条件不变的情况下,消费随收入的变动而同方向变动,即收入增加引起消费增加,收入减少使得消费减少,但它们之间的这种同方向变化并不是同比例的,消费与收入之间的关系几乎是线性的。因此,消费函数可以用线性函数形式表示为:
$$C = a + bY$$

其中,C 代表消费,Y 代表收入,a(该函数的纵轴截距)代表自发消费($a>0$),b(该函数的斜率)代表边际消费倾向($0<b<1$),bY 代表引致消费。自发性消费是指由外生变量决定的消费,是人的基本生活需求的那部分消费支出,与收入水平无关,在消费函数理论中,自发消费一般被设定为一个固定不变的外生变量。引致消费是指由内生变量而引起的消费,即由收入水平变动决定的那部分消费。线性消费函数的经济含义是消费等于自发消费与引致消费之和。这样,经济学中的消费函数理论就可以用来说明国民收入变动和引致消费之间的关系。

2. 储蓄函数

（1）影响储蓄函数的因素

储蓄函数是储蓄与收入之间的依存关系。实际上影响储蓄的因素有很多，如收入水平、财富分配、消费习惯、未来预期、利息率、消费者偏好等。在研究国民收入决定时，同样假定储蓄只受国民收入多少的影响，所以，储蓄函数一般表示储蓄与国民收入之间的关系：在其他条件不变的情况下，储蓄随收入的变化而同方向变化，即收入增加，储蓄也增加；收入减少，储蓄也减少。但二者之间并不按同一比例变动。

（2）储蓄函数的表达式

如果以 S 代表储蓄，Y 代表收入，则储蓄函数为：

$$S = f(Y)$$

储蓄与收入之间的关系，可以用平均储蓄倾向和边际储蓄倾向来说明。

（3）平均储蓄倾向

平均储蓄倾向（APS）是指储蓄在收入中所占的比例。如果以 APS 代表平均储蓄倾向，则

$$APS = \frac{S}{Y}$$

（4）边际储蓄倾向

边际储蓄倾向（MPS）是指增加的储蓄在增加的收入中所占的比例。如果以 MPS 代表边际储蓄倾向，则

$$MPS = \frac{\Delta S}{\Delta Y} \quad (0 < MPS < 1)$$

（5）线性储蓄函数

储蓄函数不是单独存在的，而是依赖于消费函数。储蓄可定义为收入减消费，所以，储蓄函数又可以由消费函数推导出来：

$$S = Y - C = Y - (a + bY) = -a + (1-b)Y$$

所以，线性储蓄函数为：

$$S = -a + (1-b)Y \quad (0 < 1-b < 1)$$

3. 消费倾向与储蓄倾向的关系

①消费函数与储蓄函数互为补数，二者之和等于收入。

②若 APC 和 MPC 都随收入增加而递减，但 APC>MPC，则 APS 和 MPS 都随收入增加而递增，但 APS<MPS。

③APC 和 APS 之和等于 1，MPC 和 MPS 之和等于 1，即

$$APC + APS = 1, \quad MPC + MPS = 1$$

三、乘数理论

自发总需求的增加会引起国民收入增加，但是，一定量自发总需求的增加会使国民收

入增加多少，这就是乘数理论所要回答的问题。

乘数是指总需求的增加所引起的国民收入增加的倍数，或者说是国民收入增加量与引起这种增加量的总需求增加量之间的比率。如果用 K 表示乘数，以 ΔY 代表国民收入增加量，以 ΔI 代表投资的增加量，则乘数的公式为：根据均衡国民收入决定的公式，增加的总需求与增加的国民收入相等，即

$$K = \frac{\Delta Y}{\Delta I}$$

由于 $\Delta Y = \Delta I + \Delta C$

则 $\Delta I = \Delta Y - \Delta C$

$$K = \frac{\Delta Y}{\Delta I} = \frac{\Delta Y}{\Delta Y - \Delta C} = \frac{\Delta Y}{1 - \frac{\Delta C}{\Delta Y}}$$

由于 $\frac{\Delta C}{\Delta Y}$ 是边际消费倾向，则

$$K = \frac{1}{1 - \text{MPC}}$$

乘数公式表明：乘数的大小取决于边际消费倾向，即边际消费倾向越高，乘数越大；边际消费倾向越低，乘数越小。这是因为边际消费倾向越大，增加的收入中就有更多的部分用于消费，从而使总需求和国民收入增加得更多。

从乘数公式还可以看出，因为边际消费倾向小于1，所以乘数一定大于1。

乘数的公式反映了国民经济各部门之间存在着密切的联系。某一部门自发总需求的增加，不仅会使本部门收入增加，而且会在其他部门中引起连锁反应，从而使这些部门的需求与收入也增加，最终使国民收入的增加数倍于最初自发总需求的增加。

乘数发生作用需要有一定的条件。也就是说，只有在社会上各种资源没有得到充分利用时，总需求的增加才会使各种资源得到利用，产生乘数作用。此外，乘数的作用是双重的，即当自发总需求增加时，所引起的国民收入的增加要大于最初自发总需求的增加；当自发总需求减少时，所引起的国民收入的减少也要大于最初自发总需求的减少。所以，经济学家把乘数作用称为一把"双刃剑"。

任务三 IS-LM 模型

英国现代著名的经济学家约翰·希克斯(John Richard Hicks)和美国凯恩斯学派的创始人汉森(Alvin Hansen)，在凯恩斯宏观经济理论基础上概括出了一个经济分析模式，即"希克斯-汉森模型"，也称"希克斯-汉森综合"或"希克斯-汉森图形"。IS-LM 模型在分析国民经济时，将国民经济的均衡看成是实物方面的均衡和货币方面的均衡，即商品市场的均衡和货币市场的均衡的合成物。这一模型在理论上是对总需求分析的全面高度概括，在政策上可以解释财政政策和货币政策。因此，被称为整个宏观经济学的核心。

一、IS 曲线

IS 曲线是描述商品市场达到均衡，即 $I=S$ 时，国民收入与利率之间存在着反方向变动关系的曲线，如图 8.4 所示。

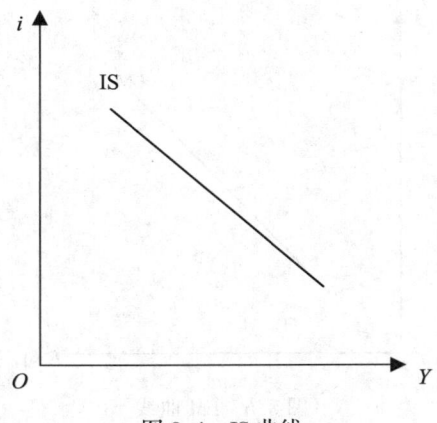

图 8.4　IS 曲线

在图 8.4 中，横轴表示收入 Y，纵轴表示利率 i，IS 曲线向右下方倾斜，表明商品市场实现均衡时，利息率与国民收入呈反方向变动，即利息率高则国民收入低，利息率低则国民收入高。

自发总需求的变动，即自发消费、自发投资的变动会引起 IS 曲线的平行移动。自发总需求增加，IS 曲线向右上方移动；自发总需求减少，IS 曲线向左下方移动，如图 8.5 所示。

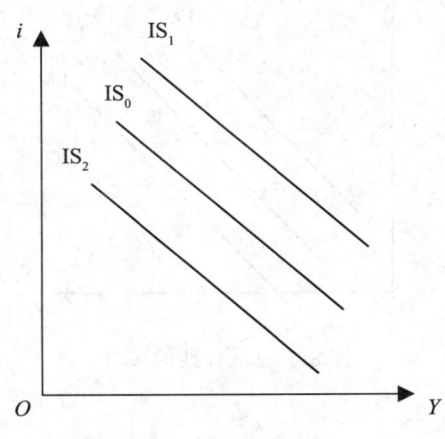

图 8.5　IS 曲线的移动

在图 8.5 中，当自发总需求增加时，IS 曲线向右上方平移，即从 IS_0 移动到 IS_1；当自发总需求减少时，IS 曲线向左下方平移，即从 IS_0 移动到 IS_2。

二、LM 曲线

LM 曲线是描述货币市场达到均衡，即 $L=M$ 时，国民收入与利息率之间存在同方向变动关系的曲线，如图 8.6 所示。

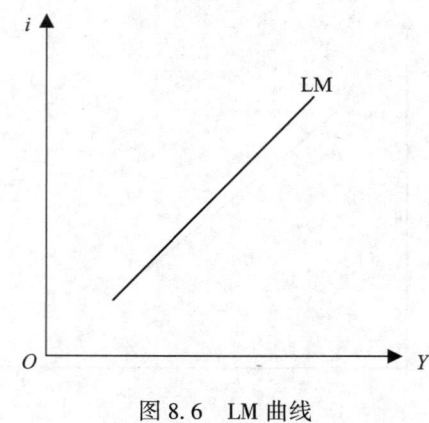

图 8.6　LM 曲线

在图 8.6 中，横轴表示收入 Y，纵轴表示利率 i，LM 曲线向右上方倾斜，表明货币市场实现均衡时，利息率与国民收入呈同方向变动，即利息率高则国民收入高，利息率低则国民收入低。

货币供给量的变动会引起 LM 曲线的平行移动。货币供给量增加，LM 曲线向右下方移动；货币供给量减少，LM 曲线向左上方移动，如图 8.7 所示。

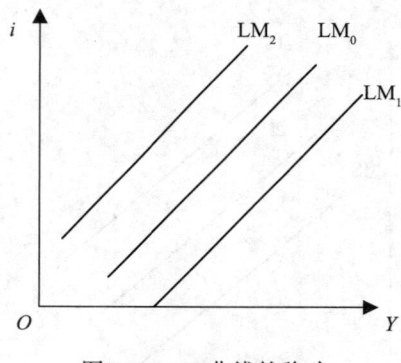

图 8.7　LM 曲线的移动

三、IS-LM 模型

1. 国民收入与利率的决定

把 IS 曲线和 LM 曲线放在同一个图上，可以说明商品市场和货币市场同时均衡时，国民收入与利息率的决定,如图 8.8 所示。

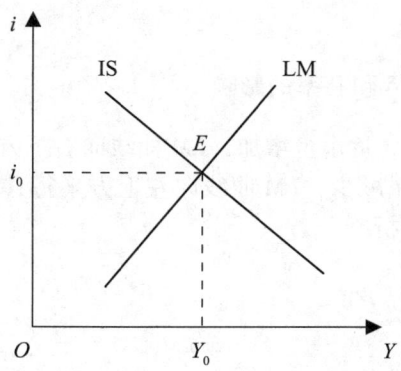

图 8.8　国民收入与利息率的决定

在图 8.8 中,IS 曲线与 LM 曲线相交于 E,在 E 点上实现了商品市场和货币市场的同时均衡,这时决定了均衡的利息率水平为 i_0,均衡的国民收入水平为 Y_0。也就是说,只有在利息率为 i_0,国民收入水平为 Y_0 时,商品市场和货币市场才能同时均衡。

2. 自发总需求变动对国民收入与利率的影响

在 LM 曲线不变的情况下,自发总需求增加,IS 曲线向右上方平行移动,从而国民收入增加,利率上升;反之,自发总需求减少,IS 曲线向左下方平行移动,从而国民收入减少,利率下降,可以用图 8.9 来分析。

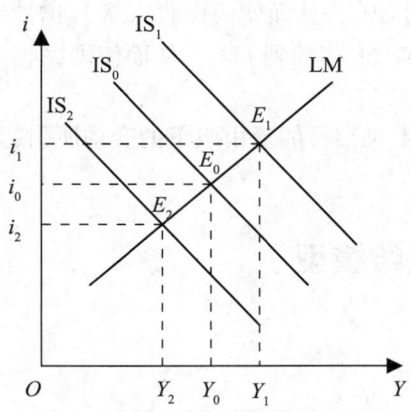

图 8.9　自发总需求变动对国民收入与利率的影响

在图 8.9 中,IS_0 与 LM 相交于 E_0,决定了利息率为 i_0,国民收入为 Y_0。当自发总需求增加时,IS 曲线从 IS_0 移动到 IS_1,从而使国民收入从 Y_0 增加到 Y_1,利息率从 i_0 上升到 i_1。当自发总需求减少时,IS 曲线从 IS_0 移动到 IS_2,从而使国民收入从 Y_0 减少到 Y_2,利息

率从 i_0 下降到 i_2。

如果把财政支出的变动作为自发总需求的变动，这里分析的就是财政政策对国民收入和利率的影响。

3. 货币量变动对国民收入和利率的影响

在 IS 曲线不变的情况下，货币量增加，LM 曲线向右下方平行移动，从而国民收入增加，利率上升；反之，货币量减少，LM 曲线向左上方平行移动，从而国民收入减少，利率上升。可以用图 8.10 来分析。

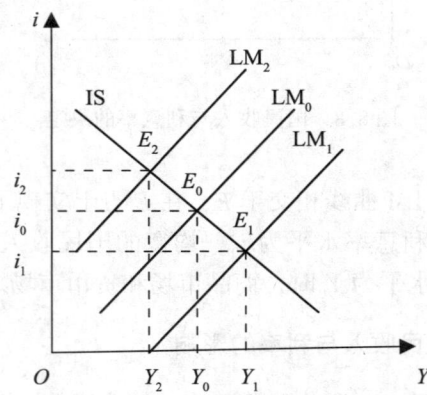

图 8.10 货币量变动对国民收入和利率的影响

在图 8.10 中，LM_0 与 IS 相交于 E_0，决定了利息率为 i_0，国民收入为 Y_0。当货币量增加时，LM 曲线从 LM_0 移动到 LM_1，从而使国民收入从 Y_0 增加到 Y_1，利息率从 i_0 下降到 i_1。当货币量减少时，LM 曲线从 LM_0 移动到 LM_2，从而使国民收入从 Y_0 减少到 Y_2，利息率从 i_0 上升到 i_2。

如果货币量的变动是由中央银行的货币政策的变动所引起的，这里分析的就是货币政策对国民收入和利率的影响。

任务四 总需求-总供给模型

一、总需求曲线

总需求曲线是表明商品市场与货币市场同时达到均衡时总需求与价格之间关系的曲线，如图 8.11 所示。

在图 8.11 中，横轴表示国民收入 Y，纵轴表示价格 P，总需求曲线 AD 向右下方倾斜，表明总需求与价格呈反方向变动，即价格上升，总需求减少；价格下降，总需求增加。

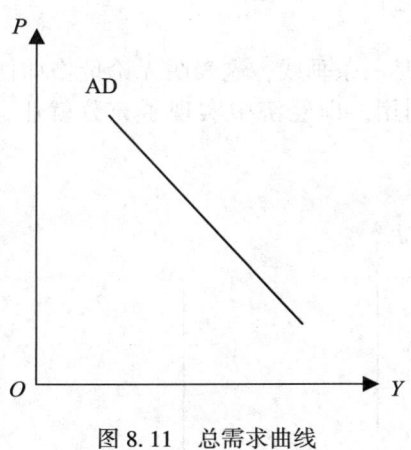

图 8.11 总需求曲线

二、总供给曲线

总供给曲线是表明商品市场与货币市场同时达到均衡时，总供给与价格水平之间关系的曲线。分析总供给曲线，一定要区分短期总供给曲线与长期总供给曲线。

1. 短期总供给曲线

在短期中，总供给曲线是一条向右上方倾斜的曲线，这表明总供给与价格水平同方向变动。这是因为在资源接近充分利用的情况下，产量增加会使生产要素的价格上升，如图 8.12 所示。

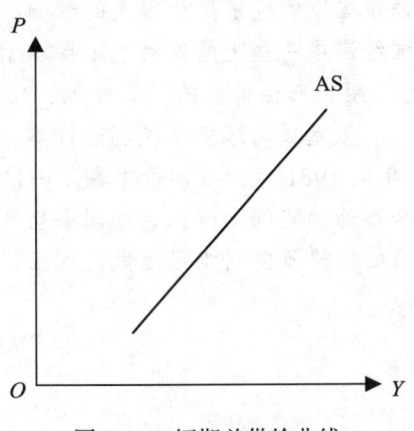

图 8.12 短期总供给曲线

2. 长期总供给曲线

在长期中，总供给曲线是一条垂线，这表明无论价格如何上升，总供给都不会增加。这是因为资源得到了充分利用，即经济中实现了充分就业，总供给已无法增加，如图8.13 所示。

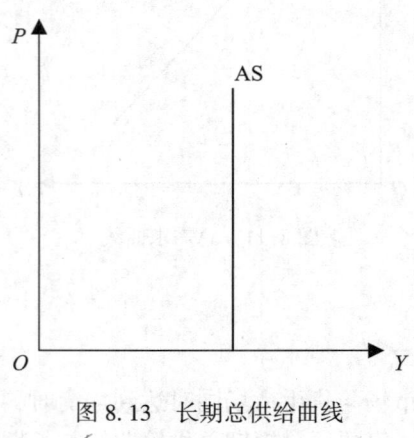

图 8.13　长期总供给曲线

相关链接 8-4

石油与经济

原油是生产许多物品和劳务的关键投入，它已经成为一国经济发展中不可缺少的因素，所以石油价格的变化对许多国家的经济产生很大的影响。在欧洲存在一个主要利用石油生产许多产品的国家，该国经济中一些大的波动就主要源于石油价格的变化。

20 世纪 70 年代中期，为了阻止石油价格的不断降低，中东地区的主要产油国组成了一个卡特尔组织——欧佩克。欧佩克成功地提高了石油价格：从 1973 年到 1975 年，石油价格几乎翻了一番；从 1978 年到 1981 年，石油价格翻了一倍还多。石油输入国情况就不同了，由于石油供给的减少和石油价格的上升，这些国家生产汽油、轮胎和许多其他产品的企业成本迅速上升，而产品的价格不能同步迅速做出反应，所以这些企业都大量减少产量，或者干脆停业或破产。

三、总需求-总供给模型

总需求-总供给模型是把总需求曲线与总供给曲线结合起来说明国民收入与价格水平的决定，可以用图 8.14 来分析。

在图 8.14 中，总供给曲线 AS 由向右上方倾斜的短期总供给曲线和垂线的长期总供给曲线组成。总需求曲线 AD 与总供给曲线 AS 相交于 E，这就决定了均衡的国民收入为

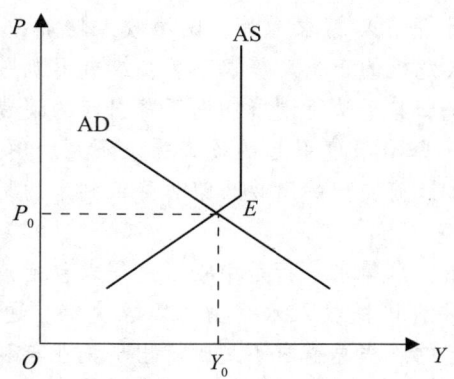

图 8.14 总需求-总供给模型

Y_0，均衡的价格水平为 P_0。

国民收入决定理论是宏观经济学的核心，它为分析各种宏观经济问题提供了一种重要的工具。以下各章的分析，正是国民收入决定理论的运用。

相关链接 8-5

节约的悖论与凯恩斯革命

凯恩斯认为，在短期中决定经济状况的是总需求而不是总供给。这就是说，由劳动、资本和技术所决定的总供给，在短期中是既定的，这样，决定经济的就是总需求。总需求决定了短期中国民收入的水平。总需求增加，国民收入增加；总需求减少，国民收入减少。

18世纪初，一个名叫孟迪维尔的英国医生写了一首题为《蜜蜂的寓言》的讽喻诗。这首诗叙述了一个蜂群的兴衰史。最初，蜜蜂们追求奢侈的生活，大肆挥霍浪费，整个蜂群兴旺发达。后来它们改变了原有的习惯，崇尚节俭，结果蜂群凋散，终于被敌手打败而逃散。

这首诗所宣扬的"浪费有功"在当时受到指责。英国中塞克斯郡大陪审团委员们就曾宣判它为"有碍公众视听的败类作品"。但在200多年之后，这部当时声名狼藉的作品却启发凯恩斯发动了一场经济学上的"凯恩斯革命"，建立了现代宏观经济学和总需求决定理论。

在20世纪30年代之前，经济学家信奉的是萨伊定理。萨伊是18世纪法国经济学家，他提出供给决定需求，有供给就必然创造出需求，所以，不会存在生产过剩性经济危机。这种观点被称为萨伊定理。但20世纪20年代英国经济停滞和30年代全世界普遍的生产过剩和严重失业打破了萨伊定理的神话。凯恩斯在批判萨伊定理中建立了以总需求分析为中心的宏观经济学。

凯恩斯认为，在短期中决定经济状况的是总需求而不是总供给。这就是说，由劳动、资本和技术所决定的总供给,在短期中是既定的,这样,决定经济的就是总需求。总需求决定了短期中国民收入的水平。总需求增加,国民收入增加;总需求减少,国民收入减少。引起20世纪30年代大危机的正是总需求不足,或者用凯恩斯的话来说是有效需求不足。凯恩斯把有效需求不足归咎于边际消费倾向下降引起的消费需求不足和资本边际效率(预期利润率)下降与利率下降有限度引起的投资需求不足。解决的方法则是政府用经济政策刺激总需求。包括增加政府支出的财政政策和降低利率的货币政策,凯恩斯强调的是财政政策。

在凯恩斯主义经济学中,总需求分析是中心。总需求包括消费、投资、政府购买和净出口(出口减进口)。短期中,国民收入水平由总需求决定。通货膨胀、失业、经济周期都是由总需求的变动所引起的。当总需求不足时就出现失业与衰退。当总需求过大时就出现通货膨胀与扩张。从这种理论中得出的政策主张称为需求管理,其政策工具是财政政策与货币政策。当总需求不足时,采用扩张性财政政策(增加政府各种支出和减税)与货币政策(增加货币供给量降低利率)来刺激总需求。当总需求过大时,采用紧缩性财政政策(减少政府各种支出和增税)与货币政策(减少货币量提高利率)来抑制总需求。这样就可以实现既无通货膨胀又无失业的经济稳定。

总需求理论的提出在经济学中被称为一场"革命"("凯恩斯革命")。它改变了人们的传统观念。例如,如何看待节俭。在传统观念中,节俭是一种美德。但根据总需求理论,节俭就是减少消费。消费是总需求的一个重要组成部分,消费减少就是总需求减少。总需求减少则使国民收入减少,经济衰退。由此看来,对个人是美德的节俭,对社会却是恶行。这就是经济学家经常说的"节约的悖论"。"蜜蜂的寓言"所讲的也是这个道理。

凯恩斯重视消费的增加。1933年当英国经济处于萧条时,凯恩斯曾在英国BBC电台号召家庭主妇多购物,称她们此举是在"拯救英国"。在《通论》中他甚至还开玩笑地建议,如果实在没有支出的方法,可以把钱埋入废弃的矿井中,然后让人去挖出来。已故的北京大学经济系教授陈岱孙曾说过,凯恩斯只是用幽默的方式鼓励人们多消费,并非真的让你这样做。但增加需求支出以刺激经济则是凯恩斯本人和凯恩斯主义者们的一贯思想。

那么,这种对传统节俭思想的否定正确与否呢?还是要具体问题具体分析。生产的目的是消费,消费对生产有促进作用,这是人人都承认的。凯恩斯主义的总需求分析是针对短期内总需求不足的情况。在这种情况下刺激总需求当然是正确的。一味提倡节俭,穿衣服都"新三年旧三年缝缝补补又三年",纺织工业还有活路吗?这些年当我国经济面临需求不足时政府也在努力寻求新的消费热点,说明这种理论不无道理。

当然,这种刺激总需求的理论与政策并不是普遍真理。起码在两种情况下,这种理论并不适用。其一是短期中当总供给已等于甚至大于总需求时再增加总需求会引发需求拉动的通货膨胀。其二是在长期中,资本积累是经济增长的基本条件,资本来自储蓄,要储蓄就要减少消费,并把储蓄变为另一种需求——投资需求。这时提倡节俭就有意义了。

凯恩斯主义总需求理论的另一个意义是打破了市场机制调节完善的神话,肯定了政府干预在稳定经济中的重要作用。战后各国政府在对经济的宏观调控中尽管犯过一些错误,但总体上还是起到了稳定经济的作用。战后经济周期性波动程度比战前小,而且没有出现30年代那样的大萧条就充分证明了这一点。

世界上没有什么放之四海而皆准的真理。一切真理都是具体的、相对的、有条件的。只有从这个角度去认识凯恩斯主义的总需求理论才能得出正确的结论。其实就连"蜜蜂的寓言"这样看似荒唐的故事中不也包含了真理的成分吗?

(资料来源:jwc.njue.edu.cn)

☞ **项目小结**

①国民生产总值是指一个国家(或地区)所拥有的生产要素在一定时期内(通常为一年)所生产的所有最终产品与服务的市场价值总和。国内生产总值的计算,一般采用生产法、支出法和收入法。

②国内生产总值是指在一个国家领土内某一时期(通常为一年)内所生产的所有最终产品和所提供服务的价值总和;国民生产净值(NDP)是指一个国家一年内新增加的产值,即在本期国内生产总值中扣除了资本(包括厂房、设备)折旧(简称 D)之后的产值;国民收入(NI)是指一个国家一年内用于生产的各种生产要素(指劳动、资本、土地、企业家才能等)所得到的全部收入,即工资、利润、利息和地租的总和;个人收入(PI)等于国民收入减去非个人接受的部分,再加上并非由于提供生产性劳务而获得的其他个人收入;个人可支配收入(PDI)是指一个国家一年内个人可以支配的全部收入。

③总需求(AD)是指整个社会对产品和劳务需求的总和。消费是指居民户对产品或劳务的需求或支出,包括,耐用消费品支出、非耐用消费品支出、住房租金,以及对其他劳务的支出。投资是指厂商对投资品的需求或支出,包括:企业用于厂房、设备等固定资产投资的固定投资,用于原材料、半成品及待售产品投资的存货投资,以及居民住房投资。政府支出是指政府对各种产品与劳务的需求或支出。出口是指净出口,即出口与进口之差。

④乘数是指自发总需求的增加所引起的国民收入增加的倍数,即 $a=1/(1-MPC)$。乘数的大小取决于边际消费倾向。即边际消费倾向越高,乘数越大;边际消费倾向越低,乘数越小。

⑤把 IS 曲线和 LM 曲线放在同一个图上,可以说明商品市场和货币市场同时均衡时,国民收入与利息率的决定。

⑥总需求-总供给模型是把总需求曲线与总供给曲线结合起来说明国民收入与价格水平的决定。

🎓 **复习思考题**

一、单项选择题:

1. GDP 一般包括(　　)。
   A. 当年生产的物质产品和劳务　　B. 上年的存货
   C. 本国公民创造的全部价值　　D. 当年销售掉的全部最终产品和劳务

2. 下列哪一项计入 GDP?(　　)
   A. 购买一辆二手车　　B. 购买普通股票
   C. 汽车制造厂买进 10 个钢板　　D. 银行向某企业收取一笔贷款利息

3. 实际国内生产总值的变化仅仅是（　　）。
A. 由价格的变化引起的　　　　　　B. 由产量的变化引起的
C. 由生产要素的变化引起的　　　　D. 由计算方法的变化引起的

4. 按百分比计算，如果名义 GDP 上升（　　）价格上升的幅度，则实际 GDP 将（　　）。
A. 小于，下降　　B. 超过，不变　　C. 小于，不变　　D. 超过，下降

5. 某国的 GDP 大于 GNP，说明该国居民从外国获得的收入与外国居民从该国获得的收入相比的关系是（　　）。
A. 大于　　　　B. 小于　　　　C. 等于　　　　D. 无法判断

6. GDP 与 GNP 的区别在于（　　）。
A. 是否包括中间产品　　　　　　B. 是否包括劳务
C. 是否用现值计算　　　　　　　D. 是否为国土原则

7. 根据消费函数，引起消费增加的因素是（　　）。
A. 价格下降　　B. 收入增加　　C. 利率下降　　D. 储蓄增加

8. 边际储蓄倾向等于（　　）。
A. 边际消费倾向　　　　　　　　B. 1 加上边际消费倾向
C. 1 减去边际消费倾向　　　　　D. 边际消费倾向的倒数

9. 下列四种情况中，使乘数最大的是（　　）。
A. 边际消费倾向为 0.1　　　　　B. 边际消费倾向为 0.4
C. 边际消费倾向为 0.75　　　　 D. 边际消费倾向为 0.2

10. 乘数发生作用的条件是（　　）。
A. 社会上各种资源没有得到充分利用　　B. 社会上各种资源得到了充分利用
C. 边际消费倾向小于 0　　　　　　　　D. 边际消费倾向大于 1

11. 从短期来看，当居民的可支配收入等于 0 时，消费支出可能（　　）。
A. 等于 0　　　B. 大于 0　　　C. 小于 0　　　D. 以上都有可能

12. IS 曲线表示（　　）。
A. 收入增加使利率下降　　　　　B. 收入增加使利率上升
C. 利率下降使收入增加　　　　　D. 利率下降使收入减少

13. LM 曲线上每一点都表示使（　　）。
A. 货币供给等于货币需求的收入和利率的组合
B. 货币供给大于货币需求的收入和利率的组合
C. 产品需求等于产品供给的收入和利率的组合
D. 产品需求大于产品供给的收入和利率的组合

14. 货币供给量增加使 LM 曲线右移，表示（　　）。
A. 同一利息率水平下的收入增加　　B. 利息率不变收入减少
C. 同一收入水平下的利息率提高　　D. 收入不变利息率下降

15. 在 IS 曲线和 LM 曲线相交时，表示产品市场（　　）。
A. 均衡而货币市场非均衡　　　　B. 非均衡而货币市场均衡

C. 和货币市场均处于非均衡　　　　　D. 和货币市场同时达到均衡

二、分析题：

1. 国民收入核算体系中常用的指标有哪些？它们各自如何计算？
2. 简述支出法和收入法如何核算国内生产总值？
3. 什么是乘数？如何理解乘数是一柄"双刃剑"？
4. 设某一经济社会生产 4 种产品，它们在 2000 年和 2002 年的产量和价格分别如下表所示。试计算：

(1) 2000 年和 2002 年的名义国民生产总值（GNP）；

(2) 如果以 2000 年作为基年，则 2002 年的实际国民生产总值为多少？

(3) 计算 2000—2002 年的国民生产总值折算指数，2002 年价格比 2000 年价格上升了多少？

产品	2000年产量(万单位)	2000年价格(美元)	2002年产量(万单位)	2002年价格(美元)
A	25	1.50	30	1.60
B	50	7.50	60	8.00
C	40	6.00	50	7.00
D	30	5.00	35	5.50

5. 假设一国有关经济数据如下表，根据表格资料计算该国 GDP、NDP、NI、PI、PDI。

（单位：亿美元）

项　目	金　额
私人消费支出	7303
私人国内投资	1593
政府对商品和服务的购买	1972
商品和服务净出口	−423
本国居民来自国外的要素收入	278
本国支付给外国居民的要素收入	287
固定资本消耗	1393
企业间接税及非税收支付	800
企业转移支付	44
包含存货价值和资本消耗调整的公司利润	787
社会保险税	384

项　　目	金　　额
个人利息收入	1078
个人红利收入	433
政府和企业对个人的转移支付	1288
个人所得税及非税收支付	1113

6. 假设某经济社会的消费函数为 $C=100+0.8Y$，投资为50（单位：10亿美元）。

(1) 求均衡收入、消费和储蓄。

(2) 如果当时实际产出（即收入）为800，试求企业非意愿存货积累为多少？

(3) 若投资增至100，试求增加的收入。

(4) 若消费函数变为 $C=100+0.9Y$，投资仍为50，收入和储蓄各为多少？投资增至100时收入增加多少？

(5) 消费函数变动后，乘数有何变化？

7. 已知总供给曲线为 $AS=500P$，总需求曲线为 $AD=600-50P$。

(1) 求供求平衡点。

(2) 如果总供给不变，总需求上升10%，求新的供求平衡点。

(3) 如果总需求不变，总供给上升10%，求新的供求平衡点。

☞ **案例分析**

案例1：经济指标与裙子的长短

谈到经济形势如何，人们都知道利用GDP、人均GDP、通货膨胀率、失业率这些数字。但我对这些冷冰冰的数字总是既敬畏又疑惑。

说到敬畏是因为这些数字都是用科学的方法算出来的，可以精确到小数点后面若干位。听经济学家或官员们如数家珍、唾沫星子乱飞地列举这些数字，你不能不被震撼。在对他们那超凡的记忆力和煽情式的演说感到敬佩的同时，也不得不接受他们的观点，与他们同乐同愁。

在敬佩之后也难免产生一点困惑。记得"四人帮"时期，报上天天是大好形势，粮食生产每年都是创历史最高纪录，工业产值也捷报频传。那些领导口中和报上白纸黑字的数字让你不能不信，但怎么在现实中大多是食不果腹、要什么没什么呢？我不相信统计数字的病根就是那时种下的。以后尽管那个说谎的时代过去了，也有了严惩造假数字的统计法，但我那个不相信统计数字的病根总也没有彻底治愈。

我对数字的疑惑还不完全来自造假，更重要的是，即使统计数字完全真实，就能准确地反映经济状况吗？谁都知道GDP等数字在统计上都有缺陷。一个常为经济学家引用的例子是，B女士作为管家为A男士提供家务劳动，每月获得1000美元，这当然统计在

GDP 之中。如果 B 女士和 A 男士结婚，B 女士仍提供与原来一样的家务劳动，但 1000 美元工资没有了，每月的 GDP 就减少了 1000 美元。这种减少在统计方法上说一点不错，但这种劳动并没有反映出经济活动不变的真相。这也许是一个笑话，但类似这样的问题在 GDP 统计中还真有不少。

冷冰冰的统计数字即使反映了真实变动也是非人性的。人们从事经济活动的目标是实现福利最大化，但数字不等于福利。前苏联的 GDP 并不低，但生产的那些洲际导弹、军备对人民福利又有什么用呢？号称超级大国的苏联，人民缺衣少食，那么大的 GDP 又有什么用？再如有些地区，先靠污染发展了经济，GDP 上去了，官员的职务也上去了；然后又治理污染，GDP 又上去了，官员的职务也又上去了。经济一正一负回到了原来的状况，这虽然增加了 GDP，但增加福利了吗？

如果从个人的角度来看，这 GDP 等数字更不着边际。经济学家总爱说人均 GDP 如何，但人均绝不是人人平均得到的。假设一个社会有 10 个人，每人平均收入原来是 1 万元，称为人均收入 1 万元。现在在 10 人中有 1 人增加了 10 万元，其他 9 人没有变。说起来现在人均收入增加到 2 万元，翻了一番，但这与那 9 人有什么关系？通货膨胀率是平均物价水平，尽管由于汽车、住房、家电等降价，通货膨胀率下降了，但你日常吃的蔬菜、用的水、电的价格却大大上升了，这种低通货膨胀对你有什么意义呢？

对于统计数字中的种种问题，经济学家并不否认。但是，如果不用 GDP 之类的统计数字又用什么呢？所以，统计数字是一种没有更好替代的经济衡量指标无奈的选择，是一种不完善的经济状况衡量指标。GDP 之类的数字用还是要用的。无非是不要过分迷信，加一点更具体的分析就是了。

经济学家在努力改进统计数字指标，但仅仅是在数字上做文章，近期内很难有根本性突破。例如，早在 20 多年前美国经济学家就提出了用净经济福利（NEW）来代替 GDP。这就是在 GDP 中减去对福利没有贡献的项目（如不必要的军备竞赛支出、环境污染），加上对福利有贡献而没有包括在 GDP 中的项目（如闲暇与环境），以便衡量经济福利。可惜这种设想由于难以数字化，至今仍然只是一个设想。于是人们就寻找另一些能反映社会经济与福利的非数字指标。

英国的《经济学家》曾经提出过观测英国经济复苏的六项"民间指标"：一、新车销售量大大增加；二、司机需求量大增；三、出现置业人潮（房地产热）；四、赴海外度假者大增；五、纯种狗和纯种狗主人数量同时增加；六、女性做隆胸手术者与女性胸围尺码俱增。这些指标都反映了消费的状况，而且颇为人性化。试想，如果经济没有复苏，有多少人有心去买车、雇司机、买房、买纯种狗或隆胸？经济变好了人们有能力了，也有这份闲心了，才有心去做这些可以说是"奢侈"的事。这些指标远远不像 GDP 那样准确，但反映的经济状况不是比那些干巴巴的统计数字更具体、更鲜活吗？

美联储主席格林斯潘更有意思。他在评论美国经济发展与 20 世纪 90 年代经济增长时不是说 GDP 增加了多少，而是说"GDP 变轻"了。这就是说过去的 GDP 主要是煤、钢铁、石油这些重量大的东西，而现在是服务业、电脑、互联网这些重量轻，甚至没有重量的东西。尽管 100 多年来，美国的 GDP 平均每年增长 3% 左右，但由于技术进步和劳务在 GDP 中只占到四分之三左右，GDP 反而变轻了。这个"轻"字用得确实好。一个"轻"字概括了当代经济增长的基本特点——以技术进步为动力,傻大黑粗的东西少了。你想想现在个人电脑的重量是第一代同样运行速度电脑的多少分之一?同时,随着经济增长,消费者享受到的服务更多了。格林斯潘用重量标准来衡量经济的进步,多有创意!

还有经济学家提出了一个垃圾指标,就是用垃圾量的变动来衡量经济状况。这就是说,当经济繁荣时人们扔东西多了——过时的家具、衣服等都被扔掉,同时人们购买的大件商品多了,这些商品的包装都成为垃圾。当经济衰退时,人们无力购买新东西,新的不来,旧的不去,不买大件东西,没有什么包装箱子,垃圾当然少了。美国经济学家约翰·凯尔曼用这个指标进行了检验。在芝加哥20世纪90年代繁荣时期,每年垃圾增加2%~10%,但在1999—2000年衰退时,大件垃圾(旧家具、电器和包装箱)只增加了1%,而总垃圾量减少了6%。经济好了,什么都成了垃圾;经济不好,没什么可扔。垃圾指标,多么具体、生动而有说服力啊!对老百姓来说,这不比什么GDP更令人可信吗?

股市也是经济的晴雨表之一。衡量股市状况的有道-琼斯、标准普尔等指数,也有成交量等指数。但还有一个更具体的指标也许你没有听说过——女人裙子的长短。在20世纪四五十年代,有人注意到,当股市牛气冲天时,女人的裙子短;而当股市熊气时,女人的裙子长。这还被称为股市的裙摆理论。有道理吗?据说当时丝袜价格昂贵,是女性的时尚物品。当股市牛气,经济好时,男人有钱给女人买丝袜,女人以穿丝袜为时尚,就要穿短裙子的丝袜。反过来,当股市熊气,经济不好时,没钱买丝袜,也没有秀腿的心情,穿长裙的人就多了。你觉得这个指标是不是更人性化?我想,这个指标和英国《经济学家》杂志六指标中的女人隆胸和胸围这一条有异曲同工之妙。尽管现在丝袜已不是时尚了,但女性的打扮的确与经济状况密不可分。用时尚变动来衡量经济的确是一种创意。

我们所说的这些非数字标准,体现了人性化的东西。经济状况的好坏反映在人们的生活态度和方式上,也许这些变化比GDP等数字更有说服力,也更鲜活。

关于中国这些年经济的迅速增长我们有各种统计数字。但如果用人性化的指标是否可以用这样几项:第一,道路更拥挤了,车辆急剧增加;第二,餐饮业、旅游业乃至整个服务业发展极为迅速;第三,城市更漂亮了,更亮了,也更现代化了;第四,女性更年轻、更漂亮,也更时尚了;第五,"非典"时期,北京一周就建好一所大型"非典"专业医院——没有强大的经济基础能做到这一点吗?这些指标我们每一个人都可以深切感受得到,也比GDP更令人信服。

(资料来源:梁小民.经济指标与裙子的长短.发现,2003年第10期.)

问题:(1)你认为GDP、人均GDP、通货膨胀率、失业率等指标能准确反映经济状况吗?(2)对本案例中反映中国经济增长状况的人性化指标,你如何理解和评价?

案例2:战争与经济

战争与经济发展存在一种复杂的辩证关系,经济决定战争,战争对经济起反作用。但是"第二次世界大战"之后,随着以计算机和微电子技术为主要标志的新科技革命的兴起,社会生产力取得了巨大进步,同时全球化进程也在加速发展,这使得战争与经济的关系发生了一些重大变化。

一、经济对战争的诱动与制约。

英国著名经济学家庇古的《战争经济学》一书,以战时经济为中心,全面讨论了战前、战时和战后的战争与经济的关系。庇古指出,促成战争爆发的情形甚多,包括一些细微事件,如"官吏被暗杀,狡猾的外交官伪造电报"等,但战争"真正的根本原因,却是火药背后的那些因素,最终不外乎是统治欲和求利欲二者"。庇古认为,在引起战争的各种原因中,经济原因占有重要的地位。

从"二战"到现在的一系列战争,为经济利益而战的目的越来越明显,战争目的中经济因素占有越来越重要的地位。

如果说朝鲜战争、越南战争还带有某种意识形态色彩,那么1991年的海湾战争和伊拉克战争则是典型的以经济利益为主要目的的战争——以美国为首的西方为了确保其能源产地的安全,维护和扩展其经济利益,在不管是否真有确实证据的情况下,不惜对伊拉克动武。而"冷战"结束后债台高筑的伊拉克侵占石油资源丰富、当时国家黄金储备高达800亿美元的科威特,也部分出于经济利益。在这些战争背后,经济利益是重要动因。

然而在经济全球化时代,各国的相互依赖也成为制约战争发生的主要因素之一。有部分学者不同意这种说法,他们指出,德国与日本在"一战"、"二战"前与美英法等强国之间经济联系也相当紧密,但是它们还是发动了战争并给人类带来了巨大灾难。

但更多学者认为,经济相互依赖的深入发展会制约战争有两方面的原因:其一,经济全球化使任何国家的企业都可以方便地在全世界范围内优化配置资金、技术、原料、劳动力和市场,靠战争获得市场和原料产地的做法失去了必要性;其二,经济全球化使国家特别是大国的利益相互渗透,形成了各种利益共同体,这使战争失去了可能性。

当然,对战争形成制约不等于可以避免所有的战争,在一些特殊情况下战争仍然会发生。

二、战争对经济的破坏与推动。

英国经济学家F. W. 赫斯特在《战争的政治经济学》一书中指出了关于战争和经济关系的三种错误观点:第一,战争具有经济上的好处,即可以促进经济的发展;第二,战争可以增加财富,即可以用战争的手段来抢夺资源和财产;第三,战争可以促进经济贸易,即可以用战争手段打开对外贸易的口岸,占领对方市场等。赫斯特的结论是:首先,战争给经济带来的繁荣只是短暂的;其次,战争带来的债务是一种最可怕、最有害的非生产性债务。

战争对经济的破坏是有目共睹的。第二次世界大战的全部直接军事费用达11170亿美元,这个数目约等于所有参战国国民收入的60%~70%。如果把财产损失、养老金、利息等间接费用计算在内,估计"二战"全部费用到1951年为止约为4万亿美元。

战争不仅给弱势一方造成巨大损失,也给强势一方带来了负面影响。"二战"后,美国发动了一系列战争,但也并非总是"越打越富"。

美国自1950年发动朝鲜战争以后,海外军费连年剧增。例如,直接用于越战的开支从1965财年的1亿美元急剧扩大到1968财年的270亿美元。从1964到1969财年,美国的整个军费几乎翻了一番,致使财政状况日趋恶化。

由于美国产业发展严重向军事方向倾斜,导致民生产业竞争力下降。尽管在美国有很多新技术确是首先为军事需求而开发出来的,而后通过向民用领域推广而惠及整个国民经济,但不可否认,美国因为过于偏重军事技术开发而影响了民生产业的竞争力。否则,美国的一些重大民生产业不至于败给日本和欧洲。

2003年8月,美国东北部和加拿大部分地区发生历史上最严重的断电事故后,更是暴露了美国"武器系统高精尖,民用设施破漏旧"的状态。美国土木工程师协会2005年发布报告称,2000—2003年间,全美27%的桥梁被定为"存在结构缺陷"或"功能老化"等级。从某种意义上说,美国军工产业的繁荣昌盛是以减少民生领域投入为代价的。

有专家认为,苏联解体的教训之一是"把军队建设同国民经济搞成了'两张皮'"。"两张皮"问题固然是个教训,但苏联的最大教训在于超越自身国力大搞军备竞赛,军事预算最高时占GDP的18%,严重制约了国民经济的正常发展,在某种意义上也可说是中了美国的圈套。

但任何事物都具有两面性,战争也不例外。"二战"结束之后,越来越多的经济学家发现并认识到战争、军备竞赛和军事研发具备强大的商业副效应:一是军事工业的大发展强力拉动了GDP的增长;二是大量军事技术外溢到民用产业,推动了产业结构的升级,"二战"中发展起来的核能源、喷气飞机、电子计算机、雷达等技术目前都已经广泛应用于民用产业,推动了战后的经济繁荣;三是战争为某些国家的经济升级和发展创造了历史性机遇,正所谓大炮一响,黄金万两。甚至有学者认为,美国赖以称霸全球的巨大财富基础,大多是靠战争积累的,美国经济纯粹是一种"战争经济"或"军事经济",这便是美国不断在其他国家或地区以"维和"或"反恐"为借口挑起战争或直接发动战争的根源。

目前,仍然有人争论市场竞争和战争究竟哪个是高新技术发展的原动力。

有分析认为,市场的作用是极为有限的,真正能牵动高新技术发展的原动力是军事技术的发展和战争的需求。的确,从电子计算机、集成电路到互联网,很多高新技术都是首先为军事需求而开发的。但也有人认为,在市场经济国家,高新技术发展的主要原动力仍在市场,不能颠倒主次。统计表明,在美国全国科研经费中,民间企业的研发支出占到60%~70%。甚至有些经济学家认为,军事工业已经不再成为一个国家经济的发动机,不再具备强大的商业副效应了。

三、战争能转嫁当代经济危机吗?

在古代,发动战争的主要原因是当权者为了直接获得更多的土地和资源。自近代以来,大多数战争都是为资本主义生产力的发展寻求更大的资源产地和消费市场。资本主义的基本矛盾导致了资本主义国家周期性的经济危机,为了转嫁经济危机,某些西方国家政府往往不惜发动战争。

2008年由美国"次贷危机"导致的全球金融危机给各国政府造成了极大的压力,少数政客鼓吹利用战争来刺激和拉动本国经济发展,这是不负责任的,也是非常危险的。因为"冷战"后发生的经济危机与以往的经济危机本质是根本不同的,传统的经济危机主要是生产过剩的危机,而当代的经济危机主要根源在于过度膨胀的虚拟经济与实物经济严重脱节。这样的经济危机不是靠发动战争能够解决的。

在经济全球化和信息化时代,解决经济危机的出路只能是:调整经济政策,完善国际和国内的经济制度,加强国家之间的合作。
问题:分析战争与经济的关系。

☞ **实训项目**
调查研究:中国的 GDP 是如何确定的。

项目九　失业与通货膨胀

☞ **学习目标**
　　1. 掌握失业和通货膨胀的概念、类型及成因；
　　2. 理解失业与通货膨胀的影响和治理；
　　3. 理解失业与通货膨胀之间的关系和菲利普斯曲线。

☞ **创设情境**
　　失业和通货膨胀并称为两大宏观经济问题，是经济学家一直在对付的经济痼疾。失业是市场经济的伴生物，在自给自足的自然经济中，人们无所谓就业，也无所谓失业。建立在分工基础上、为交换而生产的市场经济，在极大地提高生产效率的同时，也使一部分劳动者因找不到分工网络中的位置而成为失业者。因此，失业现象最早产生于西方市场经济国家，并引起经济学家的关注，进而上升为失业理论。通货膨胀常常成为人们谴责的对象，因为当通货膨胀率超过收入增长率时，人们的生活水平就会下降。本章重点介绍失业理论、通货膨胀理论以及失业与通货膨胀的关系等内容。

任务一　失业

　　失业是最直接而又最严重地影响人们生活的宏观经济问题。对大多数人来说，失去工作意味着生活水平的下降和心理折磨。在所有宏观经济指标中，就业率和失业率最直接地被公众所感知。实现高就业、低失业，在政府制定的宏观经济目标中居于显著地位。经济学家研究失业的目的是确定其原因，并帮助改善影响失业者的公共政策。

一、失业的概念与衡量指标

1. 失业的概念

　　对于失业，各国有不同的界定。比如在美国，劳工部将 16 岁和 16 岁以上的人口分为四组：第一组为就业者，这些人从事有报酬的工作，因病或因假而休息者也算就业；第二组为失业者，调查周内无工作，在过去四周内曾努力寻找工作，或被解雇等待被重新雇用，或已经找好工作，等待下月报到；第三组为非劳动力，包括操持家务的、退休的、丧失劳动能力的人；第四组为劳动力，就业的和失业的人口都包括在劳动力中。

按照国际劳工组织(ILO)的标准,失业是指在一定年龄之上,在参考时间内没有工作,目前可以工作而且正在寻找工作的人。这里所指的仅仅是公开失业,而不包括隐蔽失业。按照这个定义,衡量是否失业,必须有四个标准:第一,在一定年龄之上,按照国际劳工组织的规定,劳动适龄人口是指15~64岁的人。第二,确认至少在过去的一周内已经没有工作。第三,目前可以工作,即有劳动的能力和可能性。第四,正在寻找工作,即本人有工作的要求,在最近特定时期内已经采取明确步骤寻找工作或自谋职业者。上述条件必须同时成立,才能构成完整的失业的内涵。

2. 失业的衡量指标

失业率是评价一个国家或地区失业状况的主要指标。目前,国际上通用的失业率概念,是指失业人数同就业人数与失业人数之和的比例关系,反映了一定时期内可以参加社会劳动的人数中实际失业人数所占的比重。用公式表示为:

$$失业率 = \frac{失业人数}{就业人数+失业人数} = \frac{失业人数}{劳动力人数}$$

值得说明的是,对于这种统计方法,一些经济学家提出了质疑,他们认为这种统计方法或高或低地估计了真实失业率。有些声称自己正在积极寻找工作的人可能没有这么做,即使失业者正在积极寻找工作,他也可能回绝了几个合适的工作,而且不现实地希望得到一份超出自身能力的工作。另一些人可能彻底放弃了找到工作的希望。如果一些想得到工作的人已经放弃了找到工作的努力,那么在失业统计中就不再把他们算作失业者,因此这种失业率就可能低估了愿意在有工作机会的条件下选择工作的人数。

尽管会出现这些模糊不清的情况,但失业率的变化能够反映经济其他方面的变化,这一点已经成为共识。比如,失业率的上升通常由于经济增长减缓造成。这时一些工人很可能被解雇,厂商可能会放缓雇用新工人的速度。

3. 自然失业率与充分就业

现代宏观经济学中经常使用的自然失业率是指一国经济达到潜在GDP水平时的失业率,也就是价格和工资上下波动的力量处于平衡时的失业率。在排除了经济周期因素的影响后,每个经济仍然会存在一定比例的失业人口,近年来这一比例还有上升的趋势。即使是繁荣时期,这部分失业仍然难以消除。因此,经济学家认为这些失业人口是在经济动态变动过程中不可避免的。弗里德曼在1968年《货币政策的作用》一文中把这种失业称为"自然失业"。概念中的失业是指摩擦性失业和结构性失业之和,并非零失业。这种失业率的存在不仅与劳动市场和商品市场的实际结构特征有关,也与市场信息的不完全性、寻找工作的成本和劳动力转移成本有关。因此,摩擦性失业和结构性失业才被称为自然失业。自然失业率的高低取决于劳动力市场结构、信息的完善程度,劳动力转移成本等多种因素,而与市场经济运行本身无关。

与自然失业率相对应的生产水平就是一个国家的潜在产出水平,又称充分就业时的产出水平。所谓充分就业是指社会劳动力中只存在摩擦性失业和结构性失业的状况,或者说,经济中不存在非自愿性失业的一种情况。为什么在劳动力市场尚存在摩擦性失业者和结构性失业者时，就认为已经实现充分就业呢？因为这两类失业在社会经济生活中不可避免，造成失业的原因(如劳动力的流动等)是难以克服的，劳动市场并不是十分完善。另外，根据定义这两类失业者可以找到工作，因此，自然失业率也称正常失业率，是不能因政策的作用而永久降低的失业率。

二、失业的类型和成因

在西方经济学中，失业分为两类：一类是自愿失业；另一类是非自愿失业。自愿失业是由英国资产阶级庸俗经济学家阿瑟·塞西尔·庇古提出的经济概念，是指工人由于不接受现行的工资或比现行工资稍低的工资而出现的失业现象。非自愿性失业又称"需求不足的失业"，是指工人愿意接受现行工资水平与工作条件，但仍找不到工作而形成的失业，是 1936 年由英国经济学家凯恩斯在其著作《就业、利息和货币通论》中提出的概念。经济学家所关心的失业是指"非自愿性的失业"。在经济学家看来，非自愿性失业有以下几个基本类型：摩擦性失业、结构性失业、技术性失业、季节性失业、周期性失业等。失业在不同国家或一个国家的不同经济发展时期，其主导因素并不完全相同。

1. 摩擦性失业

摩擦性失业是指劳动力在正常流动过程中产生的失业。摩擦性失业产生的原因：劳动力市场信息不充分。人们在各地区之间、各种工作职位之间不停地变动，或者正在跨越生命周期中的不同阶段。即使经济处在充分就业水平，也总会发生一些职业变动。因此，人们在离开原有的工作岗位以后，需要一段时间去寻找下一份工作。例如，学生从学校毕业时，就需要寻找工作，可由于经验等方面的不足，不能及时补充退休人员的空缺，所以一部分人便滞留在失业的队伍里。由于摩擦性失业的劳动力经常是在变换工作岗位，或者是在寻找更好的工作，所以人们通常认为这是一种自然失业。

2. 结构性失业

结构性失业是指由劳动力的供求结构不一致所引起的失业。结构性失业的产生原因是劳动力的供给和需求不匹配。如果对一种劳动的需求上升，对这种劳动的供给又未能及时做出调整，这种不匹配情况就有可能发生。常见的是部门的兴起或衰落所引起的职业间或地区间的结构失衡。由于失业者缺乏新创造出来的工作机会所要求的技能，通常在存在大量失业的同时，也存在很多工作岗位的空缺。例如，在纺织工人失业的同时，存在着计算机程序员职位的空缺。

经济结构调整对劳动力需求发生了变化，与此同时，劳动者的知识结构和劳动技能却没有做出相应的调整；以及不适当的政府政策，如政府为保护某一行业而出台的政策，在短期内可能有利于减少失业，但从长期看，这种经济政策会降低受保护的行业的竞争力，从而失去同国外竞争者相抗衡的能力，最终加重结构性失业。

3. 技术性失业

技术性失业是由于技术进步所引起的失业。在经济增长过程中，技术进步的必然趋势是生产中越来越广泛地采用了资本密集性技术，越来越先进的设备代替了工人的劳动。这样对劳动力需求的相对减少就会导致失业增加。此外，在经济增长过程中，资本品相对价格的下降和劳动力相对价格的上升加剧了机器取代工人的趋势，从而也就加重了这种失业。在长期中，技术性失业是很重要的，此类失业者的大多是文化和技术水平低，不能适应现代化技术要求的工人。

4. 季节性失业

季节性失业是由于某些行业生产的季节性变动所引起的失业。在有些行业，生产的季节性明显，生产旺季工人需求量大，淡季需求量小，这就会引起随季节变动而产生的失业。在农业、建筑业、旅游业中，季节性失业最严重。

5. 周期性失业

周期性失业又称需求不足的失业，是指经济周期中的衰退或萧条时，由于总需求不足而引起的失业。当总需求价格小于总供给价格时，厂商不仅不能按照预期的最低利润出售商品，而且还会有大量商品积压，在这种情况下，厂商就会减少雇佣工人，缩减产量，从而出现周期性失业。

根据凯恩斯的分析，就业水平取决于国民收入水平，而国民收入又取决于总需求。周期性失业就是由于总需求不足而引起的短期失业，它一般出现在经济周期的萧条阶段，可以用紧缩性缺口来说明这种失业产生的原因。

紧缩性缺口是指在实际总需求小于充分就业时的总需求时，实际总需求与充分就业总需求之间的差额。消费需求的不足与投资需求的不足造成了总需求的不足，从而引起了非自愿失业，即周期性失业的存在。

三、失业的影响

失业不仅仅是经济问题而且是个社会问题。失业是经济问题，因为它意味着资源的浪费。失业之所以成为社会问题，是因为它使失业者面对收入减少的困境，给家庭和社会带来极大的压力。

1. 经济影响

无论在哪个社会中，失业的代价都是高昂的。失业导致了部分劳动力资源的闲置和浪费，使生产规模缩小，经济增长放慢，政府税收减少，社会福利支出增加，财政负担加重，使人们的收入减少，造成了劳动者的贫困。同时，失业本身意味着经济资源的浪费。这是因为人们的工作能力是无法跨时期存储的特殊资产，在失业时期不能得到利用，就意味着这一时期的人力资源将永久丧失。同时，失业者不能从工作中学习技能、积累经验，甚至原有的技能也可能退化。可见失业的经济损失是巨大的。

2. 社会影响

过高的失业率还会影响社会的安定，进而产生其他的社会问题。失业者本身会感到沮丧和紧张，给家人带来精神上的伤害，家庭生活压力加大。同时，失业者还可能对社会产生抱怨情绪，影响社会安定。

社会影响中最富戏剧性的实例是俄罗斯对市场改革实施"休克疗法"后经济的下滑。1995年，俄罗斯大约有五分之一的人失业，实际产出急剧下降。健康情况恶化，男人的预期寿命由1990年的64岁下降到1995年的57岁。除了战争时期，还没有一个工业化国家的国民健康状况像俄罗斯那样因经济衰退而如此严重的下滑。

3. 奥肯法则

国民经济的产出水平是由这个经济中的就业水平决定的，就业水平的变化将引起产出水平的变化。当所有的生产要素（尤其是劳动力）都被充分使用时，这时所达到的产出水平我们称为潜在的产出水平，或者说潜在的GDP水平。由于在各类经济中失业以及其他生产要素非充分利用情况的存在，因此实际的产出水平（或者说实际的GDP水平）总是小于潜在的产出水平，二者之间的差值我们称为产出缺口。既然产出和失业率之间存在如此明显的联系。那么这之间是否存在一条可靠的规律可循呢？这一规律由1968—1969年担任约翰逊总统经济顾问委员会主席的阿瑟·奥肯（Arthur M. Okun）教授研究发现。奥肯通过研究美国的经验数据，得出这样的结论：即当实际GDP相对潜在的GDP下降2%时，失业率上升大约1%。例如，如果期初GDP为潜在GDP的100%，后来下降到潜在GDP的98%，失业率就会上升1%。（在早期的估计中，这个比率为3∶1），这个法则被称为奥肯法则（Okun's Law）。根据奥肯法则，可对美国的周期性失业做出估计，对此奥肯曾有过成功的预测。美国1979—1982年是经济停滞时期，真实GDP没有增长，潜在GDP每年增长3%，3年增长了9%。由奥肯法则推出，这会使失业率上升4.5%。

现在人们一般认为，奥肯法则描述了产出市场和劳动市场之间极为重要的关系，使政府能够计算出短期内国民生产总值与失业率的变动速度，同时，它也为西方国家经济增长与福利支出规划的制定提供了一个统计资料上的依据。

四、失业的治理政策

关于失业的治理政策，大致上可以分为两大类：即直接的失业治理政策和间接的失业治理政策。

1. 直接的失业治理政策

直接的失业治理政策首先从劳动力的供给角度出发，使劳动力供给在数量、结构和质量上符合劳动力的需求。任何形式的失业首先表现为劳动力的供给总量大于劳动力的需求总量，因此失业治理的首要问题也就是如何控制劳动力的供给规模。我们可以采取延长劳动者受教育时间的方法，这样一方面可以推迟青年人进入劳动力市场的时间，直接起到缓解失业的作用；另一方面还能提高劳动者的素质，降低结构性失业的可能性。

在失业者的构成中，不同的劳动者面临的失业风险是不同的，一个社会中总有一些人特别容易受到失业的侵袭，如青年人、妇女、低技能劳动者以及有长期失业经历的人等。为了降低这部分人的失业率，一方面可以通过降低这部分人的最低工资来实现，另一方面就是要加强职业培训。在现代经济中,各种职业的专用性不断提高,因此职业培训对失业者转岗有重大意义,也对就业者提高自身素质有重要意义,从而使劳动力供给不仅在质量上,而且在结构上符合劳动力需求。从理论上讲,职业培训对消除结构性失业从而降低自然失业率具有特别重要的意义。

直接的失业治理政策还包括提供就业的信息服务,加速劳动力的自由流动以及采取一定的措施提高工资变动的灵活性,如寻求工资谈判分散化和提倡工资非指数化等。

2. 间接的失业治理政策

所谓间接的失业治理政策基于这样的理念,即在市场经济条件下,要彻底消除失业现象是不可能的,养活失业人口也很困难,而失业又会造成社会成员之间收入的巨大差异,那么就应该实施间接的失业治理政策,对失业者进行救济,也就是建立起一套完善的失业保障体系。通过失业救济和失业保障,使失业者能维持基本的生活水准,达到社会公平的目的。当然,失业保障和失业救济也可能产生负面效应,例如,欧洲各国就是因为失业保障和救济金额逐年上升,使得劳动成本不断上升,同时又使失业者寻找工作的主动性变弱,从而加剧了失业问题。

直接的失业治理政策和间接的失业治理政策在实际生活中是互补的。因为每种政策措施都有自己的局限性和片面性,都需要以对方作为补充。直接的失业治理政策虽能改善失业状况,但不可能解决所有的失业问题,对于这一部分失业者就需要间接的失业治理政策,如提供保障和失业救济。而间接的失业治理政策如果没有直接的治理政策相伴,失业人数可能会不断上升,最后使被动的政策难以为继。

相关链接 9-1

金融危机以来全球主要国家的失业率

2008年9月15日美国第四大投资银行"雷曼兄弟"宣布破产,标志着由美国次贷危机所引发的金融风暴进入一个全球性的转折点。欧美发达国家的金融机构遭到重创,从而引起信贷增长下降,信贷紧缩又进一步导致实体经济的衰退。新兴经济体同样未能幸免于这个过程,由于它们的发展很大程度上依赖于对发达国家的出口,发达国家国内需求的降低必然反过来抑制新兴经济体的经济增长。经济衰退的直接结果之一便是全球性失业率的大增。据国际劳工组织的统计报告,到2009年底全球失业人口突破两亿。全球主要经济体的失业率几乎都呈现走高的趋势。截至目前,美国失业人口超过1500万。欧元区失业率持续攀升,目前已经高达9.5%,是1999年9月以来的最高水平。部分发展中国家的失业率甚至达到两位数。失业浪潮冲击的既包括金融领域的高级白领,也包括建筑工人、矿工和制作外贸产品的工人等。欧洲央行管理委员会成员诺亚近期表示,失业率是威胁经济发展的主要因素。今后一段时期,全球经济会深陷个人消费不振和就业危机两者恶性互动的泥潭。如果就业市场迟迟不能改善,过高的失业率甚至会使经济复苏半途夭折。国际劳工组织预测,甚至到2011年发展中国家的失业率都不会恢复到危机之前的水平。不过世界银行副行长林毅夫指出,2010年世界经济将继续复苏,当然这将有赖于对全球失衡的管理。

(资料来源：中国经济，2010年第2期。)

任务二　通货膨胀

通货膨胀是宏观经济运行中经常出现的一种病态现象。不同于主要影响人口中的某些群体的失业，通货膨胀影响到每一个人。西方经济学家对通货膨胀的类型、成因及其对经济运行的各种效应做了大量研究。本节就这一论题进行最基本的介绍。

一、通货膨胀的概念及衡量指标

1. 通货膨胀的概念

通货膨胀是在纸币流通条件下，因货币供给大于货币实际需求，导致货币贬值，从而引起的一段时间内物价水平持续而普遍上涨的经济现象。

理解通货膨胀的概念，需要注意以下几个方面：

①通货膨胀是物价的普遍持续上涨，通货膨胀是物价总水平的上涨。如果仅有一种或几种商品的价格上升，或是季节性的、偶然性的、暂时性的价格上涨，都不是通货膨胀。只有大多数商品和劳务的价格持续上升才是通货膨胀。

②物价上涨的方式可以是公开的，也可以是隐蔽的。"公开的"是指直接表现出来的价格的上升；"隐蔽的"是指物价表面上没有上涨，但是由于商品价格受管制不能变化，实际上存在巨大的产品供求缺口。隐蔽性通货膨胀一旦显化，将导致价格指数大幅上涨（至少在短期内是如此）。

③通货膨胀是一种病态现象，而正常的物价上涨，如商品或劳务质量的提高或少数资源成本的提高等不应算作通货膨胀。

2. 通货膨胀的衡量指标

(1) 通货膨胀率

通货膨胀的程度是用通货膨胀率来衡量的，通货膨胀率是用百分比形式测算价格水平的变化程度。该指标可以表示为：

$$本期通货膨胀率 = \frac{本期价格水平 - 上期价格水平}{上期价格水平} \times 100\%$$

(2) 物价指数

在实际工作中，一般不直接也不可能测算通货膨胀，而是通过物价指数来间接表示。物价指数是表明某些商品的价格从一个时期到下一个时期变动程度的指数。物价指数一般采用加权平均数的方式，即根据某种商品在总支出中所占的比例来确定其价格的加权数的大小，通常以报告期和基期相对比的相对数来表示。计算物价指数的一般公式为：

$$物价指数 = \frac{\sum P_1 Q_1}{\sum P_0 Q_0} \times 100$$

式中，P 为价格，Q 为数量；"0" 和 "1" 分别指基期和报告期。

物价指数根据其计算式所包含的商品品种的不同，通常有以下 3 种类型：

①消费物价指数（CPI），又称零售物价指数或生活费用指数。它是衡量各个时期居民个人消费的商品和劳务零售价格变化的指标。CPI 指计算消费者购买商品的价格，包括购买旧货和购买进口商品，但不包括政府购买、企业购买和外国购买（出口），这是 CPI 和 GDP 计算范围上的差异。世界各国都倾向于根据本国居民的消费习惯，选定一些有代表性的生活必需品和服务项目，并以这种方法编制出来的物价指数来判断本国是否发生了通货膨胀。因此，它是当今世界使用广泛的物价指数，我国目前也用它来衡量通货膨胀状况。我国目前的 CPI 指数包括食品、衣着、医疗保健和个人用品、交通及通信、娱乐教育文化用品及服务、居住、杂项商品与服务等八类。

$$CPI = \frac{一组固定商品按当期价格计算的价值}{一组固定商品按基期价格计算的价值} \times 100$$

②生产者价格指数（PPI），又称批发价格指数，是衡量各个时期生产者在生产过程中用到的产品的价格水平的变动而得到的指数。通常这些产品包括产成品和原材料。

③GDP 折算指数，是衡量各个时期所有产品和劳务的价格变化的指标，是名义的 GDP 和实际的 GDP 的比率。

$$GDP 折算指数 = \frac{名义 GDP}{实际 GDP} \times 100\%$$

相关链接 9-2

通货膨胀用什么来衡量？

目前，大家关心是否出现通货膨胀，大多引用 CPI 数据。但我认为 CPI 不够全面。

通货膨胀是指价格的总体膨胀，而 CPI 衡量的只是消费类商品和服务，对于运用 CPI 或核心 CPI，我抱有疑问，尽管西方国家是以此为标准。但西方国家恩格尔系数通常在 20% 以下，而我们食品消费占消费比重为 40% 甚至更高。所以我比较倾向于用 GDP 平减指数来测量通货膨胀。根据上半年数据，GDP 平减指数达 4.7%，新世纪以来仅次于 2004 年的 6.9%，而同期 CPI 上涨只有 3.2%。很多人认为当前 CPI 上涨的推动力主要是食品和农产品价格上涨。如果用 GDP 平减指数测算，2007 年上半年，第一产业平减指数上涨幅度是 9.9%，确实很高，但从对整体 GDP 平减指数贡献看，第一产业贡献率不高，因为第一产业在整个国民经济中的比重较低。整个格局是，GDP 平减指数上半年上升 4.7%，其中第一产业 9.9%，第二产业 4.3%，第三产业是 4.1%；拉动率分别为：第一产业 0.9%，第二产业 2.2%，第三产业 1.6%；贡献率分别为：第一产业 9.1%，第二产业 51.2%，第三产业 39.7%。

通货膨胀用什么来衡量，是 CPI 还是 GDP 平减指数还有争论。但其中也有一些矛盾，比如食品占 CPI 的比重很大，而核心 CPI 又不包括食品等重要的消费品。那核心 CPI 能说明什么核心问题呢？

我感觉，从农产品看，通货膨胀应该是成本推动的，但从工业类看，应该是需求推动的，因为投资过热，贸易顺差等原因，这些都是需求。

（资料来源：中国经济网，http://www.ce.cn/）

二、通货膨胀的类型

通货膨胀按不同的划分标准可以划分成不同的类型，常见的划分方法是按照物价上涨的速度进行划分。

1. 温和的通货膨胀

温和的通货膨胀是指年通货膨胀率在 10% 以内。它的特点是价格上涨缓慢并且可以预测。许多国家都存在着这种通货膨胀。此时物价相对来讲比较稳定，人们对货币比较信任，乐于持有货币。许多经济学家认为这种温和而缓慢上升的价格对经济的增长有积极的刺激作用。

2. 奔腾的通货膨胀

奔腾的通货膨胀是指年通货膨胀率在 10%~100%。这种急剧的通货膨胀局面一旦形成并稳固下来，就会出现严重的经济扭曲。在这种形势下，货币贬值非常迅速，人们尽量在手中保留最低限度的货币以应付日常交易。公众预期价格还会进一步上涨，会采取各种手段减少损失，这使通货膨胀更为加剧。尽管价格体系的运转已经如此糟糕，但一般情况下经济还可以继续增长。

3. 恶性通货膨胀

恶性通货膨胀是指年通货膨胀率在 100% 以上的通货膨胀。发生这种通货膨胀时，价格持续猛涨，货币购买力急剧下降，人们对货币完全失去信任，以致货币体系和价格体系最后完全崩溃，甚至出现社会动乱。产生这种通货膨胀的原因是货币供给的过度增长。

三、通货膨胀的成因

造成通货膨胀的根源有很多，它像很多疾病一样，是由多种因素造成的。西方经济学家提出了多种解释，较为流行的有三种：需求拉动说、成本推进说和结构性通货膨胀。

1. 需求拉动的通货膨胀（Demand-pull Inflation）

需求拉动的通货膨胀是指总需求超过总供给所引起的一般价格水平持续显著的上涨。

影响通货膨胀的主要因素之一是总需求的变动。前几章我们已经看到，消费、投资、政府支出和净出口的变化，都可以使总需求发生变化。由于需求方的货币竞相追逐有限的商品供给，从而将价格提升以平衡总需求和总供给。在我国，财政赤字、信用膨胀、投资需求膨胀和消费需求膨胀常常会导致我国需求拉动型通货膨胀的出现。我国1979年至1980年的通货膨胀的成因即是由财政赤字而导致的。需求拉动的通货膨胀可以用图9.1来说明。

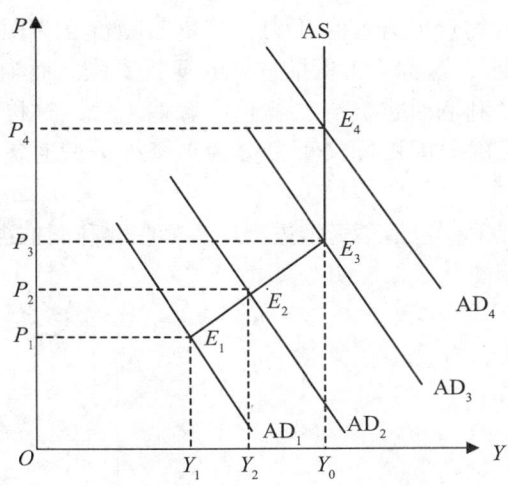

图9.1 需求拉动的通货膨胀

在图9.1中，横轴Y表示总产量(国民收入)，纵轴P表示一般价格水平。AD为总需求曲线，AS为总供给曲线。AS曲线起初呈水平状态，这说明，当总产量较低时，总需求的增加不会引起价格水平的上涨。在图9.1中，产量从0增加到Y_1，价格水平始终稳定。如果总需求继续增加，由AD_1右移到AD_2，在AS不变(或总供给变动幅度小于总需求变动幅度)的情况下，必然导致价格上升，由P_1升至P_2，此时就发生了需求拉动的通货膨胀。同时也伴随着国民产出的增加，由Y_1增加到Y_2。当经济实现了充分就业以后，整个社会的经济资源得到了充分的利用，如果总需求继续增加，总供给不再增加，AS曲线呈垂直状。这时总需求的增加只会引起价格水平的上涨。图中，总需求曲线由AD_3提高到AD_4，产出仍为Y_0，但价格水平已由P_3上升到P_4。从以上分析可以看出，当经济实现充分就业后，扩大总需求更容易导致需求拉动的通货膨胀。其中，E_1到E_3之间是资源被逐渐充分利用的过程，即随着生产的扩大，劳动力、原料和生产设备等资源变得逐渐稀缺而使成本提高，总供给曲线开始向右上方倾斜，从而引起价格水平的上涨。价格水平从P_1上升到P_2、P_3的现象又被称作"瓶颈式的通货膨胀"。

2. 成本推进的通货膨胀(Cost-push Inflation)

成本推进的通货膨胀是指由于生产成本提高而引起的物价总水平上涨。导致成本上升的因素一是物耗增多，二是工资的提高超过劳动生产率的增长。

成本推进论认为，通货膨胀的根源不是在于总需求的过度，而是在于产品成本的上升。成本推动论者提出这一理论的目的是为了解释20世纪50年代以后存在的"滞胀"现象。成本推动的通货膨胀就是指在总需求不变的情况下，由于生产要素价格(包括工资、租金和利率等)上涨,致使产品成本上升,从而导致物价总水平持续上涨的现象。产品成本的上升主要是由于存在强大的、对市场价格具有操纵力量的团体,例如工会、垄断企业以及像石油输出国组织一样的国际卡特尔。当工会迫使厂商提高工资,并使工资的增长快于劳动生产率的增长时,生产成本就会提高,从而导致物价上涨。而物价上涨后,工会又会要求提高工资,又会对物价上升产生压力,工资与物价互为因果,互相推进,螺旋上升,形成"工资-价格螺旋",这称为工资推进型的通货膨胀。而当垄断企业凭借其垄断地位,通过提高价格来增加利润时也会导致物价的普遍上涨,这称为利润推进型的通货膨胀。因此,根据成本提高的原因不同又可以分为工资推进型通货膨胀和利润推进型通货膨胀。

在总需求不变的情况下,包括工资推进型通货膨胀和利润推进型通货膨胀在内的成本推动的通货膨胀,可以用图9.2来说明。

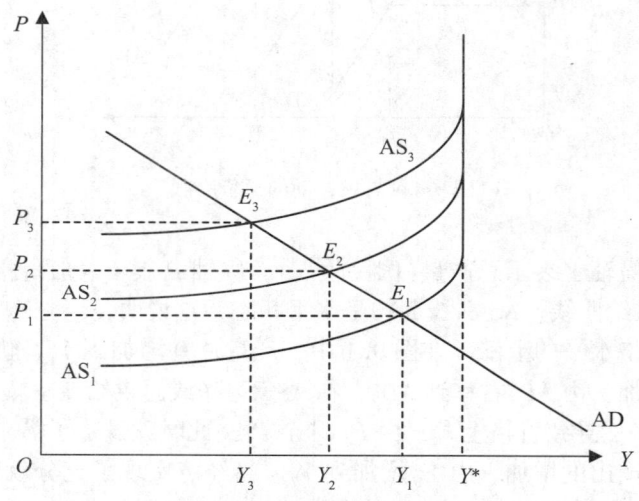

图9.2 成本推进的通货膨胀

在图9.2中,总需求是既定的,不发生变动,只有总供给变动。当总供给曲线为 AS_1 时,总供给与总需求曲线的交点 E_1 决定的总产量为 Y_1,价格水平为 P_1。当总供给曲线由于成本提高而移动到 AS_2 时,总供给曲线与总需求曲线的交点 E_2 决定的总产量为 Y_2,价格水平为 P_2。这时总产量比以前减少,而价格水平上涨了。当总供给曲线由于成本进一步提高而移动到 AS_3 时,总供给与总需求曲线的交点 E_3 决定的总产出为 Y_3,价格水平为 P_3。这时的总产出进一步下降,价格水平进一步上涨,此时发生了成本推动的通货膨胀。

西方经济学家认为,单纯用需求拉动或成本推进都不能充分说明通货膨胀是一种持续的价格上涨行为,而应同时从需求和供给两方面及其相互作用来说明通货膨胀,即混合的通货膨胀。

3. 结构性通货膨胀(Structural Inflation)

结构性通货膨胀是指由于社会经济结构因素的变动而引起的一般物价水平的持续上

涨。在一个迅速发展变化的经济中，由于受到市场需求的引导，经常出现有些部门迅速发展，社会生产率提高的速度快；而另一些部门生产率提高的速度慢，渐趋衰落。在社会总需求不变的情况下，由于需求的组成部分发生结构性变化，由于需求增加而迅速发展的部门或地区的物价和工资上涨，由于需求减少而逐渐衰落的部门和地区的工资和物价由于刚性而没有相应下跌，而且还要模仿前一类部门那样提高货币工资。但由于后一类部门的劳动生产率没有提高，就形成了货币工资增长率大于劳动生产率增长率的情况，这就引起了平均物价水平随着社会经济部门结构的变化呈持续上升的趋势，这种通货膨胀称为结构性通货膨胀。

以上是通货膨胀的几种主要成因。应该注意的是，对于某一次具体的通货膨胀，其成因往往不是单一的，而是多种原因综合在一起导致的，因此需要综合全面的分析。

四、通货膨胀对经济的影响

通货膨胀既会对个人的经济生活产生各种影响，也会对整个社会的经济生活产生重大影响，一般可以将通货膨胀对经济的影响分成两种，即通货膨胀的收入再分配效应和通货膨胀的产出效应。

1. 通货膨胀的收入再分配效应

通货膨胀意味着人们手中持有货币的购买力下降，从某种程度上来讲，是人们过去劳动成果的缩水，也就是说通货膨胀会导致人们的实际收入水平发生变化，这就是通货膨胀的再分配效应，但是通货膨胀对不同经济主体的再分配效应是不同的。

①通货膨胀不利于靠固定货币收入维持生活的人。对于固定收入阶层来说，其收入是固定的货币数额，落后于上升的物价水平，也就是说他们获得货币收入的实际购买力下降，其实际收入因通货膨胀而减少，如果他们的收入不能随通货膨胀率变动的话，他们的生活水平必然降低。

②通货膨胀对储蓄者不利。随着物价的上涨，存款的购买力就会降低，那些持有闲置货币和存款在银行的人会受到严重打击，同样，像保险金、养老金以及其他固定价值的证券财产等，它们本来作为防患未然和养老的，在通货膨胀中，其实际价值也会下降。

③通货膨胀还会在债务人和债权人之间产生收入再分配的作用。具体地说，通货膨胀牺牲了债权人的利益而使债务人得益。

2. 通货膨胀的产出效应

一般认为，温和的通货膨胀对经济发展比较有利。因为人们消费时有"买涨不买跌"的倾向，即当人们认为物价会涨时，会采取及时消费的策略，消费增加会刺激厂商扩大生产规模，从而就业增加、国民收入上升；而当人们认为物价将下跌时，会采取持币等待的策略，消费减少会导致厂商缩小生产规模，从而失业增加、国民收入下降。当然，这只是一般的分析，通货膨胀的产出效应有三种情况。

①随着通货膨胀出现，产出增加。这就是需求拉动型通货膨胀的刺激，促进了产出水平的提高，这种情况产生的前提条件是有一定的资源闲置。当一个经济体系有一定的资源

闲置的情况下，物价温和的上涨会刺激人们的购买欲望，从而消费增加，拉动了就业和产出水平的提高。

②成本推动的通货膨胀导致失业，也就是说通货膨胀引起就业和产出水平的下降。这种情况产生的前提条件是经济体系已经实现了充分就业，在这种情况下，如果发生成本推动的通货膨胀，则原来总需求所能购买的实际产品的数量将会减少，也就是说，当成本推动的压力抬高物价水平时，既定的总需求只能在市场上支持一个较小的实际产出。所以，实际产出会下降，失业率会上升。例如1973年，石油输出国组织的石油价格翻了两番，从而引发了成本推动的通货膨胀，1973—1975年美国等主要发达国家的物价水平迅速上升，与此同时，美国的失业率从1973年的不足5%上升到了1975年的8.5%。

③超级通货膨胀导致经济崩溃。首先，当物价持续上升时，居民户和企业都会产生通货膨胀的预期，即估计物价会再度升高。在这种情况下，人们就不会让自己的储蓄和现行的收入贬值，而宁愿在价格上升前将货币花掉，从而产生过度的消费购买，导致储蓄和投资都会减少，产出水平下降。其次，随着通货膨胀而来的是生活费用的上升，劳动者会要求提高工资，企业成本上升，导致企业生产规模缩小，产出水平下降。再次，企业在通货膨胀率上升时会力求增加存货，以便在稍后按高价出售以增加利润，从而使得市场可供销售的货物可能减少，物价将进一步上升。最后，当出现恶性通货膨胀时，情况会变得更坏，经济体系极有可能陷入崩溃。

五、抑制通货膨胀的措施

西方国家抑制通货膨胀的主要措施一般是通货紧缩和收入政策。

通货紧缩就是从流通中回笼一部分过多的纸币，通常采用的办法是：①增加税收；②提高贴现率和减少信贷总额。通过这些办法抑制总需求，使之接近于总供给，从而抑制通货膨胀。

收入政策主要是通过限制工资、物价的上升来抑制通货膨胀，采用的办法主要是：①颁布价格指导线；②以减税等手段刺激企业实行低价；③对工资、物价实行强制性的控制或管理。在西方国家的经济发展过程中，这些措施的采用，在一定程度上抑制了通货膨胀；但是，由于资本主义国家采取措施的目的不在于从根本上抑制或消除通货膨胀，而只是把它作为对通货膨胀实行国家垄断资本主义调节的一种手段，因此，其结果不但不能真正抑制或消除通货膨胀，相反却进一步加剧了通货膨胀。

总之，通货膨胀是一个十分复杂的经济现象，其产生的原因是多方面的，需要我们有针对性地根据原因采取不同的抑制措施，对症下药。

相关链接 9-3

通货膨胀降低人们的实际购买力？

如果你问一个普通人，为什么通货膨胀是坏事？他将告诉你，答案是显而易见的：通货膨胀剥夺了他辛苦赚来的美元的购买力。当物价上升时，每一美元收入能购买的物品和劳务都少了。因此，通货膨胀直接降低了生活水平。

但进一步思考就发现这个回答有一个谬误。当物价上升时，物品与劳务的购买者为他们所买的东西支付得多了。但同时，物品与劳务的卖者为他们所卖的东西得到的也多了。由于大多数人通过出卖他的劳务，如他的劳动，而赚到收入，所以收入的膨胀与物价的膨胀是同步的。因此，通货膨胀本身并没有降低人们的实际购买力。

人们相信这个通货膨胀谬误是因为他们没有认识到货币中性的原理。每年收入增加10%的工人倾向于认为这是对他自己才能努力的奖励。当6%的通货膨胀率把这种收入增加降低为4%时，工人会感到他应该得到的收入被剥夺了。事实上，实际收入是由实际变量决定的。例如，物质资本、人力资本、自然资本和可以得到的生产技术。名义收入是由这些因素和物价总水平决定的。如果美联储把通货膨胀从6%降到零，我们工人们每年的收入增加也会从10%降到4%。他不会感到被通货膨胀剥夺了，但他的实际收入并没有更快地增加。

如果名义收入倾向于与物价上升保持一致，为什么通货膨胀还是一个问题呢？结果是对这个问题并没有一个单一的答案。相反，经济学家确定了几种通货膨胀的成本。这些成本中的每一种都说明了持续的货币供给增长事实上以某种方式对实际变量有所影响。

（资料来源：www.hzctsm.com.cn）

任务三　失业与通货膨胀的关系

一、凯恩斯的观点：失业与通货膨胀不会并存

凯恩斯认为，在未实现充分就业，即资源闲置的情况下，总需求的增加只会使国民收入增加，而不会引起价格水平上升。这也就是说，在未实现充分就业的情况下，不会发生通货膨胀。在充分就业实现，即资源得到充分利用之后，总需求的增加无法使国民收入增加，而只会引起价格上升。这也就是说，在发生了通货膨胀时，一定已经实现了充分就业。

二、菲利普斯曲线：失业与通货膨胀之间的交替关系

菲利普斯曲线是用来表示失业与通货膨胀之间交替关系的曲线。1958年，菲利普斯根据英国1861—1957年间失业率与货币工资变动率的经验统计资料，提出了这条用以表示失业率和货币工资变动率之间交替关系的曲线。这条曲线表明：当失业率较低时，货币工资增长率较高；反之，当失业率较高时，货币工资增长率较低，甚至是负数。根据成本推动的通货膨胀理论，货币工资增长率可以表示通货膨胀率。因此，这条曲线就可以表示失业率与通货膨胀率之间的交替关系，即失业率高，则通货膨胀低；失业率低，则通货膨胀率高。这就是说，失业率高表明经济处于萧条阶段，这时工资与物价水平都较低，从而通货膨胀率也就低；反之，失业率低表明经济处于繁荣阶段，这时，工资与物价水平都较高，从而通货膨胀率也就高。失业率与通货膨胀率之间存在反方向变动关系，是因为通货膨胀使实际工资下降，从而能刺激生产，增加劳动的需求，减少失业。

菲利普斯提出了这样几个重要的观点：

第一，通货膨胀是由于工资成本推动所引起的，这就是成本推动通货膨胀理论。正是根据这一理论把货币工资增长率与通货膨胀率联系起来；

第二，承认了通货膨胀与失业的交替关系。这就否认了凯恩斯关于失业与通货膨胀不会并存的观点；

第三，当失业率为自然率时，通货膨胀率为零。因此，也可以把自然失业率定义为通货膨胀率为零时的失业率；

第四，为政策选择提供了理论依据。这就是可以运用扩张性宏观经济政策，以较高的通货膨胀率来换取较低的失业率；也可以运用紧缩性宏观经济政策，以较高的失业率来换取较低的通货膨胀率。这也是菲利普斯曲线的政策含义。

菲利普斯曲线所反映的失业与通货膨胀之间的交替关系基本符合20世纪五六十年代西方国家实际情况。20世纪70年代末期，由于滞胀的出现，失业与通货膨胀之间又不存在这种关系了。于是对失业与通货膨胀之间的关系又有了新的解释。

1. 货币主义者的观点

货币主义者在解释菲利普斯曲线时引入了预期的因素。他们所用的预期概念是适应性预期，即人们根据过去的经验来形成并调整对未来的预期。他们根据适应性预期，把菲利普斯曲线分为短期菲利普斯曲线与长期菲利普斯曲线。

在短期中，人们来不及调整通货膨胀预期，预期的通货膨胀率可能低于以后实际发生的通货膨胀率，人们实际得到的工资可能小于先前预期的实际工资，从而使实际利润增加，刺激了投资，增加就业，失业率下降。在此前提下，通货膨胀率与失业率之间存在交替关系。短期菲利普斯曲线正是表明在预期的通货膨胀率低于实际发生的通货膨胀率的短期中，失业率与通货膨胀率之间存在交替关系的曲线。所以，向右下方倾斜的菲利普斯曲线在短期内是可以成立的。这也说明，在短期中引起通货膨胀率上升的扩张性财政政策与货币政策是可以起到减少失业的作用的。这就是宏观经济政策的短期有效性。如图9.3中的SPC曲线。

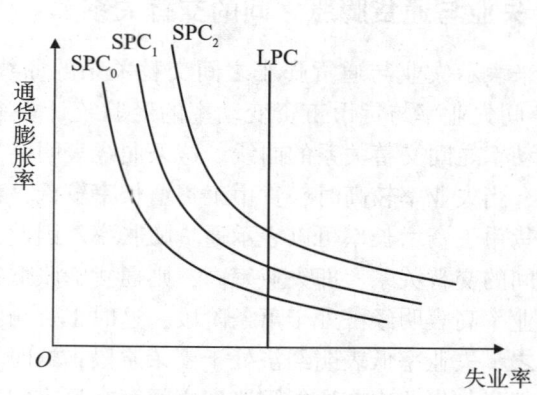

图9.3 短期菲利普斯曲线与长期菲利普斯曲线

在长期中，人们将根据实际发生的情况不断地调整自己的预期。人们预期的通货膨胀率与实际发生的通货膨胀率迟早会一致。这时人们要求增加名义工资，使实际工资不变，从而通货膨胀就不会起到减少失业的作用。这时菲利普斯曲线是一条垂线。如图 9.3 中的 LPC 曲线。表明失业率与通货膨胀率之间不存在交替关系。而且，在长期中，经济中能实现充分就业，失业率是自然失业率。因此，垂直的菲利普斯曲线表明了，无论通货膨胀率如何变动，失业率总是固定在自然失业率水平上。以引起通货膨胀为代价的扩张性财政政策与货币政策并不能减少失业。这就是宏观经济政策的长期无效性。

2. 理性预期学派的观点

理性预期学派所采用的预期概念不是适应性预期，而是理性预期。理性预期是合乎理性的预期，其特征是预期值与以后发生的实际值是一致的。在这种预期假设下，短期中也不可能有预期的通货膨胀率低于以后实际发生的通货膨胀率的情况，即无论在短期或长期中，预期的通货膨胀率与实际发生的通货膨胀率总是一致的，从而也就无法以通货膨胀为代价来降低失业率。所以，在短期或长期中，菲利普斯曲线都是一条从自然失业率出发的垂线，即失业率与通货膨胀率之间不存在交替关系。由此得出的推论就是：在短期还是长期中，宏观经济政策都是无效的。

失业与通货膨胀关系理论的发展，是对西方国家经济现实的反映。凯恩斯的论述反映了 20 世纪 30 年代大萧条时的情况，菲利普斯曲线反映了 20 世纪五六十年代的情况，而货币主义和理性预期学派论述，反映了 20 世纪 70 年代以后的情况。凯恩斯主义、货币主义与理性预期学派，围绕菲利普斯曲线的争论，表明了他们对宏观经济政策的不同态度。凯恩斯主义认为，无论在短期与长期中，失业率与通货膨胀率都存在关系，从而认为宏观经济政策在短期与长期中都是有效的；货币主义认为，短期中失业率与通货膨胀率存在交替关系，而长期中不存在这种关系，从而认为宏观经济政策只在短期中有效，而在长期中无效；理性预期学派认为，无论在短期或长期中，失业率与通货膨胀率都没有交替关系，因此，宏观经济政策都是无效的。

☞ 项目小结

①按照国际劳工组织的标准，失业是指在一定年龄之上，在参考时间内没有工作，目前可以工作而且正在寻找工作的人。这里所指的仅仅是公开失业，而不包括隐蔽失业。失业率表明想要工作而没有工作的人占劳动力总数的比例。

②经济学家把失业分为自愿失业和非自愿失业两种，非自愿失业又包括了几种类型：摩擦性失业、结构性失业、技术性失业、季节性失业、周期性失业等。

③当一般价格水平上升时，通货膨胀就会发生。通货膨胀率是指从一个时期到另一个时期价格指数变动的比率。价格指数包括消费价格指数（CPI）、生产者价格指数（PPI）和 GDP 折算价格指数。

④菲利普斯曲线显示通货膨胀和失业之间的关系。在短期内，其中一个比率的降低便意味着另一个比率的提高。但是，随着时间的推移，若预期的通货膨胀和其他一些因素发生了变化，这种短期菲利普斯曲线也会发生变动。倘若政策制定者试图使失业率长期低于

可持续失业率,通货膨胀就会有螺旋式上升的趋势。

复习思考题

一、单项选择题：

1. 引起周期性失业的原因是(　　)。
   A. 工资刚性　　　　　　　　　　B. 总需求不足
   C. 经济中劳动力的正常流动　　　D. 经济结构的调整
2. 假设一国人口为 2000 万,就业人数 900 万,失业人数 100 万。这个经济的失业率为(　　)。
   A. 10%　　　　　B. 11%　　　　　C. 8%　　　　　D. 5%
3. 在(　　)情况下,通货膨胀的许多经济成本会消失。
   A. 被预期到　　　　　　　　　　B. 每年少于 100%
   C. 是一件意想不到的事　　　　　D. 未被预期到
4. 以下定义中正确的是(　　)。
   A. 名义利率等于实际利率减去通胀率　　B. 实际利率等于名义利率加上通胀率
   C. 实际利率减去名义利率等于通胀率　　D. 实际利率等于名义利率减去通胀率
5. 通货膨胀率的上升将导致(　　)。
   A. 相对价格更稳定　　　　　　　B. 相对价格更富变动性
   C. 不变的相对价格　　　　　　　D. 所有相对价格的上升
6. 中央银行的紧缩性货币政策引起了(　　)。
   A. 总供给冲击,通货膨胀率上升　B. 总供给冲击,通货膨胀率下降
   C. 总需求冲击,通货膨胀率上升　D. 总需求冲击,通货膨胀率下降
7. 不可能同时发生的情况是(　　)。
   A. 结构性失业和成本推进的通货膨胀　B. 需求不足失业和需求拉动的通货膨胀
   C. 摩擦失业和需求拉动的通货膨胀　　D. 失业和通货膨胀
8. 下面哪一种情况最可能产生成本推进的通货膨胀(　　)。
   A. 银行贷款的扩张　　　　　　　B. 预算赤字
   C. 世界商品价格的上涨　　　　　D. 投资率下降
9. 如果导致通货膨胀的原因是"过多的货币追逐过少的商品"。这种通货膨胀是(　　)。
   A. 结构性的通货膨胀　　　　　　B. 需求拉动的通货膨胀
   C. 成本推进的通货膨胀　　　　　D. 受抑制的通货膨胀
10. 今年的物价水平是 180,今年的通货膨胀率是 20%,去年的物价水平是(　　)。
    A. 144　　　　　B. 150　　　　　C. 160　　　　　D. 216

二、分析题：

1. 什么是失业？失业有哪些类型？
2. 解决失业问题有哪些措施？
3. 分析通货膨胀对经济的影响。

4. 通货膨胀产生的原因有哪些？治理通货膨胀有哪些对策？
5. 经济学家弗里德曼曾说"通货膨胀，无论何时何地都是一种货币现象"，请结合通货膨胀的原因谈谈你对这句话的理解。

☞ 案例分析

案例1：20世纪80年代阿根廷的恶性通货膨胀

在20世纪80年代，阿根廷年通胀率平均达到450%，1990年初之前的12个月其通胀率更飙升至20000%。在这种情况下，经济活动的主要目的只是避免通胀吞噬一切。一位阿根廷商人约格这样描述道：

通胀使你终日战战兢兢。我们公司所在的产业只能给你4天到5天的赊账。人们不再关心生产力乃至技术，保护你的流动资产比包括技术在内的长期目标更重要，尽管你希望两者兼顾。这是通货膨胀不可避免的恶果，即货币疾病。你的钱分崩离析，就像癌症。

你得过且过。当通货膨胀率超过每天1%，你别无选择。你放弃计划，只要可以支撑到周末就会感到满足。然后我就会待在公寓里阅读有关古代板球比赛的书籍。

人均而言，目前我们比1975年贫穷25%。真正的受害者是你看不见的穷人、老人和年轻人。他们被赶出大型火车站……那些人是阿根廷生活中的弃儿，像大海的浪花。阿根廷的高通胀终于出现一个充满希望的转机。1989年刚刚当选总统的梅内姆宣布了反通胀计划。此外，它还支持许多以市场为导向的经济改革，包括在1991年初任命由哈佛大学培养的经济学家卡瓦洛为经济大臣。在20世纪90年代初期，通胀已降为每年30%左右。

问题： 结合案例说明阿根廷通货膨胀的性质及其影响。

案例2：滞胀魅影会终结今年全球市场希望吗

虽然"滞"和"胀"风险均高于此前预期，但今年全球经济或仍将呈"复苏理性趋稳、通胀温和上升"的基本特征。纵观30年以来的全球市场，这样的特征往往对应着全年资本市场趋势性上涨。因此，滞胀魅影并非滞胀，而滞胀魅影或能让全球经济复苏的市场环境进一步趋向谨慎，这让我们有理由对全球资本市场增强既有的信心。

截至2011年3月3日的现实演化表明，全球经济"滞"和"胀"两方面风险均高于此前预期，滞胀鬼魅已然若隐若现。一方面，2月以来公布的一系列数据表明，美国经济并未展现出持续超预期的态势，去年（2013年）四季度经济增长率调整值为2.8%，较一个月前的初值下降0.4个百分点，消费主引擎表现也弱于此前预期，今年1月实际消费支出下降0.1%，9个月以来首次出现负值，而"寻底"已久的美国楼市始终没能真正"触底"，房价持续反弹遥遥无期；更严峻的是，能源成本上升已让美国经济悄然失去了今年增长率上升的独特性。据高盛宏观团队的研究，油价每涨10美元，美国经济增长率就可能损失0.2个百分点，若从2011年3.0%的预估值中扣除当前油价上涨带来的隐形损失，美国经济的相对强势恐将难以为继；另一方面，新兴市场经济体的表现也未能尽如人意。

现年80岁的巴菲特在晒出又一份令人艳羡的业绩之时，照例不忘在致股东年的信上调侃一下经济学家和市场人士对经典理论的图腾崇拜。"看看20世纪七八十年代，几乎所有人都固执地死抓着有效市场理论不放，轻蔑地将驳倒了这一理论的强劲事实说成是异常现象(我一直都热爱这样的解释：地球平面学说曾经的存在和流行可能仅仅只是因为那时的人们觉得从同一个起点和终点环绕地球一圈本身就非常不可思议且令人厌恶)"。

股神的调侃总是那么应时应景又切中要害。全球经济复苏才将起步，一个令市场人士闻风丧胆、让经济学家欲说还休的鬼魅身影就已悄然靠近。

回顾年初发布的《世界经济展望》，IMF曾预测2011年全球经济将实现4.4%的增长，复苏力度虽小幅减弱，但仍高出3.3%的长期趋势水平。在IMF等权威国际机构乃至大部分市场人士看来，2011年全球经济正逐渐回归温和的潜在自然率，经济增速的小幅放缓仅仅是增长动力从短期引擎向长期引擎转换的伴生结果，并不会带来系统性的"增长停滞"风险。这股底气，一部分源自对去年四季度美国经济强势表现的认可，IMF预期2011年美国经济增长率为3.0%，高于2010年的2.8%，而与此同时绝大多数经济体的增长预期值都呈下降趋势；另一部分源自对新兴市场经济体的厚望，IMF预期今年新兴市场整体增长6.5%，大幅高于全球经济平均增速。虽然市场人士均担忧物价，但这种担忧大多指向新兴市场，IMF对发达经济体2011年整体通胀率的预期值仅为1.6%，显著低于2%的国际警戒线。

事实是，IMF明显低估了通胀风险在全球范围内的传染速度。截至3月2日，IPE布伦特石油和NYMEX轻质原油价格分别较年初上涨21.57%和10.7%，并站稳每桶100美元整数关口，而此前IMF在《世界经济展望》中对今年油价中值的预测，仅为每桶89.5美元。此外，1月美国CPI同比增幅跃升至1.7%，连续两个月均上升0.3个百分点，同期欧元区CPI同比上升2.4%，增幅创下近27个月新高。

接下来的核心问题是，资本市场将何去何从？历史似乎给出了令人沮丧的答案。在1973年至1974的第一次石油危机过程中，美国股市下跌了11%；1978年的第二次石油危机，美国股市下跌了13%。而现实是，近几个交易日，全球股市纷纷呈现出止涨回跌的短期态势。

那么，滞胀魅影真会成为今年全球资本市场的趋势终结者吗？笔者以为，不然。原因有三：

其一，滞胀魅影并非滞胀，近期全球经济"滞"的压力有所加大，但复苏势头并未受到根本打击，美国经济2月以来的"相对强势"有所减弱，但"绝对强势"依旧值得肯定，经济结构优化和先行指标走强的态势，依旧值得市场对其后续增长质量提升寄予希望。就"胀"而言，中东、北非的动荡是否将演化为严格意义上的全球经济"供给冲击"目前尚存疑问，一系列较为深入的研究也表明，全球原油供需相对变化还不足以支撑油价长期高企。其二，滞胀魅影的突然出现，有利于在资本市场形成更趋和谐的全球政策环境。发达经济体更为迫切的通胀之忧加大了其继续放松银根的潜在成本，美联储近日首次表露出维持物价稳定的意图，欧洲央行启动加息的时点预期也提前至今年10月，量化宽松货币浪潮的减弱，势必将减小全球"货币战"的可能影响，减轻政策南北冲突的摩擦性损失，而新兴市场经济体治理通胀过程中的增长隐忧以及发达市场悄然加入全球反通胀行列的趋势，也相应减小了其货币紧缩"超调"的潜在风险。其三，滞胀魅影让全球经济复苏的市场环境进一步趋向谨慎，未来经济金融运行"超预期"的可能性和频率也将有所加大。

滞胀魅影并非滞胀，在当前"油价上涨、增长趋弱、通胀恶化"的短期表象背后，全球经济今年的基本特征，可能将是"复苏理性趋稳、通胀温和上升"。而纵观1981年以来的全球、发达市场和新兴市场的基本面数据和表现，这一基本特征往往对应着全年资本市场趋势性上涨。据笔者测算，最近30年里，有3个年份全球经济增长率小幅下滑，发达市场和新兴市场通胀率同期上升，而这3年道琼斯平均涨幅为11.6%。同时，有2个年份全球经济增长率下滑，新兴市场通胀率小幅下降，发达市场通胀率小幅上升，而这2年道琼斯平均涨幅为21.15%。似乎可以这么理解，在全球经济复苏势头依旧、增长趋势理性回归长期路径、且新兴市场已在应对通胀风险的全球战役中获得政策先行优势的背景下，我们有理由对全球资本市场、特别是新兴市场的资本市场增强既有的信心。

（资料来源：中国证券网—上海证券报，程实，2011年3月4日。）

问题：
（1）请你阅读上面的文章，谈谈什么是滞胀。
（2）对于中国经济的目前情况，你认为是滞胀吗？说说你的理解。

☞ **实训项目**

请大家分小组谈论目前中国所处的经济态势，我们是通货紧缩，通货膨胀，还是滞胀或者其他？结合国家最新的财政政策，谈谈你的看法，你认为这些政策，哪些会对目前的中国经济状况有效？你是否又发现，哪些财政政策在实际效果上并没有达到预期效果？谈谈你的看法。

项目十　经济周期与经济增长

☞ **学习目标**
1. 掌握经济周期的含义及其类型；
2. 理解经济增长的概念与特征。

☞ **创设情境**

2008年美国次贷危机迅速波及全球金融系统，引发了全球性的金融危机，进而导致了全球性的经济衰退。大量企业裁员，一些跨国企业面临着破产。我国经济增长速度从2007年的13.4%下降到2008年的9%，2009年的第一季度下降到了6%。东南沿海许多外向型企业停产、倒闭，农民工大量返乡，高校毕业生就业形势进一步恶化。我国经济如何走出低谷进入新一轮的增长，需要借助经济周期与经济增长理论加以分析。

任务一　经济周期

一、经济周期的含义及阶段

经济周期，又称经济循环和商业循环，是指国民收入及经济活动的周期性波动。为了便于分析，经济发展的周期性变动的规律可以通过图10.1表示。

在图10.1中，正斜率的直线是经济的长期增长趋势线。由于经济在长期总体上保持着或多或少的增长，所以经济增长的长期趋势是正斜率的。经济周期大体经历周期性的四个阶段：繁荣(Boom)、衰退(Recession)、萧条(Depression)、复苏(Recovery)。

1. 繁荣阶段

繁荣是周期的波峰。在繁荣时期，现有生产设备业已充分利用。劳动力，特别是技术熟练劳动力已感缺乏。主要原材料也开始感到供应不足。由于这些原因，增产的困难越来越大。这时只有增加投资，扩大生产能力才能扩大产量。投资建设需要时间，生产的增加满足不了需求的增长，价格不断上涨，生产要素需求的急剧增长促使要素成本上升，但由于商品价格也同时上涨，企业生产仍有较为丰厚的利润可图。由于经济前景看好，投资量可能超过现有销售水平。

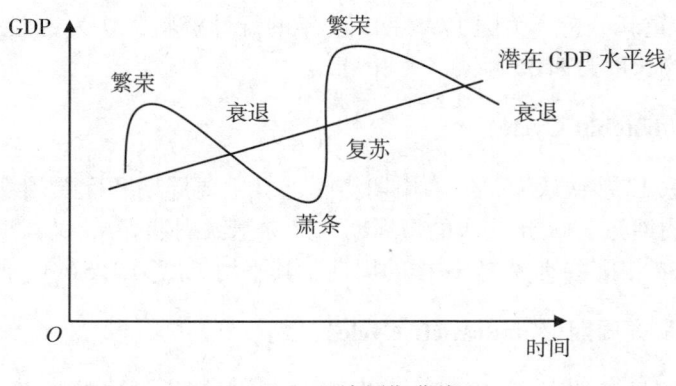

图 10.1 经济周期曲线

2. 衰退阶段

衰退是周期波峰过去，经济开始向下滑坡。根据美国的情况，国内生产总值（GDP）连续两季下降，即进入衰退时期。在衰退期间，需求萎缩，从而生产和就业下降。就业下降导致家庭收入减少，又导致需求进一步萎缩，利润也随着下降，企业经营困难。在繁荣时期经济情况看好时所进行的投资，现在已变得无利可图了，投资急剧降至最低水平。衰退情节严重时，大量生产能力闲置起来，磨损报废设备暂不需添补重置，就可应付生产的需要。

3. 萧条阶段

萧条是经济周期接近低谷部分。其特点是：劳动力失业率高，公众消费水平下降，企业生产能力大量闲置，存货积压，利润低甚至亏损，企业对前景缺乏信心，不愿冒新投资的风险。

4. 复苏阶段

当复苏开始时，也就是已经到了周期的最低点。促使复苏的因素是多种多样的。例如，大批机器经多年磨损需要更换，存货减少需要补充，企业订单增加；就业、收入和消费支出都增加了，生产销售增加以后，利润随着增加。经济前景看好，投资的乐观主义代替了萧条时的悲观主义。由于需求增加，生产的顺利扩大基本上是由萧条时闲置的生产能力和解雇后又返回工厂的工人所完成的。

二、经济周期的类型

根据经济周期时间的长短，可以将其分为四种类型：

1. 朱格拉周期（Juglar Cycle）

法国经济学家 C. 朱格拉认为，经济中存在一个长度为 9~10 年的经济周期。以后熊彼特把这种周期称为中周期或朱格拉周期。美国经济学家 A. 汉森则把这种周期称为"主要经济周期",并重新分析了美国 1795—1937 年的统计资料,认为这些年间共有 17 个朱格拉周期,其平均长度为 8.35 年。

2. 基钦周期(Kitchin Cycle)

英国经济学家 J. 基钦认为,经济周期实际上有主要周期和次要周期两种。主要周期即中周期,次要周期为 3~4 年一次的短周期,又称基钦周期。A. 汉森根据统计资料计算出美国 1807—1937 年间共有 37 个这样的周期,其平均长度为 3.51 年。

3. 康德拉季耶夫周期(Kandratieff Cycle)

1925 年,俄国经济学家 N. 康德拉季耶夫发表《经济生活中的长期波动》一书,书中提出了著名的"长波理论",认为经济中有一种平均长度为 50 年左右的长期循环。

需特别加以说明的是,熊彼特在他的两卷本《经济周期》(1939 年版)中对前三种经济周期作了高度综合与概括。他认为前三种周期尽管划分方法不一样,但并不矛盾。每个长周期中套有中周期,每个中周期中套有短周期。每个长周期包括 6 个中周期,每个中周期包括 3 个短周期。熊彼特还把不同的技术创新与不同的周期联系起来,以三次重大创新为标志,划分了三个长周期:第一个周期,从 18 世纪 60 年代到 1842 年,是"产业革命时期";第二个周期,从 1842—1897 年,是"蒸汽和钢铁时期";第三个周期,1897 年以后,是"电气、化学和汽车时期"。

4. 库兹涅茨周期(Kuznets Cycle)

美国经济学家 S. 库兹涅茨对经济周期和增长都颇有研究,他在 1930 年出版的《生产和价格的长期变动》中分析了美国、英国、德国、法国、比利时 1866—1925 年 53 种商品的历史统计资料,认为经济中存在着长度为 15~25 年不等长期波动。这种波动在美国的许多经济活动中,尤其是在建筑业中表现得特别明显,所以库兹涅茨周期又被称为"建筑业周期"。他把 1873 年、1890 年和 1913 年作为这种周期的顶点,而 1878 年和 1896 年则是谷底。在研究建筑业时,库兹涅茨还分析了人口、资本形成、收入、国民生产总值及其他因素。

三、经济周期性波动的原因

经济周期性波动是各宏观经济变量波动的综合反映。经济周期性波动的原因是极为复杂的、多方面的,西方经济学家们很早就关注宏观经济繁荣与衰退交替出现的经济周期现象,并且在经济学发展历程中提出了不同的理论。

1. 外生经济周期论

外生经济周期理论认为,经济周期的根源在于经济之外的某些因素的变动。例如,战争、选举、石油价格上涨、发现新能源、移民、科技发明和技术创新,甚至太阳黑子活动和气候等。

2. 内生经济周期理论

内生经济周期理论在经济体系之内寻找经济周期自发地运动的因素。这种理论并不否认外生因素对经济的冲击作用，但它强调经济中这种周期性的波动是经济体系内的因素引起的。

（1）纯货币理论

纯货币理论是由英国经济学家霍特里提出的。霍特里认为，经济周期纯粹是一种货币现象，货币流通、货币量以及货币流通速度的波动直接决定了国民收入的波动。经济周期性波动完全是由银行体系交替地扩大和收缩信用所造成的，只要改革信用制度，就能消除经济周期。

（2）投资过度理论

投资过度理论最先始于俄国的杜冈-巴拉诺夫斯基和德国的施皮特霍夫，其后的主要代表者有瑞典的卡塞尔和维克塞尔。这种理论认为，资本品投资（即生产资料）的波动造成了整个经济的波动。资本品的生产过度发展促进经济进入繁荣阶段，而资本品生产过多必将引起资本品过剩，以及消费品生产的减少，两个生产部门的比例失调，导致经济进入萧条阶段。

（3）消费不足与储蓄过度理论

储蓄过度理论的代表人物是英国的伯纳德·曼迪维尔和马尔萨斯。法国经济学家西斯蒙第是最先用广大劳动人民的贫困化引起的消费需求不足来论证资本主义制度下生产过剩的经济危机的必然性的，是典型的消费不足危机论。

（4）乘数-加速数相互作用原理

诺贝尔经济学奖获得者、美国经济学家保罗·萨缪尔森用乘数-加速数相互作用原理来说明经济周期，并因此成为现代经济周期理论的代表之作。投资的增加或减少引起国民收入倍数扩张或收缩，且同方向变化，即乘数原理；国民收入的增加或减少又会反作用于投资，使投资的增长或减少快于国民收入的增长或减少，这是加速原理。可见，投资影响国民收入，国民收入影响投资，二者互为因果，导致国民经济周期性波动。

任务二 经济增长

一、经济增长的概念与特征

1. 经济增长的概念

一般说来，经济增长是指一个国家或一个地区生产商品和劳务能力的增长。如果考虑到人口增加和价格的变动情况，经济增长还应包括人均福利的增长。美国经济学家 S. 库兹涅茨给经济增长下了一个经典的定义："一个国家的经济增长，可以定义为给居民提供种类日益繁多的经济产品的能力长期上升，这种不断增长的能力是建立在先进技术以及所需要的制度和思想意识之相应的调整的基础上的。"

理解经济增长的概念应注意以下三个方面：

①经济增长集中表现在经济实力的增长上，而这种经济实力的增长就是商品和劳务的增加，即国民生产总值的增加。

②技术进步是实现经济增长的必要条件。在影响经济增长的各种要素中，技术进步是第一位的。

③经济增长的充分条件是制度与意识的相应调整。社会制度与意识形态的某种变革是经济增长的前提。只有社会制度与意识形态适用于经济增长的需要，技术进步才能发挥作用，经济增长才是可能的。

2. 经济增长的特征

S. 库兹涅茨从其定义出发，根据历史资料总结了经济增长的六个基本特征：

①按人口计算的产量的高增长率和人口的高增长率。这一特征在经济增长过程中是十分明显的，可以用统计资料得到证明。

②生产率的增长率也是迅速的。生产率提高正是技术进步的标志。

③经济结构的变革速度是高的。在经济增长过程中，从农业转移到非农业，从工业转移到服务业；市场单位生产规模的变化；劳动力职业状况的变化；消费结构的变化等，所以这些变革的速度都是快的。

④社会结构与意识形态结构迅速改革。例如，城市化以及教育与宗教的分离就是整个社会现代化的一个组成部分，也是经济增长的必然结果。

⑤经济增长在世界范围内迅速扩大。发达国家凭借其技术力量，尤其是运输和通信方面的优势，通过和平的或战争的形式向世界其他地方渗透，使整个世界都卷入经济增长之中，成为经济增长的统一体。

⑥世界各国经济增长的情况是不平衡的。目前，世界上还有占总人口75%的国家是落后的，有些国家的经济成就远低于现代技术的潜力可能达到的最低水平，同时，各国之间的贫富差距正在拉大。

相关链接 10-1

为什么富国的生活水平高？

当你在世界各国旅行时，你会看到生活水平的巨大差别。在美国、日本或德国这样的富国，平均每人的收入是印度、印度尼西亚这样的穷国平均每人收入的十几倍。这种巨大的收入差异反映在生活质量的巨大差异上。富国有更多的汽车，更多的电话、电视机，更好的营养，更安全的住房，更好的医疗以及更长的预期寿命。

即使在一个国家内，生活水平也随着时间推移而发生了巨大变化。在美国过去一个世纪以来，按人均实际 GDP 衡量的平均收入每年增长 2% 左右。虽然 2% 看来并不大，但这种增长率意味着平均收入每 35 年翻一番。由于这种增长，今天的平均收入是一个世纪以前的 8 倍左右。因此，普通美国人享有比他们的父母、祖父母高得多的经济繁荣。

用什么来解释这些呢？富国如何能确保自己的高生活水平呢？穷国应该采取什么政策

加快经济增长,以便加入发达国家的行列呢?这些问题是宏观经济学中最重要的问题。我们应该分三步进行研究:第一,我们要考察人均实际 GDP 的国际数据。使我们对世界各国生活水平程度与增长的差别大小有一个大体了解。第二,我们考察生产率的作用,生产率是一个工人每小时生产的物品与劳务量。特别是,我们要说明一国的生活水平是由其工人的生产率决定的,而且,我们要考虑决定一国生产率的因素。第三,我们要考虑生产率和一国采取的经济政策之间的关系。

(资料来源:www.hzctsm.com.cn)

二、经济增长的衡量指标

1. 经济增长率

一个国家经济增长速度的快慢,通常用经济增长率($\bar{G}$)来表示。经济增长率也称经济增长速度,它是反映一定时期经济发展水平变化程度的动态指标,也是反映一个国家经济是否具有活力的基本指标。

由于经济增长在理论上是国民经济生产总量的增长,是产出数量的增加,而衡量一定时期经济产出总量的代表性指标就是 GDP(或人均 GDP),所以经济增长率用报告期 GDP 增量与基期 GDP 的比率表示。如果 GDP 的值都以现价计算,则计算出的增长率就是名义经济增长率;如果 GDP 的值都以不变价格计算,则公式计算出的增长率就是实际增长率。在测算经济增长率时,一般都采用实际经济增长率。实际经济增长率排除价格波动的影响,用不变价格计算,实际上是产量的增长率。不变价格是指计算时扣除了价格变动因素的价格,是为了计算不同时期的价值指标而采用的某一固定时期的价格,便于对不同时期进行历史对比。不变价格又称"固定价格"或"可比价格"。

2. 经济增长率的计算方式

根据实际需要,经济增长率通常有两种计算方式。

(1)年度经济增长率

年度经济增长率衡量的是前后两年之间经济的变化情况,计算比较简单,就是用报告期 GDP 减去基期 GDP 再除以基期 GDP,一般用百分数来表示。计算公式为:

$$经济增长率 \bar{G} = \frac{报告期 GDP - 基期 GDP}{基期 GDP} \times 100\%$$

(2)年均经济增长率

年均经济增长率衡量的是若干年来经济的平均变化情况,计算比较复杂。用 GDP 表示经济产出总量,假设一个国家 GDP 的值由初始值 GDP_0 经过 n 个时间段(如年、月)后变为 GDP_n(按初始期的价格折算),则在每个时间段里 GDP 的平均经济增长率为:

$$年均经济增长率 \bar{G} = \left(\sqrt[n]{\frac{GDP_n}{GDP_0}} - 1 \right) \times 100\%$$

例如:从 1978 年到 2007 年,中国国内生产总值由 3645 亿元增长到 24.95 万亿元,

项目十 经济周期与经济增长

如果计算实际年均经济增长率,要先求出 2007 年真实 GDP(按初始期 1978 年不变价格计算),2007 年 100 元购买力相当于 1978 年的 25 元,即价格涨了 4 倍,2007 年的真实 GDP 为 24.95÷4 = 6.2375。公式中的 GDP_n 为 6.2375 万亿元,GDP_0 为 0.3645 万亿元,n 为 30 年。

则 1978 年到 2007 年的年均经济增长率为:

$$\bar{G} = \left(\sqrt[30]{\frac{6.2375}{0.3645}} - 1\right) \times 100\% \approx 9.8\%$$

这说明:从 1978 年到 2007 年,中国国内生产总值由 3645 亿元增长到 24.95 万亿元,年均实际增长 9.8%。

三、促进经济增长的因素

1. 短期经济增长的影响因素

在短期内,一个国家或地区的经济增长主要取决于总需求。在一个国家或地区的资源没有被充分利用之前,即存在闲置资源的情况下,总需求的增加会拉动经济增长,相反,总需求的减少则会使经济增长的速度放缓,严重时甚至会导致经济出现负增长。但是,当一个国家或地区的资源已经得到了充分利用,即不存在闲置资源的情况下,总需求的增加通常只会导致经济过热和通货膨胀,而总需求的减少则会起到抑制经济过热和通货膨胀的作用。

例如,中国国家统计局公布的经济数据称"2007 年中国经济增长 11.4%,是 14 年来的最大增幅。拉动中国经济增长的主要因素是出口和投资"。

2. 长期经济增长的影响因素

由于经济增长说明社会产出量增加,因此,影响长期经济增长的因素就是总供给。总供给的增长依赖于潜在产出的增长和生产成本的降低。潜在产出是指在合理稳定的价格水平下,使用最佳可利用的技术、最低成本的投入组合,并且资本和劳动力的利用率达到充分就业要求所能生产出来的物品和服务。潜在产出的增长依赖于资本、劳动等常规要素投入的增加以及创新和技术进步等。美国经济学家丹尼森把影响经济增长的因素分为两大类:生产要素投入量和生产要素的效率。

(1)生产要素的投入数量

生产要素包括劳动、资本和土地。由于土地可以被视为一种特殊形式的资本,因此,劳动和资本常常被看作是影响长期经济增长的两个基本的生产要素。如果其他条件是一定的,那么一个社会投入的劳动数量和资本数量越多,产出就越多,经济总量的增长就越快。劳动的数量取决于劳动者多少和劳动时间,在劳动时间不变的情况下,取决于人口的增长。人口增加意味着生产物品和劳务的工人增加,同时也意味着有更多的人消费这些物品和劳务。在以手工劳动为基础的传统农业社会中,劳动是促进经济增长的最重要的因素,人口的增长和劳动效率的提高就成为经济增长最基本、最重要的源泉。资本的数量则主要取决于资本积累,包括资本积累的规模和资本积累的速度,也包括引进外资的数量。

在工业化进程开始以后,随着机器大工业的产生和发展,资本积累和技术进步对经济增长的作用和贡献越来越大。

(2) 生产要素的效率

如果生产要素投入的数量不变,则要素的效率越高,经济总量的增长就越快。生产要素效率的提高,主要表现为劳动者素质的提高、机器设备的技术水平的提高以及劳动和资本两种要素结合方式的改进。在现代社会中,尽管资本积累对经济增长的作用依然不可低估,但技术进步、知识和人力资本的积累以及制度创新对经济增长的促进作用越来越大。其主要表现为:

①技术进步,指通过技术革新、改造、新技术的应用,技术结构的调整和升级来提高生产要素的效率;

②制度创新,通常是指对现存的具体的社会经济制度(如政治组织、经济组织、税收制度、教育制度、经济体制等)以及对现存的企业制度的变革;

③管理效率的提高,指通过调整管理组织结构、改革管理方式来提高管理效率;

④人力资本,指通过教育和培训等方式增加人力资本含量来提高产出效率,再好的物质资本如果没有人会使用,它们对经济增长的作用也不大,现代社会普遍认为人力资本在经济增长中起核心作用。

相关链接 10-2

新经济增长理论

罗默在其博士论文《外国因素、收益递增和无限增长条件下的动态竞争均衡》中,建立了一个与实际情况基本相符的经济增长理论框架。与新古典增长理论相比,罗默的理论除了考虑资本和劳动力两个生产要素以外,还增加了第三种要素——知识。与新古典理论相比,罗默的理论更趋合理。这主要表现在:第一,罗默等人的理论承认知识能提高投资收益,这符合许多国家的投资收益率长期持续提高和高速经济增长并没有集中在劳动力与资本同步增长的国家的事实;第二,新古典增长理论认为技术进步只是偶然的,而罗默等人的理论则认为知识是一种生产要素,在经济活动中必然像投入机器那样投入知识;第三,罗默等人认为有可能存在投资促进知识积累、知识积累又促进投资的良性循环,从而得出投资的持续增长能永久性地提高一个国家的经济增长率的结论——这曾是传统理论一直否认的观点。

在更近的研究中,罗默又把生产要素分为四种:资本、非技术性劳动、人力资本(以受教育的年限来衡量)和新思想(可用专利来衡量)。不论是三种还是四种生产要素,罗默理论面临的最大问题都是与西方主流经济学的完全竞争假设不相一致。完全竞争就意味着企业是价格的接受者。在传统理论的规模收益不变的假设下,这可以是事实。如果企业降低产品价格以赢得更多的市场份额,它们将得不到进一步的规模经济,从而可能出现亏损。在罗默的三个(或更多)生产要素的理论中,规模收益不变的假定不见了,生产函数显示出规模收益递增:如果所有的要素投入增加了一倍,则产量的增加不止一倍。因此,企业可以降低价格,增加产量,并且由于成本的下降还可以比以前获得更多的利润。在收益递增的情况下，竞争变成了不完全的，企业成了价格的制定者，而不是接受者。这确实是对新古典增长理论的一个重大改变。

（资料来源：中华文本库，http://www.chinadmd.com/）

📖 项目小结

①经济周期，又称经济循环和商业循环，是指国民收入及经济活动的周期性波动。现代经济分析中，把经济周期分为四个阶段：繁荣（Boom）、衰退（Recession）、萧条（Depression）、复苏（Recovery）。

②经济增长是指一个国家或一个地区生产商品和劳务能力的增长。如果考虑到人口增加和价格的变动情况，经济增长还应包括人均福利的增长。

🎓 复习思考题

一、单项选择题：

1. 经济周期的四个阶段依次是（　　）。
   A. 繁荣、衰退、萧条、复苏　　　　　B. 繁荣、萧条、衰退、复苏
   C. 复苏、萧条、衰退、繁荣　　　　　D. 萧条、衰退、复苏、繁荣
2. 50~60年一次的经济周期称为（　　）。
   A. 基钦周期　　　　　　　　　　　　B. 朱格拉周期
   C. 康德拉季耶夫周期　　　　　　　　D. 库兹涅茨周期
3. 基钦周期的时间长度为（　　）。
   A. 40个月　　　　B. 9~10年　　　　C. 20年　　　　D. 50年
4. 衡量经济增长的速度一般用（　　）。
   A. 国内生产总值　B. 国民生产总值　C. 国民产出指数　D. 经济增长率
5. 现代社会决定经济增长的核心的因素是（　　）。
   A. 劳动的数量　　B. 人力资本　　　C. 自然资源　　　D. 管理效率

二、分析题：

1. 什么是经济周期？经济周期包括哪些阶段？
2. 如何理解经济增长的概念？影响经济增长的因素是什么？
3. 你认为经济增长有极限吗？你对经济增长的价值如何看待？

📖 案例分析

案例1：世界经济增长

2001年7月在意大利首都罗马举行的西方七国财政部长会议对未来世界经济增长持乐观态度。

据意大利国家电视台报道，来自德国、法国、英国、日本、加拿大、美国和意大利的财政部长或经济部长7月在罗马举行的会议认为，未来世界经济增长速度或许将比人们原

先估计的要略慢些,但它总体增长的态势是显而易见的。

关于今年西方七国自身的经济增长情况,与会者认为,在西方七国中,今年美国经济增幅将明显减小,而今年欧盟经济增长将高于美国,这是最近十年来欧盟经济增长首次超过美国。但与会者同时也指出,在欧盟内部,各成员国今年经济增长的情况也不尽相同,德国今年经济增幅将小于欧盟成员国平均数。今年日本经济能否增长,与会者在讨论时未给予积极或乐观的评价。

问题:
(1)什么是经济增长?经济增长该如何衡量?
(2)促进经济增长的因素主要有哪些?

案例2:新一轮经济周期即将出现

由山东省宏观经济研究院、山东肯雅隆投资有限公司共同主办的2011中国(山东)宏观经济与民资发展高峰论坛在济南举行,著名经济学家、中央财经大学证券期货研究所所长贺强应邀参会,并就中国宏观经济、货币政策、股票市场发表了观点。贺强说,宏观经济分析并不复杂,2011年经济运行关键看货币政策,货币政策关键看物价走势,物价走势关键看国际国内粮价,不管今年经济如何运行,都阻挡不了新一轮经济周期出现。

一、解读经济指标:2010年触底反弹。

从季度GDP指标来看,2010年经济前高后低,不少专家、学者对此表示悲观,认为经济二次探底,也不看好2011年经济。贺强分析,进入新世纪以来,中国经济连续七八年高速上涨,2007年GDP达到14.2%的峰值。GDP超过12%意味着经济过热,所以在2008年初我国采取的是货币紧缩的政策。但全球性金融危机来袭,货币政策在2008年下半年即转向宽松,2009年被认为是最复杂的一年,从季度GDP指标来看,不少专家认为2009年已经实现触底反弹,事实并非如此。2009年,我国短期经济指标虽然出现了触底反弹,但以长期指标为代表的总体经济实际上仍在下滑,2008年我国GDP增长率下滑至9.6%,2009年下滑至9.1%。

贺强指出,经过了2008年、2009年的经济下滑,2010年尽管前高后低,但年度GDP超过10%,我国总体经济从此触底反弹的可能性非常大。

对于如何看待2010年经济前高后低,贺强认为,一年内的经济前高后低是对短期指标而言,2009年我国靠扩大投资、增加信贷刺激经济实现了短期指标强劲反弹,季度GDP一直连续冲高至2010年一季度,高达11.9%。2010年为防经济过热,投资力度和贷款规模远远不如2009年,因此短期指标必然冲高回落。这种回落是好事,也是完全正常的,没必要因此悲观。

"2009年希腊出现债务危机时,有分析人士认为可能导致世界经济二次探底,事实表明,小国危机影响不大。目前美国的高失业率让大家以为美国经济并没有复苏,并因此引发对世界经济的担忧,其实很多人'隔洋观火',并不了解实际情况。"贺强近日到美国亲身调研,了解到美国失业率高的真实情况,"美国有个政策,工作一年可以休息一年,工资照发,金融危机后这个政策改为工作一年可以休息两年,工资照发,所以大部分人都处于休息状态。但休息的美国人大多另找其他工作，挣第二份工资，这部分就业并没有被政府统计进去。美国股市连创新高，也可以说明经济复苏的现状"。

预测今年中国经济运行态势，贺强认为有两种可能，一种是在去年触底反弹的基础上持续稳定反弹，这标志着新一轮经济周期的出现；第二种可能是，为了防通胀采取过度收紧的货币政策，有可能暂时出现经济下滑。但无论今年经济如何运行，都阻挡不了新一轮经济周期出现。

二、分析本轮通胀：不能掉以轻心。

谈到通胀，贺强说，新世纪以来已经出现了三轮物价上涨周期，不同于20世纪的物价全面上涨引发通胀，这三轮都是物价结构性上涨，主要是由食品价格上涨推动的。第一轮物价上涨在2004年，起因是国内粮价上涨；第二轮物价上涨出现在2007年前后，起因是国际粮价暴涨；本轮上涨从去年上半年开始，既有内因，又有外因，是"双动力"，所以不能掉以轻心。内因主要是去年全国发生大面积自然灾害，农民进城减少农产品种植等，外因仍是国际粮价上涨。

贺强表示，本轮物价上涨还有深层背景：美国量化宽松、中国货币超发。美联储大印钞票、量化宽松政策必然导致其他国家货币升值，以美元计价的大宗商品、国际粮价都会出现上涨。中国买了9000亿美元国债，也是在帮助美国量化宽松。与此同时，中国货币也存在超发，钱太多、流动性过剩是造成物价上涨的基本因素。物价上涨的另一个背景是全球经济复苏，生产资料价格上涨，PPI推动CPI，动力十足。

"去年12月政府以16种行政命令打压现货、期货，农产品价格受到抑制，但春节期间购买力旺盛，物价继续上涨的压力很大，节后又是青黄不接的时候，粮价有上涨的可能。"贺强分析，在CPI走高的压力下，货币政策短期收紧的趋势不会改变，不仅会继续上调存款准备金率，五六月份有可能再次加息，"物价走势需要密切观察，其实央行并不愿意加息，加息会加大人民币升值压力，吸引更多热钱流入，并有可能进一步加剧通胀"。

"近期股市走得不好，与通胀压力关系密切，去年12月的CPI马上就要公布了。"贺强表示，从最近两年股市走势来看，股市不是经济的晴雨表。2009年经济不好，但股市全年为阳线；2010年经济好于2009年，但股市全年为阴线。这体现了在金融危机背景下政策的影响力，"经济不好，需要政策放松来刺激经济，所以股市上涨，经济好了，政策退出，反而下跌"。

贺强认为，CPI直接影响着货币政策，股市短期仍然有震荡、有风险，但从中长期来看，股市必然要反映经济基本面。

（资料来源：舜网-济南时报，2011年1月27日。）

问题：请你阅读上述资料，谈谈你的感想。

☞ **实训项目**

请大家分小组谈论目前中国所处的经济周期，以及世界相关国家所处的经济周期（如美国、日本、新加坡、朝鲜等），并分别给出你们的依据。

项目十一　宏观经济政策

☞ **学习目标**
 1. 理解宏观经济政策目标与需求管理；
 2. 掌握财政政策和货币政策的具体内容及运用。

☞ **创设情境**
　　当前经济形势一片大好，但是经济形势却让人看不懂，各种悖论让人摸不着头脑，各个"为什么"发人深省。第一，GDP 高速增长，而人们的安全感却下降。近几年，GDP 一直以 10% 左右的增长率快速增长，而社会物质财富也在快速积累，各种物质保障、精神保障理应日益完善，但是事实却是老百姓的安全感非但没有上升反而下降。第二，经济高增长，就业率趋于下降。一般而言，经济高速增长，意味着为社会提供了更多的就业机会，失业率应趋于下降。但中国目前的就业形势却相当严峻，尤其是大量的高校毕业生就业困难，甚至毕业就意味着失业。第三，外汇储备居高不下。按照经典经济学理论，国民收入快速增长，表明总需求非常旺盛，进口量会快速增长，国际收支出现逆差，外汇储备会下降，甚至为负值。但是，中国的外汇储备比 GDP 增长还快，外汇储备额在国际上的位置已是坐二望一（编者注：2007 年底我国外汇储备已经达 15282 亿美元，超过日本跃居世界第一）……第六，货币增长很快，而物价却在低价平稳运行。货币银行理论认为，货币供给增长会逐渐反映到物价上，货币增长过快会带来通货膨胀。2006 年 1 月末广义货币余额 M2 同比增长 19.2%，却根本看不到通货膨胀的影子。第七，专家预言的通货紧缩、产能过剩为什么迟迟没有到来。早在 2003 年、2004 年，就有不少专家根据当时的经济形势，言之凿凿地预测通货紧缩即将到来，但是直到现在，这种担心仍然还是在观念上，真正的大规模产能过剩仍没到来……第九，可持续发展与启动内需相矛盾。可持续发展是我国一项长期战略，但是目前面临的经济形势是迫切需要启动内需．启动内需免不了做出一些短期的冲动，造成能源、资源的紧张，这与可持续发展相悖。第十，为什么宏观经济能长期"失衡"地增长。我国的地区结构、产业结构、收入结构长期不平衡，但如此量大面广的长期不平衡却并不妨碍经济长期的增长，这的确是中国经济的谜团。

任务一　宏观经济政策目标及工具

　　宏观经济政策是指一个国家或地区政府通过对经济进行总量调控，以达到一定目的的手段。本节从介绍宏观经济政策目标开始。

一、宏观经济政策目标

从西方战后经济发展实践来看，宏观经济政策应该同时达到四个目标：充分就业、物价稳定、经济增长、国际收支平衡。

（1）充分就业

充分就业是指不存在周期性失业的经济状态。显然，充分就业并不是人人都有工作，而是维持一定的失业率，这个失业率要在社会可允许的范围之内，能为社会所接受。

（2）物价稳定

物价稳定是指维持一个低而稳的通货膨胀率，这种通货膨胀率能为社会所接受，对经济也不会产生不利的影响。

（3）经济增长

经济增长是指达到一个适度的增长率，这种增长率要既能满足社会发展的需要，又是人口增长和技术进步所能达到的。

（4）国际收支平衡

国际收支平衡是指一个国家或地区在一定时期内对外经济交往中全部收入和支出平衡，既无国际收支赤字又无国际收支盈余。因为国际收支赤字和盈余，都会对国内经济发展带来不利的影响。

以上四种经济目标之间是存在矛盾的，主要表现在以下几个方面：

①充分就业与物价稳定是矛盾的。要实现充分就业，就必须运用扩张性财政政策和货币政策，而这些政策又会由于财政赤字的增加和货币供给量的增加而引起通货膨胀。

②充分就业与经济增长有一致的一面，也有矛盾的一面。这就是说，经济增长一方面会提供更多的就业机会，有利于充分就业；另一方面经济增长中的技术进步又会引起资本对劳动的替代，相对地缩小对劳动的需求，使部分工人，尤其是文化技术水平低的工人失业。

③充分就业与国际收支平衡之间也有矛盾。因为充分就业的实现引起国民收入增加，而在边际进口倾向既定的情况下，国民收入增加必然引起进口增加，从而使国际收支状况恶化。

④在物价稳定与经济增长之间也存在矛盾。因为经济增长过程中，通货膨胀是难以避免的。

宏观经济政策目标之间的矛盾，要求政策制定者或者确定最高、重点政策目标，或者对这些目标进行协调。政策制定者在确定宏观经济政策目标时，既要受自己对各项政策目标重要程度的理解，考虑国内外各种政治因素，又要受社会可接受程度的制约。不同流派经济学家，对政策目标有不同的理解。例如，凯恩斯主义经济学家比较重视充分就业与经济增长，而货币主义经济学家比较重视物价稳定。这些对政策目标有相当重要的影响。从战后美国的实际情况来看，不同时期偏重不同的政策目标。例如，在20世纪50年代政策目标是兼顾充分就业与物价稳定，在60年代政策目标是充分就业与经济增长，在70年代之后则强调物价稳定和四个目标的兼顾。

二、宏观经济政策工具

1. 需求管理

需求管理是指通过调节总需求来达到一定政策目标的宏观经济政策工具，包括财政政策与货币政策。凯恩斯主义的国民收入决定理论，是在假定总供给无限的条件下说明总需求对国民收入的决定作用。因此，由这种理论所引出的政策工具就是需求管理。

需求管理就是通过对总需求的调节，实现总需求等于总供给，达到既充分就业又无通货膨胀的目标。在总需求小于总供给时，经济中会由于需求不足而产生失业，这时就要运用扩张性的政策工具来刺激总需求。在总需求大于总供给时，经济中会由于需求过度而引起通货膨胀，这时就要运用紧缩性的政策工具来压抑总需求。需求管理包括财政政策与货币政策。

2. 供给管理

供给管理是要通过对总供给的调节，来达到一定的政策目标。在短期内影响供给的主要因素是生产成本，特别是生产成本中的工资成本。在长期内影响供给的主要因素是生产能力，即经济潜力的增长。因此，供给管理包括控制工资与物价的收入政策，指数化政策，改善劳动力市场状况的人力政策，以及促进经济增长的增长政策。

3. 国际经济政策

现实中每一个国家的经济都是开放的，各国经济之间存在着日益密切的往来与相互影响。一国的宏观经济政策目标中有国际经济关系的内容即国际收支平衡，其他目标的实现不仅有赖于国内经济政策，而且也有赖于国际经济政策。因此，在宏观经济政策中也应该包括国际经济政策，或者说政府对经济的宏观调控中也包括了对国际经济关系的调节。

任务二　财政政策

在凯恩斯主义出现之前，财政政策的目的是为政府的各项开支筹集资金，以实现财政收支平衡，它主要影响收入分配，以及资源在私人部门与公共部门之间的配置。在凯恩斯主义出现之后，财政政策被作为需求管理的重要工具，以实现既定的政策目标。这种财政政策包含了三个相互关联的选择：第一，选择开支政策，即开支多少，以及用于哪些方面的开支；第二，征税，即征收多少税，以及采用何种手段征税；第三，赤字政策，即确定赤字的规模和分配。

一、财政政策的主要内容

财政政策是指通过支出与税收来调节经济的政策。财政政策的主要内容包括政府支出与税收。政府支出包括：公共工程支出（如政府投资兴建基础设施）、政府采购（政府对各种产品与劳务的采购）以及转移支付（如各种福利支出等）。政府税收主要包括个人所得税、公司所得税和其他税收。

财政政策的实施运用，主要是通过调整政府支出与税收以及其他相关财政措施来全面调节影响社会的总需求，从而达到预期的经济目标。因此，根据不同的经济形式，政府运用财政政策的主要内容有两个：一是扩张性财政政策；二是紧缩性财政政策。

1. 扩张性财政政策

在经济萧条时期，由于总需求小于总供给，经济中存在着失业，经济增长速度减慢。对此，政府就要运用扩张性财政政策来刺激总需求，可以采取以下具体措施：

①增加政府支出。政府公共工程支出与购买的增加有利于刺激私人投资，转移支付的增加可以刺激个人消费，从而刺激总需求。

②减税。降低个人所得税率可以使个人可支配收入增加，从而消费增加；降低公司所得税率可以使公司收入增加，从而投资增加，达到刺激总需求的目的。

相关链接 11-1

减税刺激经济

1961年，当一个记者问肯尼迪总统为什么主张减税时，肯尼迪回答："为了刺激经济。"他的目的是实行减税，减税增加了消费支出，扩大了总需求，并增加了经济的生产和就业。

虽然税收变动会对总需求有潜在的影响，但也有其他影响。特别是，通过改变人们面临的激励，税收还会改变物品与劳务的供给。肯尼迪建议的一部分是投资税减免，它给投资于新资本的企业减税。高投资不仅直接刺激了总需求，而且也增加了经济长期的生产能力。因此，通过较高的需求增加生产的短期目标与通过较高的总供给增加生产的长期目标是相对称的。而且，实际上当肯尼迪总统提出的减税政策在1964年实施时，它促成了一个经济高增长的时期。

自从1964年减税以来，决策者不时地主张把财政政策作为控制总需求的工具。正如布什总统企图通过减少税收扣除来加快从衰退中复苏。同样，当克林顿总统1993年入主白宫时，他的第一批建议之一就是增加政府支出的"一揽子刺激"。他宣布的目的是帮助美国经济更快地从刚刚经历的衰退中复苏。但是，一揽子刺激最后遭到了失败。许多议员认为克林顿的建议太晚了，以至于对经济没有多大帮助。此外，一般认为减少赤字鼓励长期经济增长比短期总需求扩张更重要。

（资料来源：www.tjufe.edu.cn）

结合案例，说明两次减税为什么产生不同的效果。

2. 紧缩性财政政策

在经济繁荣时期，由于总需求大于总供给，经济中存在通货膨胀，经济增长速度过快。政府则要运用紧缩性财政政策来抑制总需求，可以采取以下具体措施：

①减少政府支出。政府公共工程支出与购买的减少有利于抑制投资，转移支付的减少

可以减少个人消费，这样就抑制了总需求。

②增税。提高个人所得税率可以使个人可支配收入减少，从而消费减少；提高公司所得税率可以使公司收入减少，从而投资减少，达到压抑总需求，实现物价稳定的目标。

二、内在稳定器

内在稳定器，又称自动稳定器，是指某些财政政策由于其本身的特点，具有自动调节经济，使经济稳定的机制。

具有内在稳定器作用的财政政策主要有：个人所得税、公司所得税，以及各种转移支付。个人所得税与公司所得税有其固定的起征点和税率。当经济萧条时，由于收入减少，税收也会自动减少，从而抑制了消费与投资的减少，有助于减轻经济萧条的程度。反之，有助于减轻由于需求过大而引起的通货膨胀。失业补助与其他福利支出这类转移支付，有其固定的发放标准。当经济萧条时，由于失业人数和需要其他补助的人数增加，这类转移支付会自动增加，从而抑制了消费与投资的减少，有助于减轻经济萧条的程度。反之，有助于减轻由于需求过大而引起的通货膨胀。

内在稳定器自动地发生作用，调节经济，无需政府做出任何决策，但是，这种内在稳定器调节经济的作用是十分有限的。它只能减轻萧条或通货膨胀的总趋势，只能对财政政策起到自动配合的作用，并不能代替财政政策。因此，尽管某些财政政策具有内在稳定器的作用，但仍需政府有意识地运用财政政策来调节经济。

三、赤字财政政策

在经济萧条时期，财政政策是增加政府支出，减少政府税收，这样就必然出现财政赤字。凯恩斯认为，财政政策应该为实现充分就业服务，因此，必须放弃财政收支平衡的旧信条，实行赤字财政政策。

凯恩斯主义经济学家认为，赤字财政政策不仅是必要的，而且也是可能的。这是因为：第一，债务人是国家，债权人是公众。国家与公众的根本利益是一致的。政府的财政赤字是国家欠公众的债务，也就是自己欠自己的债务。第二，政府的政权是稳定的，这就保证了债务的偿还是有保证的，不会引起信用危机。第三，债务用于发展经济，使政府有能力偿还债务，弥补财政赤字。这就是一般所说的"公债哲学"。

政府实行赤字财政政策是通过发行公债来进行的。公债并不是直接卖给公众或厂商，因为这样可能会减少公众与厂商的消费和投资，使赤字财政政策起不到应有的刺激经济的作用。当经济恢复发展起来后，就可以向政府缴纳更多的税收，从而偿还政府债务。

公债由政府财政部发行，卖给中央银行，中央银行向财政部支付货币，财政部就可以用这些货币的准备金，也可以在金融市场上卖出。

相关链接 11-2

财政政策的实践

20世纪60年代，肯尼迪总统采用凯恩斯主义经济学的观点，使财政政策成为美国对付衰退和通货膨胀的主要武器之一。肯尼迪总统提出削减税收来帮助经济走出低谷。这些措施实施以后，美国经济开始迅速增长。但是，减税再加上 1965—1966 年在越战中财政扩张的影响，又使得产出增长过快，超过了潜在水平，于是通货膨胀开始升温。为了对付不断上升的通货膨胀，并抵消越战所增开支的影响，1968 年国会批准开征一项临时性收入附加税。不过，在许多经济学家看来，这项税收增加的政策力度太小，也太迟了一些。

20 世纪 80 年代美国是另一个典型例子。1981 年国会通过了里根总统提出的"一揽子刺激"财政政策计划，包括大幅度降低税收，大力扩张军费开支而同时并不削减民用项目。这些措施将美国经济从 1981—1982 年的严重衰退中拯救出来，并进入 1983—1985 年的高速增长。

克林顿总统一上台，就面临着一个两难困境：一方面高赤字依然顽固地存在着；另一方面经济不景气且失业率高得难以接受。总统必须决定财政政策应从何处着手，是应该先处理赤字，通过增加税收、降低支出来增加公共储蓄，进而靠储蓄水平提高来带动国民投资的增长呢？还是应该关注财政紧缩会减少并排挤投资，而税收增加和就业率的减少又会降低产出？最后，总统还是决定优先考虑削减财政赤字。1993 年预算法案决定，在其后 5 年中落实减少赤字 1500 亿美元的财政举措。

（资料来源：保罗·萨缪尔森，威廉·诺德豪斯. 经济学. 萧琛，译. 第十九版. 北京：商务印书馆，2013.）

四、财政政策的挤出效应

财政政策的挤出效应是指政府开支增加所引起的私人支出减少，以政府开支代替了私人开支。在实施运用扩张性财政政策过程中，由于政府投资增加从而在一定程度上代替了私人投资，相对于减少了市场上货币供应量，引起市场利率上升，导致私人投资与消费减少，使刺激经济的作用被减弱。

财政政策的挤出效应的大小取决于多种因素。在实现了充分就业的情况下，挤出效应最大，即挤出效应为 1，也就是政府的支出增加等于私人支出的减少，扩张性财政政策对经济增长没有任何刺激作用。在没有实现充分就业的情况下，挤出效应一般大于 0 而小于 1，其大小主要取决于政府支出增加所引起的利率上升的大小。利率上升高，则挤出效应大，反之，利率上升低，则挤出效应小。

任务三　货币政策

一、货币政策工具

中央银行调控货币主要使用以下三个货币政策工具：

1. 准备金率政策

准备金率就是商业银行必须放入中央银行的那部分资金的比率。在市场经济的国家，银行一般分为两种：中央银行和商业银行。中央银行是商业银行的银行，主要职能是发放贷款，领导并监督商业银行的业务，代表国家发行货币，执行货币政策。中央银行之外的银行都是商业银行，主要业务是存取款业务、投资放贷业务和其他代理业务。我国的中央银行是中国人民银行，美国的中央银行是联邦储备银行。中央银行有权决定商业银行和其他金融机构的法定准备金率，这样中央银行就可以根据需要提高或降低准备金率以控制商业银行和其他金融机构可放贷或投资的货币量。基本内容包括：对法定准备金率的规定；对作为法定准备金资产种类的限定；对计提法定准备金存款余额和缴存基数的确定。

2. 再贴现政策

再贴现政策就是中央银行通过调高或降低再贴现率和规定再贴现票据的种类，来限制或鼓励商业银行和其他金融机构的贷款，从而调节货币供给量和利率，达到宏观调控经济目标的政策。再贴现政策基本内容包括：再贴现率的调整和对再贴现票据种类的限定。再贴现政策有以下三个特点：首先，再贴现的时间和数量一般由商业银行来决定，中央银行没有主动权；其次，在经济繁荣时，调高再贴现率并不一定会使商业银行的再贴现的冲动降低，反之，降低再贴现率商业银行也可能没有必要再贴现；最后，再贴现率虽易调整但不利于市场利率的稳定进而影响到商业银行的正常业务活动，扰乱了经济秩序。

3. 公开市场业务

公开市场业务是指中央银行在金融市场公开买卖有价证券，以调节市场货币量的行为。19世纪初英国英格兰银行首先使用这种方式，当时只是为了稳定国库券的价格。1913年美国为了维持政府财政收支平衡也利用了公开市场业务。20世纪30年代美国将其确定为货币政策的主要工具。当政府认为市场的货币量偏多，可能导致经济过热造成通货膨胀时，中央银行就会通过在公开市场上卖出有价证券使货币回笼；当经济面临不景气，市场上的货币量供给不足时，中央银行就会通过买进有价证券增加市场货币量。可见，公开市场业务政策比较灵活，时效性强，容易实行。但要使公开市场业务有效发挥作用，国家的金融市场必须规范、完善、债券种类较多且具有一定规模，同时中央银行要有足够的实力在公开市场上进行买卖以达到干预市场的目的。

二、货币政策的运用

1. 凯恩斯主义货币政策的应用

当经济萧条时，社会总需求小于总供给，产品过剩，为了刺激总需求，就可以运用扩张性货币政策，所谓扩张性货币政策，就是通过提高货币供给的增长速度以刺激社会总需求的增长政策。例如：在公开市场上买进有价证券，降低再贴现率和再贴现条件，降低法定准备金率等措施增加货币投放量和影响利率下调，以带动消费和投资进而刺激总需求达到社会供求平衡。

在经济繁荣时，社会总需求大于总供给，产品相对短缺，物价就会上升，通货膨胀压力增大，为了抑制总需求，就可运用紧缩性货币政策，所谓紧缩性货币政策，就是通过降低货币供给的速度来刺激利率的提高和压缩信贷规模，以抑制消费和投资，从而实现控制社会总需求的目的。例如：在公开市场卖出有价证券，提高再贴现率和再贴现条件，提高法定准备金率等措施使货币回笼和影响利率上调，以减少个人消费和投资，进而抑制总需求达到社会供求平衡。

相关链接 11-3

美国 1982 年衰退中的货币政策

由于低失业率和第二次石油价格的冲击，1979 年美国的年通货膨胀率上升到 13%，对经济产生了不良影响，所以，美国联邦储备当局决定利用紧缩性货币政策来抑制这次通货膨胀。与以往不同的是，美联储倾向于关注准备金和货币供给的增长，而不是利率，以便能够迅速降低通货膨胀。

通过这次政策，美国的货币供给量大幅度减少，利率上升到自南北战争以来的最高水平。随着利率的上升，投资及其他利率敏感性支出显著减少。这次政策确实对抑制通货膨胀产生了很好的效果，到 1982 年为止，通货膨胀率已降低到 4%。

但是，经济的进一步发展表明，紧缩性货币政策过于严厉，导致了经济的衰退，失业率超过了 10%。

2. 货币主义货币政策及其应用

世界各国在具体运用货币政策时各不相同，货币主义货币政策在英、美两国已占主要地位，而其他大多数国家还是运用凯恩斯主义货币政策。货币主义货币政策属于供给管理的政策。它的基本观点和原理是：

第一，货币供给量的变动不是影响利率，而是影响了人们持有各种资产的价格。人们拥有财富的形式有货币、债券，还有股票、房产、珠宝等多种。当货币供给量增加时，人们持有的各种资产价格就会上升，这样就刺激了生产，使国民收入增加。

第二，利息率不应作为货币政策的目标。理由是货币供给量的增加短期可使利率降低，但由于货币供给增加最终会使社会总需求增加，这样将导致货币的需求量增加和物价的提高。这两种结果会使货币的实际供给量相对反而是减少了，利息率这时就会提高。同时由于名义利率息率等于实际利息率加人们的预期通货膨胀率，货币供给量会提高预期的通货膨胀率，也就等于提高了名义利息率。所以，货币政策无法控制利息率。

第三，货币政策应以货币供给量控制为中心，抑制通货膨胀。货币主义学派认为，货币政策应是以防止货币本身的失衡为重点，不应只是简单地作为刺激社会总需求的政策。根据物价水平与货币数量成正比，货币价值与货币数量成反比这一基本理论，主张根据经济增长的实际需要按比例来增加货币的供给量，以制止通货膨胀。

三、货币政策的局限性

中央银行通过货币政策工具，调控市场货币供给量，进而影响市场的利率水平，以达到宏观经济调控的目标。由于影响经济的因素复杂性以及货币政策自身的特点，使其在实施过程中的效果受到一定的局限。

1. 货币政策的时滞性

货币政策通过政策工具到宏观经济目标的实现，这一过程必然需要一段或长或短的时间，这就是货币政策的时滞。时滞的长短往往对政策的效果产生重要影响。它包括内部时滞和外部时滞。内部时滞是指从宏观经济形势对货币政策的需要到政府认识到这种需要，制定相应政策措施及开始实施前的这段时间。内部时滞的长短受政府部门对经济形势的预测判断能力和制定政策的效率等因素的影响。外部时滞又称"效应时滞"。外部时滞主要受经济金融体制和客观经济状况以及各经济主体对于货币政策中介指标的反应以及决策行为所影响，从政府货币政策的具体实施到对调控目标产生影响这段时间条件来决定。

2. 货币的流通速度

货币政策的局限性还表现在货币的流通速度上。货币政策的直接结果就是对货币供给量的影响，而根据我们在前面的章节中所学的知识，货币供给量的多少受货币流通速度的影响，这样货币政策的制定就必然受货币流通速度的影响。假如根据预测，当年度 GNP 增长 10%，在其他条件不变的情况下，货币供给量也应增加 10%比较合适，若当年度货币流通速度加快，这时货币的供给量就会相对过剩，必然刺激经济过热，甚至导致严重通货膨胀。

3. 微观主体的心理预期

任何一种货币政策的推出都会使微观层面的市场主体作出反应，甚至在政策推出前就开始采取对策。如在经济衰退时，政府采取扩张性货币政策，人们预期社会总需求会增加，物价可能会上涨，就会要求提高工资，企业预期工资的成本会增加和利润率低而不愿增加投资扩大生产。这时尽管存款准本金率低和再贴现政策可能很松，商业银行预期市场前景不好、风险大，而不愿扩大信贷规模。在通货膨胀时，尽管中央银行会采取紧缩性货币政策，企业认为前景看好、利润空间大有利可图，即使利息率很高，贷款增加投资的冲动很旺。这种现象都会使货币政策大打折扣。

任务四　财政政策与货币政策的配合

财政政策与货币政策是市场经济国家调控经济运行的两个十分重要的经济杠杆。市场经济运行中出现的经济过热或通货膨胀，经济过冷或通货紧缩，以及"滞胀"等问题，都需要合理运用财政调控和货币政策来协调配合解决问题。在社会经济运行过程中，如何协调财政政策与货币政策的关系，怎样选择财政政策与货币政策的组合方式，都将影响到宏观经济调控的效果。财政政策与货币政策的组合方式可归纳为四种。

一、紧缩性财政政策和紧缩性货币政策的配合

这种组合方式又叫"双紧政策"，该方式通过压缩投资、收紧银根等措施来减少和控

制社会总需求，减缓国民经济的增长速度，是使经济降温和抑制通货膨胀的有效手段。在该组合中，财政税务部门采取增加税收、减少投资等增收节支的措施，金融部门通过减少贷款投放、加速回收贷款、回笼货币、控制货币供应量等有效措施来减少社会上流通中的货币量。该组合双管齐下，作用较为猛烈，除非经济运行明显过热和通货膨胀过于严重，应当慎用，以防引起经济震荡，造成"硬着陆"，使生产萎缩，效益过度下滑和市场疲软。

二、扩张性财政政策和扩张性货币政策的配合

这种组合方式又叫"双松政策"，该方式通过扩大社会总需求，增加投资，促进消费，刺激经济复苏，加速国民经济的增长速度，是促进经济增温和治理通货紧缩的有效手段。在这种组合方式中，财政税务部门实行减税和增加支出，甚至实行赤字政策扩大投资支出，金融部门降低利率、调低存款准备金率和再贴率，增加货币发行和贷款发放等措施来增加社会上流通中的货币量。当社会经济运行明显过冷，较长时间处于低谷徘徊，用单一扩张手段不能奏效，可运用"双松政策"进行调控。运用此种组合方式要注意提防经济运行走向另一个极端而引起经济过热和通货膨胀的后果。

三、扩张性财政政策和紧缩性货币政策的配合

这种组合方式又叫"一松一紧政策"，财政部门收支宽松，但金融部门收紧银根，这种调控方式有利于刺激社会需求并抑制通货膨胀，但容易导致财政赤字的出现。主要适用于财政收支状况良好，但居民储蓄下降，市场物价上涨的经济运行状况。

四、紧缩性财政政策和扩张性货币政策的配合

这种组合调控方式又叫"一紧一松政策"，该方式在增加财政收入，减少财政支出，实施盈余政策的同时，增加金融货币资金的供应量，这能有效抑制社会和个人的消费，扩大投资需求，有利于积累的增长和经济的发展，但不利于通货膨胀的消除。主要适用于财政收支严重失衡，存款过快增加，市场销售疲软、商品库存量过多等经济运行状况。

上述四种财政调控与货币政策组合方式各有利弊。社会经济运行的实际情况是纷繁复杂的，在实际应用时要根据社会经济运行的具体情况，选择最佳的搭配组合方式。

☞ **项目小结**

①宏观经济政策应该同时达到四个目标：充分就业、物价稳定、经济增长、国际收支平衡。

②财政政策是指通过支出与税收来调节经济的政策。财政政策的主要内容包括政府支出与税收。政府运用财政政策的主要内容有两个：一是扩张性财政政策；二是紧缩性财政政策。

③中央银行调控货币主要使用以下三个货币政策工具：准备金率政策、再贴现政策、公开市场业务。

📖 复习思考题

一、单项选择题：

1. 宏观经济政策的目标是(　　)。
   A. 充分就业和物价稳定
   B. 物价稳定和经济增长
   C. 同时实现充分就业、物价稳定、经济增长和国际收支平衡
   D. 国际收支平衡和充分就业

2. 提高法定准备金率的政策适用于(　　)。
   A. 经济繁荣时期　　　　　　　　　B. 经济萧条时期
   C. 以上都是　　　　　　　　　　　D. 以上都不是

3. 如果政府把经济增长作为宏观调控的政策目标，通常要实行扩张性财政政策和货币政策，以刺激总需求，一般情况下会导致(　　)。
   A. 物价水平下降或通货紧缩　　　　B. 物价水平上升或通货膨胀
   C. 就业机会减少或失业率提高　　　D. 通货紧缩和就业机会增加

4. 当经济运行处于过热状态时，政府应当把(　　)作为宏观调控的主要政策目标，实行适度从紧的财政政策和货币政策。
   A. 促进经济增长　　　　　　　　　B. 实现充分就业
   C. 稳定物价水平　　　　　　　　　D. 实现社会公平

5. 按照凯恩斯主义的政策主张，在经济萧条时应使用的政策是(　　)。
   A. 扩张性财政政策　　　　　　　　B. 紧缩性财政政策
   C. 扩张性货币政策　　　　　　　　D. 紧缩性货币政策

6. 经济中存在失业时，应采取的财政政策工具是(　　)。
   A. 增加政府支出　　　　　　　　　B. 提高个人所得税
   C. 提高公司所得税　　　　　　　　D. 增加货币发行量

7. 紧缩性货币政策的运用会导致(　　)。
   A. 减少货币供给量，降低利率　　　B. 增加货币供给量，提高利率
   C. 减少货币供给量，提高利率　　　D. 增加货币供给量，提高利率

二、分析题：

1. 宏观经济政策有哪些主要目标？
2. 财政政策和货币政策的主要工具分别包括哪些？
3. 谈谈你对自动稳定器的看法。
4. 货币政策有哪三大工具？

☞ 案例分析

案例1：1982年美国的货币政策

由于低失业率和第二次石油价格的冲击，1979年美国的年通货膨胀率上升到13%，对经济产生了不良影响，所以，美国联邦储备当局决定利用紧缩性货币政策来抑制这次通

货膨胀。与以往不同的是，美联储倾向于关注准备金和货币供给的增长，而不是利率，以便能够迅速降低通货膨胀。

通过这次政策，美国的货币供给量大幅度减少，利率上升到自南北战争以来的最高水平。随着利率的上升，投资及其他利率敏感性支出显著减少。这次政策确实对抑制通货膨胀产生了很好的效果，到1982年为止，通货膨胀率已降低到4%。

但是，经济的进一步发展表明，紧缩性货币政策过于严厉，导致了经济的衰退，失业率超过了10%。

问题：
(1) 什么是货币政策？
(2) 中央银行实施货币政策手段主要有哪些？
(3) 中央银行货币政策实施的局限性有哪些？

案例2：我国财政赤字政策的走向选择

财政赤字政策是宏观经济政策的重要组成部分，它既是应对短期经济波动熨平经济周期的重要手段，在经济发展某些阶段上也是扩大公共投资、提高经济长期增长率的重要方式。从历史上看，美国、日本和欧洲的赤字率在短期内都曾出现过较大的波动，如从1981年到2000年的20年间里，美国、日本、法国、德国和英国的赤字率最高分别达到过6%、7.3%、6.0%、3.3%和7.7%，但其长期赤字率则基本稳定在2.5%左右。上述几国过去20年间平均赤字率分别为2.6%、2.5%、3.1%、2.2%和2.6%。这说明在一定时期根据实际需要实行一些短期的财政赤字，以此换来财政长期的平衡是必要的。归根结底，财政平衡是要以经济长期持续发展为基础，脱离经济总体情况的财政平衡既无意义也不可持续。

一般认为赤字对宏观经济的影响有以下几类，一是导致通货膨胀率提高；二是挤出私人投资；三是降低储蓄率进而影响资本形成和长期经济增长率。但是以上这些结论都是在假设经济处于充分就业状态下得出的，当经济运行处于不充分就业状态时，以上这些结论都不能成立。经济运行处于不充分就业状态的标志是需求不足、生产能力利用率低，失业率高等。这时增加赤字可以降低失业率，提高经济资源的利用率，改善全体人民的福利。在这种情况下政府支出不但不会挤出私人投资，还会由于乘数效应而带动、挤入私人投资。

不仅处于经济周期不同阶段的赤字对经济的影响不同，不同性质的政府支出对经济的影响也是不同的。长期以来，西方国家统计中对政府支出没有严格区分投资性支出和消费性支出，很多分析只是笼统地把政府支出作为非生产性的消费支出，由此得出了高赤字将降低储蓄率、减少资本形成并影响长期经济增长率的结论。但实际上，政府投资也可以成为资本形成的重要渠道，这对私人部门发展相对滞后的后发国家更是如此。一方面，政府公共投资形成的基础设施是高生产性资本，对一国经济长期发展起到重要的推动与保障作用。从另一方面看，政府的投资支出同时形成了资产，政府总的资产负债状况没有恶化，这和其他性质的政府支出只增加政府债务不增加政府资产的情况迥然不同。从历史上看，政府支出中投资比例较高的日本的经济增长率也一直高于其他西方国家，日本长期发行建设国债为政府投资项目融资取得了很好的成效。在国际上，赤字只为政府投资支出融资的规则被称为黄金法则(Golden Rule)。日本在20世纪80年代财政重建时实行这一法则，既保证了经济增长又在一定程度上改善了财政状况。英国从1997年也开始采用黄金法则，目前英国已是欧盟成员中财政状况最好的国家之一。

无论是从我国目前所处的发展阶段来看，还是从我国政府的决策机制来看，我国当前都有实施积极财政政策的有利条件。要积极利用财政政策来促进社会基础设施建设和经济结构的战略性调整，促进建立和完善社会主义市场经济基本制度，提高公共服务水平、推动全面建设小康社会。中国财政收支的黄金规则应是：赤字只能为公共投资、社会保障基金和重点公共服务领域融资，这几项赤字合计最高不应超过当年GDP的5.5%。也就是说，在经济增长的最低谷年份，财政赤字最高不能超过5.5%。这是一个既能够积极利用财政政策促进经济发展，又具有充分谨慎性的比例，美、日、法、意等国历史上都有过财政赤字达到6%左右，而后随着经济的好转又重新实现财政平衡的先例。除黄金规则之外，还应设立一个财政可持续性的原则，以避免债务余额在GDP中的比例失控。这一原则可以表述为当政府的债务余额达到GDP的60%左右，应把债务余额增长率和债务利率之和控制在GDP名义增长率之下，这样，债务余额在GDP中的比例就不会继续升高。

（资料来源：www.tjufe.edu.cn）

问题：结合案例认识赤字对经济的影响及其条件。

☞ 实训项目

中国的财政政策

背景资料：

财政政策是政府实施宏观调控的重要工具之一。财政政策主要通过税收、补贴、赤字、国债、收入分配和转移支付等手段对经济运行进行调节，是政府进行反经济周期调节、熨平经济波动的重要工具，也是财政有效履行配置资源、公平分配和稳定经济等职能的主要手段。

改革开放以来，财政作为国家宏观调控的重要手段之一，针对各个时期国民经济发展的起伏变化，相继选择了不同的财政政策，在保障国民经济平稳持续发展中功不可没。而且，财政政策的调控手段和方式也发生了显著变化，逐渐放弃了以行政手段为主的直接调控，形成了适应市场经济体制的、以经济手段为主的间接调控体系。

公共财政主要是满足公共需要、提供公共产品、服务公共利益，要努力做好财政工作，保障和改善民生。在公共财政框架下，财政对"三农"、教育、医疗、社保等公共服务领域的投入逐年增加。

60年来，全国财政支出规模从1950年的68亿元，扩大到2008年的6026万亿元，2009年预算安排7.62万亿元，增长了1120倍。最大的变化是，财政运行模式由计划经济时期的生产建设财政，逐步转变为社会主义市场经济条件下的公共财政。

统计显示，2009年，全国财政预算安排中，仅用在与人民群众生活直接相关的教育、医疗卫生、社会保障和就业等方面的民生支出就达到24610亿元，比2008年增长25.1%。

仅中央财政用于"三农"的支出安排 7161 亿元，增长 20%以上。

根据各个历史阶段的特点，我国依次采取了促进国民经济调整的财政政策、紧缩的财政政策、适度从紧的财政政策、积极的财政政策、稳健的财政政策，以及积极财政政策。

一、促进国民经济调整的财政政策

【时间】1979 年。

【背景】经济出现过热现象及引发的财政赤字严重、投资需求和消费需求双膨胀、物价持续上涨、外贸逆差增加等问题。

【内容】中央提出对国民经济进行"调整、改革、整顿、提高"的八字方针。

一是改革财政体制，实行"分灶吃饭"，促进各级财政实现收支平衡。

1980 年起，除北京、天津、上海继续实行"总额分成、一年一定"的体制外，各省、自治区实行了"划分收支、分级包干"的新财政体制，打破了统收统支的局面，调动了中央和地方增加财政收入的积极性，事权和财权的统一、权利和责任的统一促使地方合理地安排财政收支和自求平衡。这种体制对减少财政赤字，加强宏观调控具有一定的作用。

二是压缩基建规模，控制投资需求。

1979 年，财政部发布了《关于加强基本建设财务拨款管理的通知》，要求基本建设不能突破国家预算指标范围；严格按照国家计划供应资金；严格执行结算纪律，防止和制止拖欠贷款；严格按照基本建设程序办事，纠正边设计、边施工、边生产的做法。对引进的项目和 1000 多项未完工程，除保留必要的部分外，全部停建、缓建；对大部分非生产性项目也实行停建、缓建。同时，严格基建投资的审批手续，并将基建资金逐步改为有偿使用，强化了投资硬约束。通过这些措施把国家预算内的基本建设投资规模每年的增长速度控制在 10%~25%之间，避免出现大起大落的现象。

三是控制消费需求，压缩各项开支。

由于消费基金增长导致需求膨胀，国家除控制预算内收入的增长速度外，还对预算外收入，尤其对社会集团购买力进行了严厉的控制。在执行中对社会集团购买力实行计划管理，限额控制等办法。1980 年，规定文教、科学、卫生、体育等事业单位和行政机关实行"预算包干，结余留用，征收归己"的办法，防止扩大支出和年终突击花钱。另外，严肃财经纪律，控制奖金总额和超额津贴。1980 年，开展了财政纪律大检查，查出滥发的奖金上百种，有问题的资金达 37.9 亿元。

四是增加农业、轻工业投资，提高消费品供给能力。

为了改变农产品和日用品供不应求的局面，1979 年安排了 174 亿元财政支农资金，1980 年在提高农副产品价格和增加补贴的同时，支农资金也达到 150 亿元；除较多地安排轻工业基本建设投资外，财政还增加了轻纺工业挖潜改造和专项贷款 15 亿元。通过增加供给，缩小消费品供应量与购买力之间的差距，平衡总供给与总需求。

五是稳定市场，平抑物价。

1979 年，国家将粮食统购价格提高了 20%，在此基础上超购加价幅度从原来的 30%提高到 50%，同时还相应提高了油料、棉花等农副产品的收购价格。粮油统购价格提高后，由财政补贴，当国家平价粮食供应出现缺口时，将议价收购的粮食平价销售。1980 年，国家财政的粮油价差补贴、超购粮油加价补贴和粮食企业亏损补贴支出共计 108.01

亿元，比1979年增加了47.39%，有力地平衡了商品供求，保证了物价稳定。

六是调整进出口商品结构，平衡国际收支。

首先，控制需要大量补贴的产品出口，减少高亏商品的出口，减少国家对外贸的财政补贴，调整进出口商品结构；其次，对出口创汇企业实行税收等各方面的政策倾斜，鼓励扩大生产出口商品，实现国际收支平衡。

【效果】通过宏观调控，基本实现了财政收支平衡、物价稳定和信贷平衡的预期目标。但由于经济调整中紧缩的政策力度过大，经济增长率从1980年的7.8%降到1981年的5.2%。

【时间】1982年。

【背景】国民经济出现下滑。

【内容】1982年开始实行宽松的财政政策和货币政策，主要是通过放松银根，继续深化财政体制改革，对企业实行利改税，调动企业和地方的生产积极性，增加有效供给，缩小总供给与总需求之间的差距。

【效果】从1982年开始，国内生产总值增长速度逐步回升，当年增长9.1%，增幅较上年提高3.9个百分点，1983年加快到10.9%。

二、紧缩的财政政策

【时间】1988年9月。

【背景】从1984年后期开始，国民经济过热的迹象又逐步显现，社会总需求与总供给的差额不断扩大，投资消费高速增长，价格总水平大幅攀升。为满足社会固定资产投资增长的要求和解决企业流动资金短缺的问题，国家不断扩大财政赤字，而为弥补赤字，银行超量发行货币，又加剧了物价指数上升。

【内容】十三届三中全会提出"治理经济环境、整顿经济秩序、全面深化改革"的方针。实行了紧缩财政、紧缩信贷的"双紧"政策。

一是大力压缩固定资产投资规模。

从1988年9月至1989年第一季度，停建、缓建固定资产投资项目共1800多个。同时，将调整预算外基建投资作为压缩投资需求的重点，一方面通过征集国家预算调节基金限制预算外资金的规模，合理引导预算外资金的流向；另一方面鼓励能有效地增加供给的生产投资，限制"楼、堂、馆、所"及住宅等非生产性投资的规模。

二是控制社会消费需求。

为了控制消费基金继续膨胀，首先严格控制社会集团消费，把专项控制商品由19种扩大到32种；其次，限制奖金等工资外收入的增长幅度，通过大力吸收存款来减少现期购买力；再次，对一部分高档耐用消费品如冰箱、彩电等采用专卖的办法，以减少流通环节的人为涨价因素。为了稳定粮食和主要副食品的销售价格，国家财政继续保留定额补贴，对某些品种的补贴额甚至还有所增加。此外，还在1989年财务大检查中把滥发奖金、实物列为一个重要内容，并将其作为一项考核制度，实行首长责任制。

三是紧缩中央财政开支。

削减财政投资支出，对经营不善、长期亏损的国有企业停止财政补贴，对落后的小企业进行整顿和关停并转等；大力压缩行政管理费支出，到1990年行政管理费占财政支出的比重由上年的42.2%压缩到7.3%；为了减少货币投放，对所有单位持有的1981—1984年发行的国库券，推迟三年偿付本息。

四是进行税利分流试点和税制改革。

1988年在重庆进行税利分流试点，1989年扩大试点范围，企业利润先以所得税的形式上交国家，税后利润以一部分上交国家，余留部分归企业。对固定资产投资贷款由税前利润归还，改为由税后利润和折旧基金及其他企业自主财力归还。与此同时，对税制进行改革，1989年开征建筑税，将自筹基建投资建筑税由原来的单一税率改为差别税率，对非生产性建设、计划外建设和非重点建设实行高税率，对小轿车、彩色电视机征收特别消费税。

【效果】"双紧"的财政货币政策实施后，经济过快增长得到了控制，物价迅速回落到正常水平，需求膨胀得到化解，固定资产投资的结构有所调整，产业结构不合理状态有所改变。但是，由于"双紧"的财政货币政策，使企业在流动资金严重短缺的情况下，生产难以正常运转，经济效益明显下降。随着经济增长速度的快速回落，居民收入的增幅也有一定的下降，市场不同程度地出现了疲软，财政困难也日益加剧。

三、适度从紧的财政政策

【时间】1993年。

【背景】1992年，在邓小平南方视察和党的十四大精神鼓舞下，全国排除干扰，解放思想，又掀起了新一轮的经济建设高潮。到1993年上半年，经济运行的各项指标继续攀升，投资增长过猛，基础产业和基础设施的"瓶颈"制约进一步加剧，市场物价水平迅速上升，经济形势十分严峻。

【内容】为了保持国民经济的平稳发展，党中央果断做出深化改革、加强和改善宏观调控的重大决策，1993年提出了加强调控的16条措施，其中财政政策发挥了重要作用。

一是改革财政体制，调整中央与地方的财政分配关系。

1994年起实行分税制，按照中央政府和地方政府各自的事权，划分各级财政的支出范围；根据财权事权相统一的原则，合理划分中央与地方收入；按统一比例确定中央财政对地方税收返还数额；妥善处理原体制中央补助、地方上解决以及有关结算事项。财政体制的改革，规范了中央和地方政府的分配关系，提高了"两个比重"，增强了国家的宏观调控能力。

二是实行税利分流，规范政府与企业的分配关系。

1992年，税利分流在全国企业普遍试点，试点企业达到了4000多户。税利分流理顺了国家与企业的利润分配关系，把激励与约束机制统一起来。而且国家与企业利益共享、风险共担，提高了企业经营管理的积极性。更重要的是，国家可以运用税收和利润两种渠道组织财政收入和调解经济运行，财政收入随着企业收入的提高而增长，从而提高了国家的宏观调控能力。1993年，颁布实施了《企业财务通则》及《企业会计准则》，使国家与企业的关系进一步走向规范化。

三是进行大规模的税制改革。

首先，建立以增值税为主体的新流转税制度，规定增值税分13%和17%两档基本税率，小规模纳税人实行按销售收入6%的税率征税；同时，扩大了消费税的征收范围，采取从价定率和从量定额两种征收办法；营业税的税目也进行了合理调整。新的流转税制度不仅统一适用于内资企业和外商投资企业，而且规范了企业的纳税行为。其次，改革企业所得税制度，取消了按所有制形式设置所得税的做法，对国有企业、集体企业、私营企业以及股份制和各种形式的联营企业，均实行统一的企业所得税。国有企业不再执行承包上缴所得税的办法，还取消了所得税前归还贷款、上缴国家能源交通重点建设基金、国家预算调节基金的规定。再次，改革个人所得税，建立了统一的个人所得税，个人应纳税所得在原来六项的基础上又新增加了五项，计税方法上采取分项征收。这次税制改革调整了国家、企业和个人之间的分配关系，对价格、金融、外贸、计划、投资等领域产生了一定的影响，特别是有效地抑制了投资膨胀，保障了财政收入。

同时，严格控制投资规模，清理在建项目，严控新开项目，加强房地产市场管理；强化税收征管，清理越权审批减免税，限期完成国债发行任务，控制社会集团购买力过快增长，把预算会议费压缩20%，控制出国活动和各种招商办展活动，控制各项债券年度发行规模和债种；控制地方政策债券发行。

【效果】实践证明，适度从紧的财政与货币政策取得了良好的效果。1996年，国民经济较为平稳地回落到适度增长的区间，成功地实现了"软着陆"，既有效地抑制了通货膨胀，挤压了过热经济的泡沫成分，又保持了经济的快速增长，形成了"高增长、低通胀"的良好局面，成为我国宏观调控的成功典范。

四、积极的财政政策

【时间】1998年。

【背景】1997年7月2日，亚洲金融风暴在泰国爆发，迅速席卷东南亚诸国，我国对外贸易受到了严重冲击。同时，产业结构不合理、低水平的产品过剩与高新技术产品不足并存、城乡结构不合理、区域经济发展不协调等经济结构问题对亚洲金融危机的冲击产生了放大效应。面对国内外经济和市场形势，在货币政策效应呈递减之势和坚持人民币汇率稳定政策的情况下，财政政策成为宏观调控的重要工具。

【内容】为了扩大需求，从1998年7月开始，国家实施了积极财政政策。

一是增发国债，加强基础设施投资。

1998年7月，向国有商业银行发行1000亿元国债，1998年上半年又向国有独资商业银行发行2700亿元特别国债，至2004年共发行长期建设国债9100亿元。国债资金主要投向农林水利、交通通信、城市基础设施、城乡电网改造、国家直属储备粮库建设等方面，截至2004年末，七年累计实际安排国债项目资金8643亿元，并拉动银行贷款和各方面配套资金等逾2万亿元。

二是调整税收政策，支持出口、吸引外资和减轻企业负担。

为了支持外贸出口，分批提高了纺织原料及制品、纺织机械、煤炭、水泥、钢材、船舶和部分机电、轻工产品的出口退税率，加大了"免、抵、退"税收管理办法的执行力度；对一般贸易出口收汇实行贴息办法，中央外贸发展基金有偿使用项目专项资金也正式开始使用；调整进口设备税收政策，降低关税税率，对国家鼓励发展的外商投资项目和国内投资项目，在规定范围内免征关税和进口环节增值税；从1999年起，减半征收固定资产投资方向调节税，至2000年暂停征收；对符合国家产业政策的技术改造项目购置国产设备的投资,按40%的比例抵免企业所得税;对涉及房地产的营业税、契税、土地增值税给予一定的减免;对居民存款利息恢复征收个人所得税。

三是增加社会保障、科教等重点领域的支出。

中央财政支出中教育经费所占比例从1998年起连续五年都比上年提高1个百分点;1998年中央财政安排144亿元补助资金和借款,专项用于国有企业下岗职工基本生活保障和再就业工程;为了加快省级统筹养老保险制度改革,扩大养老保险覆盖面,中央财政增加转移支付20亿元。这些措施的出台与实施,从根本上改善了我国的宏观经济运行。

四是充分发挥调节收入分配的作用,提高城市居民个人消费能力。

1999年至2002年,连续三次提高机关事业单位职工工资标准,还实施了年终一次性奖金制度,使机关事业单位职工月人均基本工资水平翻了一番。同时,中央财政大幅增加对"两个确保"和城市"低保"的投入,增加对中西部地区行政事业单位人员工资和建立"三条保障线"的资金补助,加快了社会保障体系建设。这些收入分配政策的调整和实施,有力地增强了居民消费能力。

五是支持经济结构调整,促进国有企业改革。

支持国有企业关闭破产,仅2002年中央财政就拨付关闭破产补助资金129.58亿元,安置职工38万人;积极参与电力、电信两大行业体制改革和民航企业联合重组,支持石油、石化、冶金、有色、汽车等行业的重组和改革,并对重点企业集团实行所得税返还政策;同时,支持"走出去"的外贸发展战略,启动对外承包工程保函风险专项资金;另外,用部分国债作为财政贴息资金,积极推动重点行业和企业的技术改造,以解决经济运行中深层次的矛盾与问题。

六是加大治理乱收费力度,减轻企业和社会负担。

1997年以来,国家取消不合法和不合理的收费项目近2000项,降低近500项收费标准。1998年清理了涉及企业的政府性基金和收费,减轻企业和社会负担370多亿元。

七是实行"债转股"。

对部分有市场、有发展前景,但负债过重而陷入困境的大中型重点企业,在建立现代企业制度的同时,通过金融资产管理公司,将银行的债权转为股权,降低企业资产负债率,增强企业活力。

【效果】1998年至2002年的财政宏观调控,以实施积极的财政政策为主,在扩大投资、刺激消费、鼓励出口、拉动经济增长、优化经济结构等方面取得了显著的成效,成功地抵御了亚洲金融危机的冲击和影响,宏观经济运行得到根本性的改善。通货紧缩的趋势得到了有效遏制,社会需求全面回升,经济结构调整稳步推进,经济持续快速增长。

五、稳健的财政政策

【时间】2004年。

【背景】扩大内需取得显著效果后,经济运行中又出现了投资需求进一步膨胀,贷款规模偏大,电力、煤炭和运输紧张状况加剧,通货膨胀压力加大,农业、交通、能源等薄弱环节以及中小企业、服务业投入严重不足等新问题,结构问题依然是我国国民经济中的深层次矛盾与问题。

【内容】党和国家提出进一步加强宏观调控。财政作为重要的调控手段,顺应宏观经济形势的要求,适时实施稳健的财政政策。

一是国债投资规模调减调向。

2004年国债发行规模比上年调减300亿元,主要用于农村、社会事业、西部开发、东北地区等老工业基地建设、生态建设和环境保护,引导社会投资和民间资金向上述方向转移,缓解经济局部过热。

二是推后预算内建设性支出的时间。

2004年1—4月,全国基本建设支出比上年同期减少了11%,5月,全国财政支出速度也明显放慢,当月支出1721亿元,同比仅增长1.9%,其中基本建设支出降幅达15.4%。另外,针对固定资产投资增长过快,适当放慢了国债项目资金拨付进度。1—6月,累计下达国债资金预算246.34亿元,比上年同期减少308.23亿元,占全国国债专项资金指标的15.64%,对经济局部过热起到了缓解的作用。

三是有保有控,在总量适度控制下进行结构性调整。

首先,大力支持农业生产,对农民种粮实行直接补贴、加大对农民购置良种和大型农机具的补贴力度、减免农业税。据统计,全国有28个省份共安排良种补贴资金16亿多元,其中中央财政补贴13个粮食主产省区12.4亿元。其次,加大对就业、社会保障和教科文卫等薄弱环节的支持。2004年上半年社会保障补助支出同比增长了11.5%;抚恤和社会福利救济费增长19%;全国教育支出增长16.9%;科技支出增长37.8%。

四是深化税制改革,发挥税收调节作用。

第一,改革农业税。2004年在全国范围内取消了除烟叶以外的农业特产税,降低了农业税税率;到2005年底,全国已有28个省(区、市)全部免征了农业税,全国取消了牧业税;2006年在全国范围内取消农业税,同时取消了农业特产税,对减轻农民负担和增加其收入起了重要作用。第二,改革增值税。自2004年7月1日起,在东北地区进行生产型增值税向消费型增值税转型改革试点,允许纳入试点范围的企业新购进机器设备所含增值税进项税额在企业增值税税额中抵扣。第三,调整个人所得税。2006年将个人所得税工薪所得费用扣除额由每月800元提高至每月1600元,随后又调高到2000元,并扩大了纳税人自行申报范围。第四,调整房地产税。为了加强对房地产业的调控,2006年将个人购房转手交易免征营业税期限延长至5年,并调整规范了土地收支管理政策,完善了住房公积金管理政策,调整了新增建设用地有偿使用费政策和征收标准。第五,改革企业所得税。2007年统一了内外资企业所得税制度,并于2008年1月1日起在全国实施。第六,调整资源税。为了促进环境保护和节约资源,陆续提高了11个省的煤炭资源税税额标准。第七,调整消费税。为了平衡市场供求,调整了消费税政策,适当扩大了征收范围。第八,积极推进出口退税机制改革。多次调整了出口退税率,适时取消和降低了部分高能耗、高污染和资源性产品的出口退税率,对部分不鼓励出口的原材料等产品加征出口关税,降低部分资源性产品进口关税。

【效果】稳健财政政策的实施,使我国经济运行呈现出"增长速度较快、经济效益较好、群众受惠较多"的良好格局。

(中国财政2008.19半月刊10月5日出版总第528期 作者运奇)(来源:财政部网站)

六、积极财政政策

【时间】2008年12月。

【背景】2008年下半年全球金融海啸爆发后，中国经济增长明显减速，经济下行压力加大。

【内容】积极财政政策。

2008年11月9日，国务院常务会议公布扩大内需、加快基建投资等十项措施，预计2010年底前将投资4万亿元人民币。十大保经济措施包括：加大公营房屋、农村基建、交通、环境卫生及环保等投资，及改善医疗教育，加大农业及低收入人士补贴等。

2008年12月10日，中央经济工作会议强调必须将保持经济平稳较快发展作为2009年工作的首要任务，并首次提出扩大内需作为保增长的根本途径。会议提出2009年经济5大重点任务，包括实施积极财政政策及适度宽松货币政策、促进农业发展、推进经济结构调整、深化改革、维护社会稳定等。

2009年1月12日，中央制定"一揽子"振兴经济计划，其中包括十大重点产业振兴计划，涉及钢铁、汽车、造船、石化、轻工、纺织、有色金属、装备制造、电讯等产业（有传房地产业也纳入其中，但未确定，最终确认为物流业）；和将国家科学技术长期规划中，与当前经济发展紧密联系的六个重大专项加快进行，作为科技支撑，准备投入6000亿元人民币。

随后，我国政府先后审议通过了有关汽车、钢铁、纺织、装备制造、船舶、电子信息、轻工、石化、有色金属、物流等十大产业振兴规划。同时，受外贸出口持续下滑影响，财政部年内三次调整出口退税率，其中，箱包、鞋帽、伞、毛发制品、玩具、家具等商品的出口退税率提高到15%。电视用发送设备、缝纫机等商品的出口退税率提高到全额的17%。

截至2009年7月，相关部委还推出了江苏沿海地区、关中天水经济区、天津滨海新区、广西北部湾经济区、海峡西岸经济区、珠海经济特区等地区性的产业升级投资刺激计划。在十大产业振兴规划出台后，管理层继续出台大量区域振兴计划，从不同的方面不断振兴经济发展，细化振兴内容，必然对后市经济起到新的促进作用。

【效果】对遏制经济快速下滑、稳定投资者和消费者信心发挥了积极的作用。但面临三大挑战。

2009年12月5日至7日，中央经济工作会议提出，2010年要保持宏观经济政策的连续性和稳定性，继续实施积极的财政政策和适度宽松的货币政策。要突出财政政策实施重点，加大对民生领域和社会事业支持保障力度，增加对"三农"、科技、教育、卫生、文化、社会保障、保障性住房、节能环保等方面和中小企业、居民消费、欠发达地区支持力度，支持重点领域改革。要保持投资适度增长，重点用于完成在建项目，严格控制新上项目。要加强税收征管和非税收入管理，继续从严控制一般性支出。

2010年1月10日，财政部部长谢旭人在当日召开的全国财政工作会上说，2010年我国继续实施积极的财政政策，将重点在扩内需、调结构上下工夫，加快促进经济发展方式的转变。

2010年3月5日，温家宝总理在十一届全国人大三次会议上作政府工作报告时指出，

2010年继续实施积极的财政政策和适度宽松的货币政策，保持政策的连续性和稳定性，根据新形势新情况不断提高政策的针对性和灵活性，把握好政策实施的力度、节奏和重点。要继续实施积极的财政政策。一是保持适度的财政赤字和国债规模。2010年拟安排财政赤字10500亿元，其中中央财政赤字8500亿元，继续代发地方债2000亿元并纳入地方财政预算。二是继续实施结构性减税政策，促进扩大内需和经济结构调整。三是优化财政支出结构，有保有压，继续向"三农"、民生、社会事业等领域倾斜，支持节能环保、自主创新和欠发达地区的建设。严格控制一般性支出，大力压缩公用经费。四是切实加强政府性债务管理，增强内外部约束力，有效防范和化解潜在财政风险。

2010年7月22日，中共中央政治局召开会议。会议强调，要坚持把处理好保持经济平稳较快发展、调整经济结构和管理通胀预期的关系作为宏观调控的核心，继续实施积极的财政政策和适度宽松的货币政策。7月27日，财政部部长谢旭人在部署下半年工作时明确表示，要把"稳定政策"作为宏观调控的主基调，继续落实好积极的财政政策，把握好政策实施的力度、节奏和重点，努力促进经济社会又好又快发展。

2010年9月17日，中国人民银行发布《中国金融稳定报告（2010）》称，下阶段要继续实施积极的财政政策和适度宽松的货币政策，根据新形势、新情况着力提高政策的针对性和灵活性。

2010年12月3日，中共中央政治局召开会议提出，2011年我国将实施积极的财政政策和稳健的货币政策。

2010年12月10至12日，中央经济工作会议在北京举行。会议指出，2011年将以加快转变经济发展方式为主线，实施积极的财政政策和稳健的货币政策。

（资料来源：新华网，http://www.xinhuanet.com/）

实训题目：

演讲：论中国的财政政策。

参 考 文 献

[1] 保罗·萨缪尔森,威廉·诺德豪斯.经济学.北京:华夏出版社,1999.
[2] 曼昆.经济学原理.北京:北京大学出版社,2004.
[3] 亚当·斯密.国民财富的性质和原因的研究.北京:商务印书馆,1974.
[4] 威廉·J.鲍莫尔,艾伦·S.布林德.经济学原理与政策.北京:北京大学出版社,2006.
[5] 何璋.西方经济学.北京:中国财政经济出版社,2007.
[6] 徐炽强.经济学基础.北京:清华大学出版社,2006.
[7] 郑健壮.经济学基础.北京:清华大学出版社,2005.
[8] 刘华.经济学基础.大连:大连理工大学出版社,2006.
[9] 翁志勇.经济学概论.上海:上海大学出版社,2006.
[10] 周天勇.新发展经济学.北京:中国人民大学出版社,2006.
[11] 刘秀光.宏观经济学.厦门:厦门大学出版社,2005.
[12] 陆芳.经济学原理.北京:北京大学出版社,2005.
[13] 朱明.西方经济学.西安:陕西师范大学出版社,2005.
[14] 石佐生.经济学基础.合肥:合肥工业大学出版社,2006.
[15] 魏后凯.现代区域经济学.北京:经济管理出版社,2006.
[16] 韩秀云.宏观经济学教程.杭州:浙江大学出版社,2005.
[17] 高鸿业.西方经济学.北京:中国经济出版社,2005.
[18] 王福君,张金锁.经济学基础.北京:交通大学出版社,2010.
[19] 刘碧云.经济学基础.南京:东南大学出版社,2012.
[20] 张玉明,聂艳华.宏观经济学.北京:清华大学出版社,2011.